河南财经政法大学
HENAN UNIVERSITY OF ECONOMICS AND LAW

城乡建设发展系列丛书

三重资源约束下
农户服务外包选择行为研究

STUDY ON THE SELECTION BEHAVIOR OF FARMERS' SERVICE
OUTSOURCING WITH TRIPLE RESOURCE CONSTRAINTS

张改清　张建杰　等 ◎ 著

中国财经出版传媒集团
经济科学出版社
Economic Science Press

·北　京·

图书在版编目（CIP）数据

三重资源约束下农户服务外包选择行为研究/张改清等著．－－北京：经济科学出版社，2023.11
（河南财经政法大学城乡建设发展系列丛书）
ISBN 978 - 7 - 5218 - 5353 - 7

Ⅰ.①三…　Ⅱ.①张…　Ⅲ.①农业生产 - 生产服务 - 对外承包 - 研究 - 中国　Ⅳ.①F326.6

中国国家版本馆 CIP 数据核字（2023）第 213602 号

责任编辑：胡成洁
责任校对：刘　昕
责任印制：范　艳

三重资源约束下农户服务外包选择行为研究

SANCHONG ZIYUAN YUESHUXIA NONGHU FUWU

WAIBAO XUANZE XINGWEI YANJIU

张改清　张建杰等　著

经济科学出版社出版、发行　新华书店经销

社址：北京市海淀区阜成路甲 28 号　邮编：100142

经管中心电话：010 - 88191335　发行部电话：010 - 88191522

网址：www. esp. com. cn

电子邮箱：expcxy@ 126. com

天猫网店：经济科学出版社旗舰店

网址：http：//jjkxcbs. tmall. com

北京季蜂印刷有限公司印装

710×1000　16 开　14 印张　230000 字

2023 年 11 月第 1 版　2023 年 11 月第 1 次印刷

ISBN 978 - 7 - 5218 - 5353 - 7　定价：58.00 元

（图书出现印装问题，本社负责调换。电话：010 - 88191545）

（版权所有　侵权必究　打击盗版　举报热线：010 - 88191661

QQ：2242791300　营销中心电话：010 - 88191537

电子邮箱：dbts@ esp. com. cn）

　　本书为国家社会科学基金一般项目"三重资源约束下黄淮海平原种粮农户服务外包选择机理及效应研究"（项目编号：20BYJ145）和 2024 年度河南省高等学校哲学社会科学基础研究重大项目：新型农村集体经济赋能农业生态富民的作用机理及效应机制研究（编号：2024－JCZD－22）成果

序

Order

在人类社会进化中，依赖自然是一条生存主线。但在依赖自然过程中，人类逐渐有了对大自然利用的认知，且这一认知在实践中得到不断提升。在"肚皮边界"的一般性生物欲望满足之认知被超越后，人类开始了新征程——"食物多多"之梦想。拥有多多的食物成为人类与其他动物在生存方式上进行区分的重要标志。在这一过程中，农业发展扮演了重要角色。

进入农业经济时代，尽管人类的食物保障自我实现能力有了极大提升，但它依旧没有摆脱首要工作的位置。农业发展不仅是人类努力的方向，更是人类进步的标志。植物品种的选育、动物品种的驯化，以及域外生物资源的引进和部分动植外生物资源的利用，均是人类满足自我欲望的努力方向。

在"食物多多"梦想的驱动下，生产工具、种养技术都有了大的发展，但与人类需求的满足相比，始终没有大的突破。在农业发展的自然限制下，中国从汉朝到清朝，漫长的两千年中，相对于人口增长，经济增长近乎静止，王朝的更替很大程度上与自然的大变化影响下的农业发展直接相关。所以有了"手中有粮，心中不慌"一说。粮食安全问题由此也就成了贯穿中国社会稳定的一件政治大事。

生产技术的飞速发展，让土地这一我们广泛依赖的自然资源生产力才有了大的提升，农业也才有了大的发展，人口这一国家实力的基础也才开始大增长。

"人多力量大"是常识。但是人多了，食物需求也会相应增多，当食物供给跟不上时，人口多可能就不是力量大，而是负担重，这一现象在中国的历史上出现过远不止一次。直到实行家庭联产承包责任制，还是这些地，还是这些人，一个小小的经营模式变革，就让百姓粮仓充盈，市场活跃。从这个角度看，制度的恰当使用是解决粮食安全的一个重要法宝，同时也是"人多"这一优势资源得以兑现的根本。

随着时代发展，中国正式开启了工业化与城镇化进程，农民不再圈定在"一亩三分地"上，开始大规模地走出乡村。在农民外出就业与家庭农业经营的共同支撑下，农民的世代以务农为生的生活方式得到转变，农民的生活质量也由此得到快速提升。特别是农地流转制度的正式出台，不仅给以租地为生的新型农业经营主体的出现提供了契机，同时也给农业生产的环节性外包服务业务的迅速壮大提供了机会。

农民在农业生产的这种外包行为变化被河南财经政法大学的张改清教授及时捕捉到了，并在做了基本调研的基础上，于2020年正式向国家社科基金委提出申请，项目以"三重资源约束下黄淮海平原种粮农户服务外包选择机理及效应研究"为题得到了国家社科规划办的支持。时值该项目的终期成果出版，张改清教授邀我作序，备感荣幸。

　　张改清教授是一位很敬业的学者，面对项目脚踏实地，通过广泛的田野调查，对当前农户服务外包选择行为进行了全方位的研究，特别在土地、劳动以及生态三重约束下，农户服务外包行为选择会有什么变化、会受什么影响做了细致探索。以黄淮海平原农村为例，以粮食生产为核心，通过对三重资源时空演化特征和农业生产性服务发展状况总体研判，从逻辑上推演出农户服务外包选择的触发机理、助推机理，进而对可能产生的效应进行预判，并以田野调查数据为基准，从三重约束下对农户服务外包行为选择做出深入探索，最后提出相应对策。

　　全书研究质量优良，结构安排紧凑妥当，有纵有横，有深有浅，一切以数据说话，把外包服务按照可机械和可人工分两类，在约束视角下进行深入分析，让外包服务的分析显得更加有说服力。张改清教授团队的这一研究表明，农户农业服务外包有利于与当前城镇化工业化推进下的农民生活方式转变相适应，与此同时，她们对外包服务质量的保证与提升之担心也跃然纸上，许多建议都是针对外包服务质量保证提出的。显然，这一对策契合了当前农业的痛点，农民城镇化后，农地谁来种？外包可以解决部分困难，但外包服务质量的保证如何解决？这些问题值得进一步思考，也为下一步研究提供了思路。

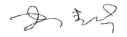

2023 年 10 月 10 日星期二

于上海交通大学闵行校区

目　录
Contents

第1章 引 言

1.1 问题的提出

党的二十大报告指出"全方位夯实粮食安全根基""确保中国人的饭碗牢牢端在自己手中"。当前，中国粮食生产的重心在粮食主产区，主体在农户。在"大国小农"基本农情下，土地流转不畅、劳动力非农转移、务农劳动力弱质以及水、肥、药、膜、秸等资源要素粗放化利用导致营粮低效益与高成本、高污染现象的并存，迫切需要粮食生产方式转型，而农户兼业经营以及农地承载多种功能，决定了土地集中型规模经营的约束性与渐进性。与此同时，根植于乡土社会的农业服务因时因地衍生出具有地方适应性的服务模式，为技术、人才、信息、管理等新要素融入粮食产业探索了新选择。2020 年《关于抓好"三农"领域重点工作确保如期实现全面小康的意见》提出：要稳定粮食生产，治理农业生态环境问题，推广统防统治、代耕代种、土地托管等服务模式，健全面向小农户的农业社会化服务体系。2022 年《中共中央 国务院关于做好 2022 年全面推荐乡村振兴重点工作的意见》强调要聚焦关键薄弱环节和小农户，加快发展农业社会化服务，大力发展单环节、多环节、全程生产托管服务，提高种粮综合效益。2023 年中央一号文件提出要"加快发展现代乡村服务业"。服务外包作为乡村服务业的一种重要形式，目前在以大型农机服务为主导的机耕机收方面已显示出一定的市场适应性与规模经济性，但在配方施肥、病虫害统防统治、节水灌溉、农膜秸秆资源化利用等方面还较为滞后。在保障粮食等主要农产品有效供给与资源环境约束趋紧的矛盾冲突下，如何通过农户"服务外包"破解土地细碎、劳动弱质、生态污染与生产低效交织的难题，成为探索中国特色粮食安全之路的新课题。

基于此，本书主要聚焦于土地资源少、劳动输出大、劳动价格高、水资源缺乏和农业面源污染重等问题突出的黄淮海平原（关付新，2019），以普通农户为研究对象，推演在土地、劳动与生态资源（以下简称"三重资源"）约束下农户选择服务外包的内在机理，考量不同资源约束下农户服务外包的选择行为及其产生效应。遵循此研究逻辑，本书在粮食生产可持续发展目标下，从宏微观视角建立三重资源约束的衡量准则与指标体系，在此基础上，拓展农业服务外包基础理论，从三重资源约束视角分析农户选择服务外包的触发机理、助推机理和效应机理，为普通农户融入现代农业发展提供理论依据，也为考量农户"迂回"选择服务外包产生的经济、生态与空间溢出效应提供了分析框架，实现从理论推演到实证考证的创新，同时也能为三重资源约束下保障粮食生产可持续发展提供有益的参考借鉴。

1.2 文献综述与研究界定

1.2.1 国内外研究动态

1. 农业生产性服务外包的多理论内涵及贡献

根据劳动分工理论（Smith A，1776）中对外包概念的理解，可将外包分为垂直分工、产品内分工和生产的非一体化等模式。随着农业生产性服务外包的发展，有学者从资源基础理论视角出发，认为农业服务外包是一种保留其核心资源、优化生产环节、降低成本、获得更高生产效率的管理模式（李寅秋，2012）；有学者基于交易成本理论视角，从资产专用性、不确定（风险性）等方面来理解农业服务外包的概念（罗必良，2014；蔡荣等，2014；胡新艳等，2015）；还有学者基于合约理论视角，认为农业服务外包本质上是外部市场合约与主体内部合约的统一（曹峥林等，2018）。尽管理论视角不同，但都认为服务外包能够促进经济增长，克服小农户规模劣势，也是美国等发达国家和地区农业占领世界的主要因素（王志刚等，2011；孙顶强等，2016；胡雯等，2019）。

2. 农业生产性服务外包发展及其动因

农业服务外包作为一种新型的农业生产经营方式，随中国家庭联产承包责任制的确定与变革而发展，与中国农业社会化服务发展及其体系建设共生（曹峥林等，2018），呈现出由政府推动向市场主导转变的演进特征（芦千文，2019），是中国特色农业规模经营"三步走"战略中第一步"生产环节流转"的关键（廖西元等，2011）。已有研究从专业化分工深化（罗必良等，2013）、技术进步与管理创新（Young A，1996）、生产效率改进（王继权等，2005；赵玉姝等，2013；罗明忠等，2020）以及资源优化配置（向国成等，2005；曹峥林等，2018）等方面解析农业服务外包的动因。事实上，由于农业服务外包环节间的相互影响（王建英，2016），服务外包的形成原因是多元的，综合分析更有利于揭示其内在动因。

3. 农户生产服务外包决策行为及影响因素

农户服务外包是在不断地纠错学习和环境变化中做出的调适性选择，而不是外包与否问题上的一次性决定（Lacity M C, et al.，1996）。随着农业服务市场的发育成熟，加之人工务农成本的攀升，农机服务外包逐渐被大多农户所接受，引致农户层面资源要素配置方式发生转变。由此，农户农机服务外包行为选择趋向差异化。粮食生产环节服务外包能够提高农户农业生产效率，缓解农业土地细碎、劳动力老龄化和弱质化的困境（纪月清等，2014；Hua Lu et al.，2018；芦千文，2019；李佳芳等，2022）。已有研究表明，农户服务外包行为选择受其家庭劳动力、土地资源及自有机械量、市场需求与价格、经营规模、交易环节特性以及农业政策与制度环境等诸多因素的影响（翁贞林等，2017；周力，2021；王志刚等，2011；Haiqiang Li et al.，2021）。

4. 农户生产服务外包的作用机制及效应

随着农户生产经营卷入外部分工及社会化分工网络，其改善农业的外部分工经济与规模经济的作用越来越显著（Yang J et al.，2003）。通过产业链的纵向解构，可交易性提高，产生要素集聚（杨丹等，2011；王颜齐，2018），提高农户组织化程度（黄祖辉等，2012；谢琳，2016），促进先进生产技术利用（Picazo-Tadeo A et al.，2006；Gillespie et al.，2010），抑制农户土地撂荒（罗必良，2019）。聚合众多小农户服务需求，形成匹配于专业化服务组织的交易规模需求，提高生产服务组织与农业生产效率（向国成，2005；张忠军等，2015；仇叶，2017；胡祎等，2018；刘同山等，2019）。农业生产性服务市场发育，促进农户连片化种植，区域专业化发展（方师乐等，2017；仇童伟等，2018；刘晗等，2018；张露等，2019；朱丽娟等，2021）。可见，已有研究较多关注服务外包带来的规模经济效应。

5. 促进农业生产性服务外包市场发育的路径与政策建议

基于农情约束，各地因地制宜探索出如山东供销社的土地托管、河南荥阳新田地菜单式土地托管、四川崇州共营制模式与实施路径（胡新艳等，2015；刘同山，2019；孙小燕等，2019；陈航英，2019；张红宇，2019）。在外包市场的培育上，有主张从政府与市场角度培育多元服务主体的"供给论"（汪建丰，2011；王定祥等，2016；赵晓峰等，2018；蒋永穆等，2018；刘家成等，2019；彭新宇，2019；姜长云，2019）；也有主张从农户异质性角度构建差别化服务的"需求论"（罗必良，2017），还有从服务供给与需求间相互依存匹配角度健全外包市场的"供需平衡论"（孙祥智等，2010）。总体上，从农户、服务组织、政府角度提出的政策建议为本书的研究提供了思路。

1.2.2 研究评述

已有文献为本书研究的开展提供了多元理论基础和模型建构视角。虽不同视角的研究结果存在差异，但学界对农业生产性服务外包正逐步成为一种新型的生产经营方式、其能够促进农业经济增长等观点已达成共识。基于区域农情的典型成功案例，为本书设计农户服务外包的实现路径与政策选择提供了参考。

有待深化和拓展的空间体现在以下三个方面。一是三重资源约束下农户服务外包选择机理研究较少。已有研究涉及对美国等发达国家和地区农业服务外包机理的研究，这为进一步深化研究资源约束趋紧地区农户服务外包选择机理奠定了基础。在中国特色家庭承包经营制度下，随着农业技术进步，有越来越多的生产环节可细分并外包，种粮方式也随之发生改变，这在客观上为农户通过服务外包化解土地细碎、劳动弱质、生态环境污染提供了新选择。那么，在三重资源约束下农户选择服务外包的动力是什么，选择机理何在？这些问题有待深入研究。二是三重资源约束下农户选择服务外包产生的行为效应有待丰富。已有研究多集中于农户是否选择外包及其行为带来的经济效应。事实上，农户参与服务外包，资源要素得到重新配置，不仅会带来直接的替代与收入效应，也会因（服务）规模经营、绿色生产、结构优化等产生更多的间接效应或空间溢出效应，引致经济、生态和社会效应的变化等，需要进行更详尽的研究。三是针对三重资源约束下促进农户服务外包的路径措施需要更加系统化研究。如何从培育农业服务外包市场、促进农业规模经营、提高农业劳动力素质、改善农业生态环境、增强惠农政策力度等方面构架不同的路径和政策措施，需要进一步深化研究。

1.2.3 研究范围

农业生产性服务外包是将一个或多个环节的作业服务有偿交付给他人完成的行为（申红芳，2014），是转变农业生产方式，实现绿色兴农、质量兴农的重要组织形式（张红宇，2019）。农户服务外包通常是依托具有专业技术人员、绿色生产资料和市场竞争优势等的社会化服务组织对不同农业生产环节进行生产经营管理的活动。农户作为微观主体，其生产环节外包既可以表现为雇佣劳动（下文称人工服务），也可表现为购买机械服务（下文称机械服务），本书中农户的服务外包两者兼顾，具体生产环节涉及整地、播种、施肥、喷药、收割与烘干6个，根据各环节技术与劳动等使用程度的不同，将整地、播种、收割环节界定为技术密集型环节，将施肥和喷药等环节界定为劳动密集型环节。

1.3 研究思路、方法与内容

1.3.1 研究思路

在明确黄淮海平原三重资源约束状况和农业生产性服务外包发展状况的基础上，运用相关理论推演农户服务外包的选择机理，然后分别从土地、劳动以及土地－劳动－生态联立角度实证研究黄淮海平原农户服务外包的选择行为及影响，进而测度其产生的经济、生态与空间溢出效应。根据研究结果，提出相应的政策措施。

（1）基于现实问题、政策背景和文献研究，考察黄淮海平原粮食生产变化特征、三重资源的时空演进特征和农业生产性服务发展状况，为推演农户服务外包选择机理提供事实依据。（2）以相关理论为基础建构逻辑理路，推演三重资源约束下农户服务外包选择的触发机理、助推机理和效应机理。（3）根据理论推演，从土地资源视角切入，分别从农地规模、农地流转、农地零碎度和农地确权方面分析农户服务外包行为及其影响。（4）从劳动力资源视角切入，分别从教育水平、年龄结构、技术培训、外出务工等方面分析农户服务外包行为及其影响。（5）由于生态资源是与土地和劳动资源一起发挥作用，从三重资源的强、中、弱三个层次分析农户服务外包行为及其影响。（6）整体上分析农户选择服务外包产生的经济、生态和空间溢出效应。（7）根据理论与实证研究结果，提出有针对性的对策建议。

1.3.2 研究方法

本书主要运用官方统计资料、实地调查资料进行定性与定量研究。具体而言，研究方法主要有以下五种。第一，问题分析法。根据政策背景与现实状况，结合对现有相关文献的梳理归纳，确定本研究的切入点。第二，实地调查法。在课题团队前期对黄淮海粮食主产区河南农户进行了4000份问卷调查的基础上，本课题立项之后又对农户生产环节外包等行为作了 3000 份的问卷调查。第三，理论演绎法。以学术史梳理挖掘出的相关理论为支撑，构建农户服务外包选择的理论框架，实现对三重资源约束下农户服务外包选择的综合性、复杂性和系统性的机理研究。第四，计量分析法。利用获取的数据资料和 Stata 软件等，以统计分析方法、PROBIT 模型、TOBIT 模型、倾向得分匹配法（PSM）、随机前沿函数（SFA）、超效率模型（SBM）、空间杜宾模型等进行数理分析。第五，系统研究法。根据研究结果，系统论证，提出针对性的政策建议。

上述研究方法的开展，所用数据来源于官方统计和田野调查。官方统计数据主要采用了历年的《中国统计年鉴》《中国农村统计年鉴》《中国农业机械工业年鉴》《中国国土资源统计年鉴》和黄淮海平原 7 省市的相关统计年鉴等。田野调查数据来源于两部分。一部分是前期课题组对河南省 6 县（市）农户的调查数据，这部分数据分两批进行调研，第一批选取小麦播种面积大且处于典型中原地貌的正阳县作为代表县。根据各乡镇所属村的村人均纯收入等指标在正阳县抽取了 10 个乡（镇），每个乡（镇）抽取 5 个村，每个村随机抽取 40 户样本户，共计 2000 个样本。第二批采用分层抽样原则，在河南省五个区域豫南、豫东、豫中、豫北、豫西各选取一个县，每个县按照经济发展水平五等分所有乡镇，每份随机抽取一个，得到 5 个样本镇。同样，样本镇中按照经济水平将所有村庄分为两组，每组随机抽取一个，得到 2 个样本村。每村随机抽取 40 户，共计 2000 个样本户。通过提前预约样本户和样本村村干部，由经过培训的调查员进行一对一入户访谈，累计向农户分发 4000 份问卷，获得有效样本 3914 份。另一部分是项目立项后组织课题组于 2020 年对农户进一步做的问卷调查。问卷调查主要依据粮食作物种植面积，结合区位条件与人均纯收入等情况，分层抽样选取的 6 个县为：驻马店市遂平县、泌阳县，周口市西华县、郸城县，平顶山市鲁山县、舞钢市。在每个样本县，按照粮食作物种植面积由大到小排序，随机起点等距选取 5 个乡，每个乡随机选取 5 个村，在每个村的在家务农户中随机选取 20 户农户，共计 3000 个样本农户接受了问卷调查。此次调查遵循分层随机抽样原则，保证了样本指标较高的代表性，获得有效问卷 2850 份，样本的有效回收率为 95%。

1.3.3 研究内容

本书包括八部分内容。第一部分主要描述研究的背景与意义、研究动态，研究思路、研究方法和研究内容。第二部分主要梳理和分析黄淮海平原的粮食生产、三重资源分布与农业生产性服务等发展变化趋势与作用。第三部分主要分析和推演三重资源约束下农户服务外包的理论基础、三重资源约束的评判准则、程度以及选择机理；第四和第五部分分别基于土地、劳动资源视角，运用调研数据分析和考量农户服务外包选择行为及其影响。第六部分基于土地、劳动与生态资源联立视角，从微观角度测度农户三重资源的约束程度，进而分析不同约束程度下农户服务外包选择行为及其影响。第七部分根据三重资源约束下农户服务外包选择行为，从不同层面测度其服务外包产生的经济、生态和空间溢出效应；第八部分针对上述分析提出对策建议。

第2章　三重资源特征与农业
生产性服务发展作用

黄淮海平原是保障国家粮食安全的重要产业带，也是中国传统的粮食生产功能区。随着该地区社会经济的发展，土地、劳动和生态资源约束趋紧，而农业生产性服务市场的发育为缓解三重资源约束提供了可能。本章依基础－手段－目标的思路，梳理和描述黄淮海平原三重资源时空演进特征、农业生产性服务发展与粮食生产变化趋势。

2.1　三重资源时空演进特征

2.1.1　土地资源

土地按用途可分为农业用地和非农业用地。从表 2－1 可以看出，黄淮海平原 2005～2016 年农业用地面积基本处于稳定状态，其中，耕地面积有所增加，园地和牧草地的面积在减少，尤其是牧草地减幅较大。相比而言，非农建设用地长期处于增加态势，这与黄淮海平原城市化和工业化的发展有一定的关系。

表 2－1　　　　　　　　黄淮海平原土地利用情况　　　　　　　单位：千公顷

年份	农用地	耕地	园地	牧草地	建筑用地	居民点及工矿用地	交通运输用地	水利设施用地
2005	56727.7	29549.2	2769.2	892.4	10429.7	8718.4	640.0	1071.3
2006	56705.1	29448.0	2860.9	881.6	10583.9	8835.8	670.5	1077.7

年份	农用地	耕地	园地	牧草地	建筑用地	居民点及工矿用地	交通运输用地	水利设施用地
2007	56653.7	32916.1	2847.9	881.4	10695.9	8938.3	679.5	1077.8
2008	56624.5	32925.8	2837.0	879.1	10793.2	9024.5	691.0	1077.8
2013	56977.0	33449.6	2621.0	410.6	12335.0	10425.0	940.0	970.0
2015	56789.0	33346.4	2595.9	408.6	12614.5	10643.2	999.6	972.0
2016	56710.0	33330.2	2580.5	408.1	12744.9	10751.6	1020.9	972.5

资料来源：2006~2017 年《中国环境统计年鉴》。

由表 2-2 可知，黄淮海平原作为粮食主产区，在 1995~2019 年耕地面积呈现出先增后减趋势，总体上耕地面积约占全国耕地总面积的 1/4。其中，北京、天津两市的耕地面积较少，不足黄淮海平原的 3%，尤其北京市的耕地面积由 1995 年的 339.5 千公顷逐渐减少到 2020 年的 93.5 千公顷。河北、江苏和山东的耕地面积也呈现下降趋势，而安徽和河南耕地面积总体较为稳定，其中安徽耕地面积基本在 5800 千公顷左右，河南耕地面积基本维持在 8100 千公顷左右，这两省耕地面积的相对稳定对保障国家粮食安全发挥了重要作用。

表 2-2　　　　　　　黄淮海平原及全国耕地面积时空分布　　　　单位：千公顷

年份	北京市	天津市	河北	河南	山东	江苏	安徽	黄淮海	全国
1995	339.5	426.1	6517.3	6805.8	6696.0	4448.3	4291.1	29524.1	94970.9
2000	329.0	424.3	6857.1	6875.3	6607.5	5061.7	4229.6	30384.5	128243.0
2005	233.0	485.6	6396.3	7201.2	6339.4	4801.2	4092.5	29549.2	122083.0
2010	223.8	443.7	6551.4	8177.5	7658.1	4595.5	5894.9	33544.9	135268.3
2015	219.3	436.9	6525.3	8105.0	7611.0	4574.9	5872.9	33346.3	134998.7
2016	216.3	436.9	6520.5	8111.0	7606.9	4571.1	5867.5	33330.2	134920.9
2017	213.7	436.8	6518.9	8112.3	7589.8	4573.3	5866.8	33311.5	134881.2
2019	93.5	329.6	6034.2	7514.1	6461.9	4089.7	5546.9	30069.8	127861.9

资料来源：1996~2021 年《中国统计年鉴》。

2.1.2　劳动资源

劳动资源即劳动力资源，我们通常将 15 ~ 64 岁人口称为劳动人口。从表 2 - 3 中可以看出，黄淮海平原劳动人口规模较大，约占全国劳动人口的 1/3。1995 ~ 2020 年，黄淮海平原劳动人口数量总体上呈现出先上升后下降的变化趋势，在 2016 年达到峰值 32671 万人。

表 2 - 3　　　　　黄淮海平原劳动人口数量变化　　　　单位：万人

年份	北京市	天津市	河北	河南	山东	江苏	安徽	黄淮海	全国
1995	899	655	4143	5819	5861	4885	3921	26183	79160
2000	1078	750	4742	6211	6457	1277	4012	24527	88793
2005	1212	809	5075	6618	6848	5496	4085	30143	91499
2010	1622	1057	5384	6642	7129	5986	4275	32095	99843
2016	1703	1231	5379	6724	7233	5916	4485	32671	101903
2017	1658	1201	5292	6549	6947	5825	4257	31729	99814
2018	1679	1224	5171	6459	6683	5764	4289	31269	98912
2019	1580	1140	4878	6136	6320	5409	4053	29516	93607
2020	1639	995	4913	6297	6710	5813	4013	30380	96576

资料来源：1996 ~ 2021 年《中国统计年鉴》。

从表 2 - 4 可以看出，黄淮海平原各省（市）乡村就业人员与全国的变化趋势基本一致，均呈大幅下降趋势。黄淮海平原乡村就业人数从 1990 年的 14200 万人下降到了 2020 年的 7696 万人。其间，江苏乡村就业人数减少最为迅猛，高达 47.03%；天津市乡村就业人数下降幅度为 39.46%，接近全国总体下降幅度。除北京市外，该区域各省份降幅均在 30% 以上。

表 2 - 4　　　　黄淮海平原各省份乡村就业人员数量变化　　　单位：万人

年份	北京市	天津市	山东	河北	河南	江苏	安徽	全国
1990	165.90	180.06	3254.30	2288.66	3359.00	2665.71	2286.70	47708.00
1995	163.50	169.90	3572.50	2573.50	3773.00	2773.00	2592.20	45042.00
2000	165.80	168.10	3639.60	2707.10	4712.40	2688.00	2797.80	48934.00

续表

年份	北京市	天津市	山东	河北	河南	江苏	安徽	全国
2005	184.00	178.50	3782.20	2805.90	4752.40	2662.50	2939.20	46258.00
2010	347.78	191.80	4061.88	2976.55	4914.67	2670.68	3076.46	41418.00
2020	146.00	109.00	2164.00	1572.00	2293.00	1412.00	1452.00	28793.00

资料来源：1991~2021年《中国统计年鉴》。

2.1.3 生态资源

生态资源作为生态系统的构成要素，是人类赖以生存的环境条件和社会经济发展的物质基础（严立冬等，2009）。在此，主要从农业气候资源、农业水资源和生态系统等方面加以描述。

1. 气候资源

衡量一个地区气候条件的要素包括光照、气温、降水和风力等，其中，降水条件是影响一地区气候的重要因素。黄淮海平原是亚热带和温带季风型气候，年降水量较少，降水大多集中在夏季7~9月。全年雨期较短，降水量较少，总体表现出"雨热同期"的气候特征，属于半干旱半湿润地区。秋冬春三季均为水分匮缺的旱季，降水条件的劣势是黄淮海平原面临的主要气候制约因素。作为冬小麦的主产区，通常是秋季播种夏季收获，其生长过程恰是该地区降水较少的季节，降水对冬小麦生长影响较大。

2. 农业水资源

水资源是指可资利用或有可能被利用的水源。从表2-5可以看出，黄淮海平原水资源平均值约在2100亿立方米，占全国平均值的7.2%。其中，江苏和安徽两地区水资源存蓄量远大于北京市、天津市和河北等地，而河南和山东两地作为种粮大省，水资源约束状况较为严重。

表2-5　　　　　　黄淮海平原水资源总量时空分布状况　　　　单位：亿立方米

年份	北京市	天津市	河北	江苏	安徽	山东	河南	黄淮海	全国
2005	23.2	10.6	134.6	467.0	719.3	415.9	558.5	2329.1	28053.1
2010	23.1	9.2	138.9	383.5	922.8	309.1	534.9	2321.5	30906.4

年份	北京市	天津市	河北	江苏	安徽	山东	河南	黄淮海	全国
2011	26.8	15.4	157.2	492.4	602.3	347.6	328.0	1969.7	23256.7
2012	39.5	32.9	235.5	373.3	701.0	274.3	265.5	1922.0	29528.8
2013	24.8	14.6	175.9	283.5	585.6	291.7	213.1	1589.2	27957.9
2014	20.3	11.4	106.2	399.3	778.5	148.4	283.4	1747.5	27266.9
2015	26.8	12.8	135.1	582.1	914.1	168.4	287.2	2126.5	27962.6
2016	35.1	18.9	208.3	741.7	1245.2	220.3	337.3	2806.8	32466.4
2017	29.8	13.0	138.5	392.3	784.9	225.6	423.1	2007.6	28761.2
2018	35.5	17.6	164.1	378.4	835.8	343.3	339.8	2114.5	27462.5
2019	24.6	8.1	113.5	231.7	539.9	195.2	168.6	1281.6	29041.0
2020	25.8	13.3	146.3	543.4	1280.4	375.3	408.6	2793.1	31605.2

资料来源：2006~2021 年《中国统计年鉴》。

　　人均水资源量是一个衡量地区缺水程度的重要指标。国际公认的标准是：人均水资源低于 3000 立方米为轻度缺水，人均水资源低于 2000 立方米为中度缺水，人均水资源低于 1000 立方米为重度缺水，人均水资源低于 500 立方米为极度缺水。由表 2－6 可以看出，黄淮海平原的人均水资源量平均为 428.7 立方米，属于极度缺水地区。其中，河北、山东、河南、北京市和天津市人均水资源量平均值均低于 500 立方米，均属于极度缺水地区；江苏人均水资源量平均值为 551.8 立方米，属于重度缺水地区；安徽人均水资源量平均值 1350.2 立方米，属于中度缺水地区。可见，黄淮海平原水资源总量较少，且时空分布不均。

表 2－6　　　　　　　　黄淮海平原人均水资源量变化　　　　　　　单位：立方米

年份	北京市	天津市	河北	江苏	安徽	山东	河南	黄淮海	全国
2005	151.2	102.2	197.0	626.6	1178.8	451.0	597.2	472.0	2151.8
2010	124.2	72.8	195.3	489.2	1526.9	324.4	566.2	471.3	2310.4
2011	134.7	116.0	217.7	624.6	1010.1	361.6	349.0	402.0	1729.1
2012	193.2	238.0	324.3	472.0	1172.6	283.9	282.6	423.8	2180.5
2013	118.6	101.5	240.6	357.6	974.5	300.4	226.4	331.4	2050.8

续表

年份	北京市	天津市	河北	江苏	安徽	山东	河南	黄淮海	全国
2014	95.1	76.1	144.3	502.3	1285.4	152.1	300.7	365.1	1987.6
2015	124.0	83.6	182.5	730.5	1495.3	171.5	303.7	441.6	2026.5
2016	161.6	121.6	279.7	928.6	2018.2	222.6	354.8	583.9	2339.4
2017	137.2	83.4	184.5	490.3	1260.8	226.1	443.2	403.6	2059.9
2018	164.2	112.9	217.7	470.6	1328.9	342.4	354.6	427.3	1957.7
2019	114.2	51.9	149.9	287.5	850.9	194.1	175.2	260.5	2062.9
2020	117.8	96.0	196.2	641.3	2099.5	370.3	411.9	561.9	2239.8
均值	136.3	104.7	210.8	551.8	1350.2	283.4	363.8	428.7	2091.4

资料来源：2006~2021年《中国统计年鉴》。

黄淮海平原作为粮食主产区，农业灌溉用水量较大。由表2-7可知，2005~2020年，农业用水量最高的时段是2013年，达3921.5亿立方米，到2020年农业用水量有所下降，但也在3612.4亿立方米的水平，足见该地区农业用水量之大。对于黄淮海平原，同期平均年农业用水量为860亿立方米，占该时期全国平均农业用水量3800亿立方米的22.6%，占比较大。在此期间，黄淮海平原2012年农业用水量最高，达922.3亿立方米，2020年降至最低，为789.8亿立方米。近年来，北京市、天津市、河北和山东农业用水量呈现下降趋势，而河南和安徽农业用水量呈现上升趋势。

表2-7　　　　　　　　黄淮海平原农业用水总量变化　　　　　　单位：亿立方米

年份	北京市	天津市	河北	江苏	安徽	山东	河南	黄淮海	全国
2005	12.7	13.6	150.2	263.8	113.6	156.3	114.5	824.7	3580.0
2010	10.8	11.0	143.8	304.2	166.7	154.8	125.6	916.9	3689.1
2011	10.8	11.0	143.8	304.2	166.7	154.8	125.6	916.9	3743.6
2012	9.3	17.1	142.9	305.4	157.9	154.2	135.5	922.3	3902.5
2013	9.1	12.4	137.6	301.9	162.1	149.7	141.7	914.5	3921.5
2014	8.2	17.1	139.2	297.8	142.8	146.7	117.6	869.4	3869.0
2015	6.4	12.5	135.3	279.1	157.5	143.3	125.9	860.0	3852.2

续表

年份	北京市	天津市	河北	江苏	安徽	山东	河南	黄淮海	全国
2016	6.0	12.0	128.0	270.8	158.6	141.5	125.6	842.5	3768.0
2017	5.1	10.7	126.1	280.6	158.2	134.0	122.8	837.5	3766.4
2018	4.2	10.0	121.1	273.3	154.0	133.5	119.9	816.0	3693.1
2019	3.7	9.2	114.3	303.1	150.2	138.2	121.8	840.5	3682.3
2020	3.2	10.3	107.7	266.6	144.5	134.0	123.5	789.8	3612.4

资料来源：2006～2021 年《中国统计年鉴》。

在黄淮海平原农业水资源紧缺的状况下，当务之急是提高农业水资源利用效率。根据《全国水资源综合规划》，到 2030 年，中国的农田灌溉水利用系数提高到 0.6 以上，在仍保持目前作物用水水平上，亩均灌溉量可以降到 320 立方米/年，需水总量为 2900 亿吨，与目前需水量相比将减少 700 亿立方米/年。实现黄淮海平原节水型农业任重道远。

3. 生态系统

在以经济利益为导向、农业要素配置为核心的农业生产经营活动中，农业生态系统和生态环境遭到不同程度的威胁。在此过程中，由于忽视生态系统的承载能力，农业生产中过度使用化肥和农药现象频发，不合理灌溉方式使水资源消耗较大，农业生态环境遭到破坏。在此，利用农业生态系统服务价值来衡量农业生态资源状况，以此测度农业生态系统所产生的正向和负向作用。

生态系统服务是研究生物多样性减少对于生态系统服务影响的情境下首次提出的概念（P. Ehrlich，1972），随着对生态领域研究的不断深入，农业生态系统服务也逐渐受到关注。生态系统服务旨在用可以计量的价值形式表达生态系统所提供的产品和服务。在此，以"社会-经济-生态"为一体的农业生态系统为研究对象，其生态系统服务可分为两个方面。其一是正向服务，用于描述农业多功能性对生态环境产生的正面效应，如固碳释氧、水源涵养等。其二是负向服务，用于描述不合理的农业生产活动对生态系统产生的负面效应，如化肥污染、农药污染和水资源过度消耗等。下面分别对其进行测算。

（1）正向生态系统服务。首先来分析固碳释氧的正向作用。农业生态系统作为自然生态系统的主体，为社会生态环境提供固碳释氧和净化空气的生态系统服务。众所周知，农作物的自然生长过程伴随有光合作用，由光合作用的方程式可知，植物每产生1千克的干物质可以固定1.63千克的二氧化碳，释放1.19千克的氧气。在此使用中国造林成本法估算黄淮海平原农业生态系统固定二氧化碳的价值和释放氧气的价值，其成本依次为260.90元/吨、352.93元/吨（李晶等，2006；任志远等，2004）。具体公式为：

$$V_c = 1.63 \times a \times b \times p_c \qquad (2-1)$$
$$V_o = 1.19 \times a \times b \times p_o \qquad (2-2)$$
$$V_q = V_c + V_o \qquad (2-3)$$

其中，V_c、V_o分别代表二氧化碳和氧气的排放成本，a代表农业类型用地总面积，b代表农业类型用地的净初级生产能力（5.763吨/公顷·年）（周自翔等，2013），p_c、p_o分别代表单位固碳价格和单位释氧价格。测算结果如表2-8所示。

表2-8　　　　黄淮海平原农业生态系统固碳释氧价值变化　　　　单位：亿元

年份	北京市	天津市	河北	江苏	安徽	山东	河南	黄淮海
1991	5.473	5.390	76.031	111.338	81.774	102.015	75.067	457.089
1995	5.130	5.316	77.497	112.591	80.892	100.531	73.369	455.326
2000	4.242	4.946	83.544	121.867	83.716	103.410	73.702	475.426
2005	2.950	4.633	85.090	129.156	81.500	99.595	70.885	473.808
2010	2.909	4.070	87.072	132.849	76.632	99.051	69.226	471.809
2011	2.770	4.104	87.130	133.336	76.795	100.029	69.653	473.819
2012	2.579	4.165	86.610	133.462	77.570	100.766	70.217	475.369
2013	2.201	4.094	86.875	135.314	78.072	103.311	70.483	480.351
2014	1.806	4.110	88.130	136.659	78.433	104.981	70.649	484.767
2015	1.597	4.019	89.040	138.034	78.460	105.578	71.372	488.100
2016	1.350	4.116	81.543	138.247	78.550	104.628	70.873	479.307
2017	1.122	4.077	80.954	136.669	77.754	103.043	70.098	473.717
2018	0.963	3.982	81.367	137.140	76.042	102.756	69.763	472.012
2019	0.821	3.806	81.467	136.496	75.444	101.422	69.043	468.500

资料来源：1992~2020年《中国统计年鉴》。

水源涵养。水源涵养作为生态系统水文调节服务主要表现形式，其对于农业生态系统正向服务价值的计算方法较多。在综合对比林冠截留量法、综合蓄水能力法与土壤蓄水能力法后，选取土壤蓄水能力法来计算农田生态系统在一定时空范围内对水源的涵养能力（张智韬等，2008）。具体公式为：

$$V_s = W \times C \qquad (2-4)$$

$$W = \rho \times h \times p \times s \qquad (2-5)$$

其中，V_s 代表耕地水源涵养的总价值量，W、C 分别代表涵养水源的物质量与蓄水成本（0.67 元/立方米），ρ、h、p、s 分别代表土壤容重（1370 千克/立方米）、土壤厚度（0.2 米）、土壤含水率（22.3%）（张智韬等，2008）与农田面积。测算结果如表 2-9 所示。

表 2-9　　　　黄淮海平原农业生态系统水源涵养价值变化　　　　单位：亿元

年份	北京市	天津市	安徽	河南	河北	山东	江苏	黄淮海
1991	0.242	0.238	3.355	4.913	3.609	4.502	3.313	20.172
1995	0.226	0.235	3.420	4.969	3.570	4.436	3.238	20.094
2000	0.187	0.218	3.687	5.378	3.694	4.564	3.252	20.981
2005	0.130	0.204	3.755	5.700	3.597	4.395	3.128	20.909
2010	0.128	0.180	3.843	5.863	3.382	4.371	3.055	20.821
2011	0.122	0.181	3.845	5.884	3.389	4.414	3.074	20.910
2012	0.114	0.184	3.822	5.890	3.423	4.447	3.099	20.978
2013	0.097	0.181	3.834	5.971	3.445	4.559	3.110	21.198
2014	0.080	0.181	3.889	6.031	3.461	4.633	3.118	21.393
2015	0.070	0.177	3.929	6.092	3.462	4.659	3.150	21.540
2016	0.060	0.182	3.599	6.101	3.466	4.617	3.128	21.152
2017	0.050	0.180	3.573	6.031	3.431	4.547	3.093	20.905
2018	0.042	0.176	3.591	6.052	3.356	4.535	3.079	20.830
2019	0.036	0.168	3.595	6.024	3.329	4.476	3.047	20.675

资料来源：1992~2020 年《中国统计年鉴》。

（2）负向生态系统服务。首先来分析化肥污染的负向作用。在农作物生产过程中施肥是不可或缺的环节，然而过量施用化肥会导致肥料无法被充分利用,进而对空气、土壤、水源等造成污染。在化肥施用过程中,其造成的空气污染程度、土壤微量元素不均衡程度、土壤板结程度以及水体富营养化程度等难以进行测算,在此利用化肥流失的成本来替代其造成的生态环境污染成本做近似考量(国家林业局,2008)。

$$V_f = M \times (1 - r_1) \times P_f \qquad (2-6)$$

其中,V_f代表农业用地化肥污染成本,M为化肥施用量,r_1为化肥利用效率(39.83%),P_f为化肥单价(2300元/吨)(国家林业局,2008)。测算结果如表2-10所示。

表2-10　　　黄淮海平原农业生态系统化肥污染价值变化变化　　　单位:亿元

年份	北京市	天津市	安徽	河南	河北	山东	江苏	黄淮海
1991	0.199	0.097	1.997	3.317	2.224	3.757	3.299	14.891
1995	0.259	0.169	2.813	4.459	3.054	5.014	4.052	19.820
2000	0.248	0.230	3.503	5.805	3.745	5.857	4.642	24.030
2005	0.205	0.322	3.953	7.171	4.199	6.472	4.717	27.038
2010	0.189	0.353	4.425	9.067	4.468	6.578	4.721	29.801
2011	0.192	0.338	4.562	9.324	4.515	6.555	4.667	30.152
2012	0.189	0.338	4.616	9.472	4.558	6.591	4.580	30.344
2013	0.177	0.337	4.683	9.637	4.581	6.541	4.523	30.480
2014	0.161	0.322	4.725	9.767	4.645	6.478	4.478	30.575
2015	0.146	0.301	4.687	9.910	4.643	6.414	4.428	30.530
2016	0.134	0.301	4.526	9.895	4.592	6.317	4.325	30.090
2017	0.118	0.249	4.411	9.780	4.456	6.089	4.205	29.308
2018	0.101	0.235	4.315	9.588	4.323	5.817	4.047	28.426
2019	0.085	0.225	4.124	9.227	4.114	5.471	3.961	27.207

资料来源:1992~2020年《中国统计年鉴》。

农药污染。防治病虫害的最主要手段就是喷洒农药,然而在实际生产中,农药施用会对生态环境造成一定的危害。在此,同样选择流失成本来替代其造成的环境污染成本。具体公式为:

$$V_p = M \times (1 - r_2) \times P_p \qquad (2-7)$$

其中,V_p为农业用地化解农药污染成本,M为农药施用量,r_2为农药利用

效率 (50%)，P_p 为农药单价 (22545 元/吨) (Liu G D, 2004)。测算结果如表 2 - 11 所示。

表 2 - 11　　黄淮海平原农业生态系统农药污染价值变化　　单位: 亿元

年份	北京市	天津市	安徽	河南	河北	山东	江苏	黄淮海
1991	0.082	0.028	0.429	0.437	0.528	0.672	0.816	2.993
1995	0.149	0.035	0.714	0.852	0.820	1.279	1.000	4.848
2000	0.061	0.041	0.852	1.077	0.821	1.582	1.031	5.464
2005	0.053	0.037	1.069	1.185	0.911	1.754	1.164	6.173
2010	0.045	0.042	1.314	1.408	0.954	1.859	1.016	6.637
2011	0.044	0.043	1.325	1.451	0.936	1.858	0.975	6.630
2012	0.044	0.043	1.316	1.446	0.956	1.826	0.944	6.574
2013	0.044	0.041	1.328	1.467	0.977	1.786	0.915	6.557
2014	0.041	0.041	1.285	1.464	0.973	1.762	0.896	6.461
2015	0.036	0.039	1.251	1.451	0.939	1.702	0.880	6.299
2016	0.034	0.037	1.192	1.433	0.921	1.675	0.859	6.150
2017	0.030	0.027	1.120	1.361	0.875	1.586	0.825	5.825
2018	0.029	0.025	1.062	1.281	0.692	1.464	0.785	5.338
2019	0.026	0.025	0.995	1.208	0.646	1.356	0.760	5.016

资料来源: 1992~2020 年《中国统计年鉴》。

　　水资源消耗。黄淮海平原农业水资源消耗主要表现为农田灌溉方面。由于该地区地处平原，农业用地较多，农业灌溉需水量较大，水资源的不合理利用导致该区域出现了地下水位下降、地表水量衰减等问题。在此拟通过测度农业用水总量推算水资源消耗成本，以表征农业生态系统对水资源环境带来的负面影响。具体公式为:

$$V_w = A_w \times W \times P_w \qquad (2-8)$$

其中，V_w 表示农业用地的水资源消耗成本，A_w、W、P_w 分别代表农田面积、单位农田的灌溉水量和水源单价，其中 W、P_w 分别为 230 毫米/(平方米·年)、0.67 元/立方米 (Wang Y A, 2008)。测算结果如表 2 - 12 所示。

表 2 - 12　　　　黄淮海平原农业生态系统水资源消耗价值变化　　　单位：亿元

年份	北京市	天津市	安徽	河南	河北	山东	江苏	黄淮海
1991	0.909	0.895	12.630	18.495	13.584	16.946	12.470	75.930
1995	0.852	0.883	12.874	18.703	13.438	16.700	12.188	75.637
2000	0.705	0.822	13.878	20.244	13.907	17.178	12.243	78.976
2005	0.490	0.770	14.135	21.455	13.538	16.544	11.775	78.707
2010	0.483	0.676	14.464	22.068	12.730	16.454	11.499	78.375
2011	0.460	0.682	14.474	22.149	12.757	16.616	11.571	78.709
2012	0.428	0.692	14.387	22.170	12.886	16.739	11.664	78.966
2013	0.366	0.680	14.431	22.478	12.969	17.162	11.708	79.794
2014	0.300	0.683	14.640	22.701	13.029	17.439	11.736	80.528
2015	0.265	0.668	14.791	22.930	13.033	17.538	11.856	81.081
2016	0.224	0.684	13.546	22.965	13.048	17.380	11.773	79.620
2017	0.186	0.677	13.448	22.703	12.916	17.117	11.644	78.692
2018	0.160	0.662	13.516	22.781	12.632	17.069	11.589	78.409
2019	0.136	0.632	13.533	22.674	12.532	16.848	11.469	77.825

资料来源：1992～2020 年《中国统计年鉴》。

（3）农业生态系统服务价值的时序变化。基于以上得出的正负向农业生态系统服务的时空值，将其进一步划分为 1991～2000 年、2001～2010 年、2011～2019 年三个阶段进行比较分析，如表 2 - 13 所示。总体看，在 1991～2019 年，黄淮海平原农业生态系统服务价值量减少了 4.320 亿元，其中正向生态系统服务价值增加 11.915 亿元，而负向生态系统服务价值增加 16.235 亿元，极大弱化了农业生态系统服务的积极作用。

表 2 - 13　　　　黄淮海平原农业生态系统服务价值变化

服务类型	1991～2000 年		2001～2010 年		2011～2019 年		1991～2019 年	
	变化量（亿元）	变化率（%）	变化量（亿元）	变化率（%）	变化量（亿元）	变化率（%）	变化量（亿元）	变化率（%）
固碳释氧	18.34	4.01	0.31	0.07	-5.32	-1.12	11.41	2.50
水源涵养	0.81	4.01	0.01	0.07	-0.24	-1.12	0.50	2.50

服务类型	1991~2000 年		2001~2010 年		2011~2019 年		1991~2019 年	
	变化量（亿元）	变化率（%）	变化量（亿元）	变化率（%）	变化量（亿元）	变化率（%）	变化量（亿元）	变化率（%）
正向总价值	19.15	4.01	0.33	0.07	-5.55	-1.12	11.92	2.50
化肥污染	9.14	66.61	4.95	19.94	-2.95	-9.77	12.32	89.76
农药污染	2.47	82.56	1.12	20.36	-1.61	-24.35	2.02	67.61
水资源消耗	3.05	4.01	0.05	0.07	-0.88	-1.12	1.90	2.50
负向总价值	14.66	15.81	6.13	5.64	-5.44	-4.71	16.24	17.52
总价值	4.49	1.17	-5.80	-1.51	-0.11	-0.03	-4.32	-1.12

资料来源：1992~2020 年《中国统计年鉴》。

第一阶段：1991~2000 年。黄淮海平原农业生态系统服务总价值增加了 4.490 亿元，变化率为 1.17%。农业生态系统正向服务价值增加了 19.15 亿元，变化率为 4.01%。其中，固碳释氧服务价值增加值最大，为 18.34 亿元，水源涵养服务价值提升率次之，仅为 0.81 亿元，且两者增加幅度趋同。其可能与该时期黄淮海平原农业用地面积较大，且注重土壤肥力保护，进而促使农业生态系统发挥了良好的固碳释氧与水源涵养功能有关。农业生态系统服务负向价值增加了 14.66 亿元，增长率为 15.81%。其中，化肥污染的变化量最大，为 9.14 亿元，水资源消耗次之，为 3.05 亿元，农药污染最少，为 2.47 亿元，但就增长率而言农药污染的增长幅度是最大的，达到 82.56%。可以发现，随着农用地面积的扩大，不仅水资源消耗比例在增加，化肥和农药污染现象也在加剧。在农作物生产中，化肥和农药的增产作用显著，但不合理的施用不仅会导致农产品品质下降、水环境营养失衡、空气质量恶化等现象发生，也将严重影响农用地土壤有机质含量，进而使农地生态环境恶化。

第二阶段：2001~2010 年。黄淮海平原农业生态系统服务总价值减少了 5.80 亿元，变化率为 -1.51%。其中，农业生态系统正向服务价值增加了 0.33 亿元，农业功能服务价值提升了 0.07%，固碳释氧服务价值与水源涵养服务价值分别为 0.31 亿元和 0.01 亿元。在这一时期内，黄淮海平原农用地面积由 50826.07 千公顷提升至 50859.88 千公顷，基本维持不变，但农业生态系统负向服务价值量增加了 6.13 亿元，其中化肥污染、农药污染所带来的负向生态系统服务价值共计 6.07 亿元，占总负向生态系统服务价值的九成以上。

第三阶段：2011～2019 年。黄淮海平原农业生态系统服务总价值量减少了 0.11 亿元，变化率为 - 0.03%。其中，农业生态系统正向服务价值减少了 5.55 亿元，相较于 2011 年其价值量下降了 1.12%，固碳释氧与水源涵养服务价值分别减少 5.32 亿元、0.24 亿元。随着城镇化建设的快速发展，部分农业用地逐渐转化为建设用地，农业用地面积由 2011 年的 51076.54 千公顷下降至 2019 年的 50503.17 千公顷，导致涵养水源与固碳释氧的正向生态系统服务呈下降趋势。与此同时，负向生态系统服务价值减少了 5.44 亿元，变化率为 - 0.03%。对比前两阶段化肥污染、农药污染数据发现，本阶段化肥、农药用度情况得以改善，负向生态系统服务有所缓解。一方面，随着经济的发展与农民生活水平的提高，人们对于高质量农产品的需求不断提高，在消费选择上越发倾向于绿色农产品和有机农产品，为适应市场需求，越来越多的农业生产者选择绿色生产方式，减少化肥和农药的使用量；另一方面，2015 年中华人民共和国农业农村部颁发的《到 2020 年化肥使用量零增长行动方案》及《高标准农田建设质量管理办法》《绿色食品标志管理办法》等政策文件，均有助于激励农户减少农业生产过程中对于化学农资的使用。

考察期黄淮海平原农业正、负向生态系统服务价值贡献分别为 11.92 亿元和 16.24 亿元。其中，农业的固碳释氧服务与水源涵养服务功能值呈先升后降趋势，即 1991～2010 年两者功能值分别增加 14.72 亿元与 0.65 亿元，随后，2011～2019 年两者功能值分别下降 5.32 亿元与 0.24 亿元。可以发现固碳释氧在农业正向生态系统服务中具有较好的生态调节功能，但城市建设用地的不断扩张，农业用地面积遭受挤压，耕地面积减少，导致农业固碳释氧功能值在后期明显减少。因此，为进一步激励农业生态系统的正向服务，在城市化建设中应切实保障农业用地权益，合理利用土地资源，提高土地利用效率。从黄淮海平原农业生态系统服务负向变化的特点可以看出，除了水资源消耗功能值比较平稳外，其他农业生态系统负向服务在整个研究时段内呈先增后减趋势，其中化肥污染、农药污染在 1991～2000 年的变化率均不低于 60%，在 2001～2010 年稳定增长 20% 左右。就负向生态系统服务价值的增加量而言，呈现以牺牲生态环境为代价来维持农业的发展的态势。但在 2011 ~ 2019 年，化肥污染、农药污染呈现下降趋势，产生的负面影响得到一定缓解。

综上，黄淮海平原农业生态系统服务价值量由 1991 年的 383.45 亿元下降到 2019 年的 379.13 亿元，其中正向生态系统服务价值增加 11.92 亿元，而负向生态系统服务价值增加 16.24 亿元，弱化了农业生态系统服务的积极作用；1991 ~ 2019 年黄淮海地区的农业生态服务价值呈现"先增加、后减少、再稳定"的趋势，正向生态系统服务固碳释氧、水源涵养的波动较小；从化肥污染、农药污染来看，第一阶段增长率均超过 60%，第二阶段内稳定增长 20% 左右，其产生的负向生态系统服务价值第三阶段才有所缓解。

2.2　农业生产性服务发展

2.2.1　农业生产性服务政策演进特征

随着社会化服务业的发展，农业生产性服务也逐渐受到重视，其政策演进如表 2 – 14 所示。

表 2 – 14　　　　　　　　农业社会化服务政策演进状况

年份	政策会议	政策内容
1983	中央一号文件《当前农村经济政策的若干问题》	"各项生产产前产后的社会化服务，诸如供销、加工、贮藏、运输、技术、信息、信贷等各方面的服务，已逐渐成为广大农业生产者的迫切需要"，要求各地"通过技术承包制，建立科技示范户、技术服务公司、生产科技联合体、科技普及协会等"
1984	中央一号文件《关于 1984 年农村工作的通知》	"扶持各种服务性专业户的发展，并同供销社、信用社、农工商联合公司、多种经营服务公司、社队企业供销经理部、贸易货栈，以及农林技术推广站、畜牧兽医站、农业机械站、经营指导站等企事业单位建立联系，协同工作，更好地为农户服务"
1985	中央一号文件《关于进一步活跃农村经济的十项政策》	"改革农产品统派制度，规定国家不再向农民下达农产品派统购任务。""农村一切加工、供销、科技服务性事业，要国家、集体、个人一齐上，特别要支持以合作形式兴办"

续表

年份	政策会议	政策内容
1986	中央一号文件《关于1986年农村工作的部署》	"重视建立和健全各级农业科研、教育、信息、技术推广和经营管理等服务组织""对农民的技术服务应以无偿或抵偿为主""完善合作制从服务入手""改善农业生产条件,组织产前产后服务"列入年度工作总要求
1991	《关于加强农业社会化服务体系建设的通知》	明确社会化服务体系建设的方向、原则和形式,以乡村集体或合作经济组织为基础,以专业经济技术部门为依托,以农户自办服务为补充,形成多种经济成分、多渠道、多形式、多层次的服务体系
2002	《中共中央、国务院关于做好2002年农业和农村工作的意见》	"逐步建立起分别承担经营性服务和公益性职能的农业技术推广体系"
2006	颁布《中华人民共和国农业专业合作社法》	调整农民专业合作社的组织行为和经营管理,明确了政府及部门职责、扶持政策
2008	党的十七届三中全会	首次提出"新型农业社会化体系"
2015	《关于推进农村一二三产业融合发展的指导意见》	首次提出"农业生产性服务业"
2018	《乡村振兴战略规划(2018—2022年)》	健全农业社会化服务体系,大力培育新型服务主体,加快发展"一站式"农业生产性服务业
2020	中央一号文件《中共中央国务院关于抓好"三农"领域重点工作确保如期实现全面小康的意见》	提出"重点培育家庭农场、农民合作社等新型农业经营主体,培育农业产业化联合体,通过订单农业、入股分红、托管服务等方式,将小农户融入农业产业链"
2021	中央一号文件《中共中央国务院关于全面推进乡村振兴加快农业农村现代化的意见》	提出"发展壮大农业专业化社会化服务组织,将先进适用的品种、投入品、技术、装备导入小农户,支持市场主体建设区域性农业全产业链综合服务中心"
2022	中央一号文件《中共中央国务院关于做好2022年全面推进乡村振兴重点工作的意见》	"牢牢守住保障国家粮食安全和不发生规模性返贫两条底线,突出年度性任务、针对性举措、实效性导向,充分发挥农村基层党组织领导作用,扎实有序做好乡村发展、乡村建设、乡村治理重点工作"

资料来源:1983~2022年的相关政策文件。

实行家庭联产承包责任制以前,农业生产的人工作业和机械作业均由人民公社和生产大队统筹安排,农业机械为集体所有。随着家庭联产承包责任制的确立，小规模农户经营逐渐催生了农业社会化服务的市场需求，农业社会化服务市场逐步建立。1995 年山东潍坊市的"一体化经营"是这一时期农业生产性服务的一个重要体现。1996 年，首次由原农业部牵头的"三夏"跨区机收小麦现场会在河南召开，为农业社会化服务规模化发展拉开了序幕。2003 年，为了加强联合收割机跨区作业管理，规范跨区作业市场秩序，原农业部审议通过《联合收割机跨区作业管理办法》，标志着农业社会化服务进入合法化和市场化并行阶段。具体可分为以下几个阶段。

（1）初步发展阶段（1978～1995 年）。随着家庭承包经营制度的确定，农户生产积极性提高，粮食产量大幅提升，温饱问题得以解决。与此同时，城乡劳动力流动逐渐放开，农业劳动力农忙务农、农闲务工的"候鸟"现象逐渐显现。而由于农户小规模经营，农忙时期抢收抢种，往往出现劳动力不足情况，初期的解决方式为邻里、亲戚"帮工"。随着进城务工机会成本的增加，农忙时期出现了提供专职生产服务的劳动者，出现了人工服务外包现象。同时，有需求的农户还向合作社或者村集体购买收割和播种等服务。基于各地区粮食收获的时差，跨区农机作业服务队出现。这种自发的小规模社会化服务解决了一家一户难以解决的劳动力短缺和购买机械作业服务的难题，但同时该阶段的农业社会化服务也面临不少困境，如服务半径有限、规模难以扩大、信息不对称、跨区运营成本高等问题。

（2）规模化发展阶段（1996～2003 年）。1996 年开展"三夏"跨区机收小麦之后，国家相关部门共同成立了跨区机收小麦工作领导小组，以鼓励农机跨区作业、保障农户权益为目的，对跨区作业的农机实行高速免费政策。政府在平台搭建、信息共享和统一调度等方面发挥了统领作用，农机跨区作业服务不再仅限于收割。这一阶段的农业社会化服务基本以政府推动为主，普通小农户多处于被动接受，但总体上促进了农业社会化服务的规模化发展。

（3）市场化发展阶段（2003 年至今）。跨区作业的常态化推进了农业生产社会化服务市场的完善。2003 年 7 月原农业部颁发《联合收割机作业管理办法》，对联合收割机跨区作业和中介服务组织进行了规范管理，为跨区作业的联合收割机颁发作业证，鼓励并扶持农机作业服务公司、农机合作社、农机推广站、乡镇农机站、农机大户等组建跨区作业中介服务组织。2003 年黄淮海平原联合收割机 26.93 万台，达到了 1995 年的 7 倍。农业社会化服务并不仅限于联合收割机的跨区作业，多领域的农业生产性服务也逐渐发展起来。从"菜单式"的环节服务，到"保姆式"的土地托管，涉及的经营主体有龙头企业、农民合作社和基层组织，市场化运营土地托管中心、助农服务中心、农机合作社、托管服务队等，提供的服务包含代种、代收、农资供应、技术培训、配方施肥、病虫害统防统治等。

2.2.2 农业生产性机械设备及服务状况

黄淮海平原作为中国"粮仓"，农业机械设备的数量占全国相当大的比重。从表 2 - 15 可以看出，1995～2019 年黄淮海平原拥有拖拉机数量增长了 1.27 倍，而联合收割机数量更是增长了近 30 倍。黄淮海平原联合收割机占比在 2000 年达到峰值，占全国的 71.3%。农业机械设备拥有量的增加，为农机社会化服务提供了基础和可能。

表 2 - 15　　　　　　　黄淮海平原农业机械设备拥有量变化

年份	大中小型拖拉机			联合收割机		
	黄淮海 （万台）	全国 （万台）	占比（%）	黄淮海 （万台）	全国 （万台）	占比（%）
1995	467.9	931.8	50.2	3.9	7.5	51.9
2000	795.9	1347.1	59.0	18.6	26.1	71.3
2005	983.1	1666.5	59.0	33.3	48.0	69.4
2010	1185.8	2178.0	54.4	61.0	99.2	61.5
2016	1111.7	2317.0	48.0	107.7	190.2	56.6
2017	1096.9	2304.3	47.6	112.7	198.5	56.8
2018	1069.6	2240.3	47.7	116.2	205.9	56.4
2019	1059.6	2224.3	47.6	119.6	212.8	56.2

资料来源：1996～2020 年《中国统计年鉴》。

农业机械拥有量的提高，还表现在农业机械总动力上。从表 2 - 16 可以看出，2011～2020 年黄淮海平原农业机械化服务组织人数和组织数量在总体上均呈上升趋势。其中，农业机械化服务组织人数以年均 8.6% 的增速推进，在 2017 年达到峰值，2020 年农业机械化服务组织人数达到 1038300 人，是 2011 年的 2 倍以上。农业机械化服务组织数量由 2011 年的 47691 个增长至 2020 年的 65883 个，增幅高达 38.1%。农业机械总动力整体较为平稳，在 2015 年达到峰值 48305 万千瓦。总体来看，农业社会化服务人数显著增加，社会化服务组织逐渐壮大，农业社会化服务规模不断扩大。

表 2 – 16　　　　　　　黄淮海平原农业机械化服务基本情况

年份	农业机械化服务组织人数（人）	农业机械化服务组织个数（个）	农业机械总动力（万千瓦）
2011	493506	47691	43575
2012	660291	49565	44773
2013	855283	52836	45960
2014	982381	56871	47285
2015	1042727	58643	48305
2016	1062654	58072	39443
2017	1093053	62446	39665
2018	1082013	64144	40361
2019	1053614	64074	41112
2020	1038300	65883	41892

资料来源：2011~2020 年《中国统计年鉴》。

2.2.3　农业生产性服务与农业现代化

农业现代化是中国式现代化发展新道路的重要构成（杨志良，2021），是农业高质量发展的重要保障。党的十八大报告明确将农业现代化同工业化、信息化、城镇化同步发展上升到国家战略高度，为中国农业现代化发展提供了坚实的政策支持。然而，在"四化"发展进程中，农业现代化发展水平相对滞后，处于薄弱环节（常艳花等，2022；文丰安，2022）。在此背景下，党的二十大报告中强调要坚持农业农村优先发展，加快建设农业强国，而农业现代化正是推进建设农业强国的重要路径。在此，以黄河流域 9 省份（青海、四川、甘肃、宁夏、内蒙古、陕西、山西、河南和山东）为例，分为上游、中游和下游。上游包括青海、四川、甘肃和宁夏；中游包括内蒙古、陕西和山西；下游包括河南和山东（黄淮海平原的 2 个重要产粮区）。比较农业现代化水平时空演化特征及农业生产性服务对其的影响，以此探究黄淮海平原农户服务外包选择行为的宏观背景。

梳理相关文献发现，关于农业现代化发展水平的研究主要集中在以下 3 个方面。第一是测评方法。已有对农业现代化测评的方法有 TOPSIS 法（刘云菲等，2021）、熵权法（刘玉洁等，2022）、数据包络分析法（田野等，2021）、多指标综合测度法（张香玲等，2017）等，其中多指标综合测度法的认可度较高且应用较为广泛。第二是指标体系的构建。对于农业现代化水平的评价指标体系尚未达成一致，其中具有代表性的两种为：一是从投入、产出、社会、生态等维度构建指标体系，如常艳花等（2022）从农业投入、农业产出、农村社会发展、农业生态 4 个维度构建指标体系，测度 31 个省份的农业现代化发展水平；二是从生产、产业、经营管理、生态等维度构建指标体系，如汤瑛芳等（2020）从产业体系、生产体系、经营体系、质量效益、绿色发展、支持保护 6 个维度构建指标体系，并对甘肃农业现代化水平进行了评价。第三是农业现代化的地区差异及障碍因素。地区差异集中在省份和省内之间的比较，如陈江涛等（2018）从省域层面研究发现中国农业现代化发展具有明显的空间集聚效应，东部和中部的农业现代化水平高于西部地区；安晓宁等（2020）研究发现中国省份之间的农业现代化水平有一定的提升，但发展水平与提升速度存在差异。同时，还有一些学者对省内的差异特征以及障碍因子进行了分析，如李梦洁等（2022）研究发现山东省的农业现代化水平在市域层面上具有空间正相关性，鲁东和鲁中比鲁西南地区发展快，其中农业科技成果和农产品加工企业数量成为其农业现代化发展的主要障碍因素；杨华等（2020）认为陕西省农业现代化水平呈"中部高，南北低"的时空分布格局，且其空间格局的流域特征明显，渭河和洛河流域是农业现代化发展的核心区，而设施农业发展水平、劳均经济作物产出和畜产品产出水平是影响陕西省农业现代化发展的主要障碍因素。

综上所述，现有文献对农业现代化水平的测评方法与指标构建进行了大量的研究，但对造成区域农业现代化水平时空演进差异的因素还缺乏深度解构。为此，从包括农业生产性服务的 5 个维度出发，运用熵值法对 2009 ~ 2020 年黄河流域的农业现代化水平进行测度，利用泰尔指数，分析区域内农业现代化的差异特征，并解析农业现代化水平与农业生产性服务之间的关系。

1. 研究区域与研究方法

黄河流域横跨 4 个粮食主产区，其农业资源丰富、农业总产值占全国的 1/3，是中国农产品的主要产区。随着黄河流域生态保护和高质量发展上升为国家战略，该地区农业现代化发展已成为国家战略支撑的重中之重。目前，黄河流域的农业现代化水平正在不断提高，但由于该地区水资源紧缺、水土流失严重、化肥与农药过量化、农业基础设施落后等问题仍旧突出，且存在时空分布不均等现象，一定程度上阻碍了该地区农业现代化的可持续发展。

农业现代化是一个动态的过程，在不同的发展阶段表现出不同的内涵特征，新发展阶段下的现代化农业是在能够保障国家粮食安全的基础上，现代种植业、畜牧业、水产业等充分发展，设施和装备化水平高、可持续性强的农业（国务院发展研究中心农村经济研究部课题组，2021）。在构建农业现代化指标体系时，需要综合考虑指标的代表性、可比性和可获性，并结合黄河流域的特征。基于以上分析，本书借鉴已有的相关研究（刘锐等，2020；辛岭等，2022；杨奇峰等，2022），从农业基础投入、农业产出、农业生产效率、农业科技及社会化服务水平、农业绿色生态发展水平 5 个维度，构建了由 22 个具体指标组成的评价体系（见表 2 – 17），具体指标如下。

表 2 – 17　　　　　　　　农业现代化评价指标体系

准则层	指标层	指标含义层	属性	权重
农业基础投入 (0.369)	A1 农林水事务支出比重	农林水务支出/财政一般预算支出（%）	+	0.026
	A2 高标准农田建设	高标准农田建设面积（公顷）	+	0.088
	A3 人均耕地面积	耕地面积/农村人口（公顷/人）	+	0.065
	A4 单位耕地面积水资源占有量	水资源总量/耕地面积（万立方米/公顷）	+	0.168
	A5 农业结构调整	粮食播种面积/农作物总播种面积（%）	+	0.022

准则层	指标层	指标含义层	属性	权重
农业产出 (0.167)	A6 人均农业产值	农林牧渔总产值/农村人口（万元/人）	+	0.043
	A7 人均粮食产量	粮食产量/农村人口（吨/人）	+	0.064
	A8 蔬菜单产	蔬菜总产量/种植面积（吨/公顷）	+	0.013
	A9 人均肉类产量	肉类总产量/农村人口（千克/人）	+	0.047
农业生产效率 (0.095)	A10 农业产出增长率	（当年农业产值－上年农业产值）/上年农业产值（%）	+	0.008
	A11 土地生产率	粮食产量/粮食播种面积（吨/公顷）	+	0.023
	A12 农业劳动生产率	第一产业增加值/第一产业就业人数（万元/人）	+	0.023
	A13 农机生产率	第一产业增加值/农业机械总动力（万元/千瓦）	+	0.041
农业科技及社会化服务水平 (0.247)	A14 机械化水平	农业机械总动力/耕地面积（千瓦/公顷）	+	0.054
	A15 农业信息化	农村互联网接入用户数/农村用户数（%）	+	0.050
	A16 农业社会化服务发展水平	农林牧渔服务业产值/农林牧渔业总产值（%）	+	0.060
	A17 机械化社会服务组织	农业机械化社会服务组织（个）	+	0.082
农业绿色生态发展水平 (0.123)	A18 化肥利用水平	化肥使用量/耕地面积（吨/公顷）	－	0.034
	A19 农药利用水平	农药使用量/耕地面积（吨/公顷）	－	0.018
	A20 节水灌溉水平	节水灌溉面积/有效灌溉面积（%）	+	0.017
	A21 抗灾能力	1－（成灾面积/受灾面积）（%）	+	0.014
	A22 水土流失治理水平	水土流失治理面积（公顷）	+	0.039

资料来源：2010～2021年《中国统计年鉴》《中国农村统计年鉴》《中国农业机械工业年鉴》《中国农业统计资料》《中国第三产业统计年鉴》《中国水利统计年鉴》《中国住户调查年鉴》《中国财政年鉴》和国家统计局及黄河流域各省份统计年鉴，其中个别缺失值采用临近平均值和插值法填补。第一列括号内数值为准则层权重。

（1）农业基础投入。增加农业投入是保障农业增长的重要手段，农业投入要素的数量与结构影响着农业增长的方式和速度（栗滢超等，2019）。在保障国家粮食安全的战略下，优化农业投入有着重要的意义。在构建农业基础投入的指标时，为衡量政府对农业的支持力度，选取了农林水事务支出比重和高标准农田建设面积两个指标。考虑到耕地面积的重要性，选取了人均耕地面积作为反映农业生产基本条件的指标。用单位耕地面积水资源占有量来衡量农业水资源禀赋情况。此外，用粮食播种面积占农作物总播种面积的比重反映农业结构调整程度。

（2）农业产出。保障农产品的有效供给是农业现代化发展的目标之一（杜志雄等，2022），也是国家粮食安全战略的重要组成部分。农业产出是农业生产的最终结果，反映了农业生产能力，因此，选取人均农业产值、人均粮食产量、蔬菜单产和人均肉类产量 4 个指标作为反映农业产出水平的重要评价指标。

（3）农业生产效率。农业生产率的提高是农业现代化的前提条件（李录堂等，2009），现代化的农业需具备高效的生产能力，能够充分利用农业生产要素，实现农业产出的稳定增长。为反映农业生产效率的水平，本文选用了农业产出增长率、土地生产率、农业劳动生产率和农机生产率 4 个指标。这些指标可以全面、客观地评估农业生产效率的提高情况，为构建科学合理的农业现代化评价体系提供了重要的参考依据。

（4）农业科技及社会化服务水平。农业现代化是一个逐步演进的过程，在这个过程中，农业机械化是农业现代化的基础。科技的发展为农业现代化提供先进的农业机械，并在产前、产中和产后的各个环节中使用机械作业（金丽馥等，2022），以降低劳动者的体力劳动强度。此外，互联网在农业方面的应用拓宽了农业经营的流通渠道，推动传统农业向信息化、智能化农业转型（李欠男等，2020）。因此，选取机械化水平和农业信息化用于反映农业科技水平。农业机械化社会服务组织和农业服务业的发展能够提高农业综合生产能力和劳动生产率，基于此，用农业机械化社会服务组织和农林牧渔服务业的产值占农林牧渔总产值的比重来反映农业社会化服务水平。

（5）农业绿色生态发展水平。农业绿色生态发展是农业现代化的必由之路，与新发展理念相契合。在黄河流域这样生态环境脆弱的地区，为反映农业生态保护水平，可选取化肥利用水平、农药利用水平、节水灌溉水平、水土流失治理水平、退耕还林面积和轮耕休作规模等指标，然而退耕还林面积和轮耕休作规模的数据存在严重缺失，最终选定的指标为化肥利用水平、农药利用水平、节水灌溉水平、抗灾能力和水土流失治理水平 5 个指标。

2. 农业现代化水平计算方法

指标权重的科学性是衡量研究结果是否可信的重要组成部分，为确保权重计算的客观性，借鉴了李英杰等（2022）和肖露等（2022）的研究，采用熵值法进行指标权重计算，以避免主观因素对计算结果的影响。在进行熵值法计算之前，使用极差化法消除各指标之间量纲的影响，将各指标数据值规范化为 0～1 之间的数值。之后，运用多目标线性加权的方法计算农业现代化水平指数，具体计算公式为：

$$Y = \sum_{j=1}^{n} w_j x_j \tag{2-9}$$

式中，Y 代表农业现代化水平指数，w_j 为第 j 个指标的权重，x_j 为第 j 个指标标准化后的值。

借鉴辛岭等（2010）对农业现代化发展阶段划分的研究，将农业现代化发展水平划分为三个阶段，起步阶段：$Y < 0.4$；发展阶段：$0.4 \leqslant Y \leqslant 0.8$；成熟阶段：$Y > 0.8$。同时，为进一步研究每个阶段省份之间农业现代化水平的差异，借鉴武增海等（2013）的研究，引用自然断点法进行进一步分析。自然断点法是指通过给定的分级数，计算出断点数据，使得每一级别中的差异最小，级别间的差异最大。

泰尔指数被广泛应用于衡量经济和社会等方面的不平等（Dong X M, 2018），通过对泰尔指数的测算可以直观地分析地区差异，同时能够将总体差异进一步分解为区域间差异和区域内差异。借鉴王军等（2021）的研究，采用泰尔指数分析黄河流域区域间和区域内农业现代化水平的差异，具体计算公式为：

$$T = \frac{1}{n} \sum_{i=1}^{n} \frac{Y_i}{y} \log \frac{Y_i}{y} = T_b + T_w \tag{2-10}$$

$$T_b = \sum_{k=1}^{K} y_k \log \frac{y_k}{n_k/n} \tag{2-11}$$

$$T_w = \sum_{k=1}^{K} y_k \left(\sum_{i \in g_k} \frac{y_i}{y_k} \log \frac{y_i/y_k}{1/n_k} \right) \tag{2-12}$$

式中，T 代表农业现代化水平的泰尔指数值，取值范围在 0～1 之间；Y_i 代表第 i 个省份的农业现代化水平指数；y 表示黄河流域农业现代化水平的平均值；n 表示黄河流域的省份数量；将 n 个省份分为 K 个子区域，设第

K 个子区域 g_k 中包含 n_k 个省份，y_i 和 y_k 分别表示第 i 个省份和第 k 个子区域的发展水平指数占流域总值的比重；T_b 和 T_w 分别表示农业现代化区域间和区域内的差异。

借鉴肖露等（2022）和陈强强等（2018）的研究，将障碍度模型引入农业现代化水平的综合评价中，用以探究黄河流域农业现代化发展水平的阻碍因素。具体计算方法为：

$$S_{ij} = 1 - x_{ij} \qquad (2-13)$$

$$U_{ij} = W_i \times w_{ij} \qquad (2-14)$$

$$O_{ij} = S_{ij}U_{ij} \Big/ \sum_{i,j=1}^{n} S_{ij}U_{ij} \qquad (2-15)$$

式中，S_{ij} 为引入指标偏离度（1 与标准值的差），U_{ij} 为因子贡献度，W_i 表示第 i 个准则层的权重，O_{ij} 表示个体指标对总目标的障碍度。

3. 黄河流域农业现代化综合发展水平分析

分析结果显示，黄河流域的农业现代化水平指数呈现上升趋势，从 2009 年的 0.226 上升至 2020 年的 0.402，农业现代化水平指数增幅显著，年均增长率为 5.38%。2012～2020 年，农业现代化水平指数相较 2012 年之前呈现较快的增长趋势，这得益于"四化同步"发展战略的提出，该战略明确了加快发展农业现代化的重要性，并通过一系列政策促进了农业现代化的发展，如坚持工业反哺农业、城市支持农村等。从农业现代化发展水平指数可知，黄河流域的农业现代化水平处于稳定增长态势，农业生产经营从传统的分散、粗放式向机械化、集约化和高效化方向转变。截止到 2020 年，农业现代化的综合指数低于 0.5，表明黄河流域的农业现代化水平尚处于发展阶段，有进一步提升的空间。因此，农业现代化的理念仍需进一步融入顶层设计和基层治理。

从准则层来看，2009～2020 年，农业基础投入、农业产出、农业生产效率、农业科技及社会化服务水平和农业绿色生态发展水平都有不同程度的提升。其中，农业基础投入的提升幅度最大，得益于政府政策倾斜和对农业发展的高度重视，促使土地、资金和技术等要素投入增加，农业基础投入指数从 2009 年的 0.056 和上升到 2020 年的 0.112，提升了 0.056。特别地，在政策支持下，2014 年以后农业基础投入指数呈现显著的增长态势，并且同农业科技及社会化服务水平指数处于领先地位。农业绿色生态发展水平提升最小，受到化肥、农药使用和气候因素的限制，指数从2009年的0.060增长到2020年的0.075，仅提升0.015。农业产出和农业生产效率指数一直处于落后的局面，但伴随着农业基础投入的增加和科技的进步，这两项指数增长较快，呈现追赶之势。

4. 黄河流域各省份发展水平态势分析

从整体上来看，9个省份的农业现代化水平虽然在个别年份出现略微的下降，但总体趋势是上升的（见表2-18），农业现代化水平有显著的提高。陈江涛等（2018）通过研究31个省份之间的农业现代化发展水平，发现内蒙古因为气候、地形等因素，其农业现代化发展水平不及山东、河南和四川。然而，本研究因为指标体系的不同，结果显示内蒙古的农业现代化水平较高，处于领先地位，其后依次是山东、四川、青海和河南，而甘肃、陕西、山西和宁夏的农业现代化发展水平相对落后，低于黄河流域的平均水平。

从年均增长率来看，虽然宁夏发展水平较低，但其年均增长率较高，远远大于黄河流域的平均增长速率，具有明显的追赶趋势。原因在于，过去宁夏的农业现代化基础薄弱，在国家政策的支持下，结合自身优势形成了中宁枸杞、西吉马铃薯等一批专业化与集中化程度较高的特色产业，从而形成了产业集聚（方兴义，2021）。内蒙古、山东和河南年均增长率处于前列，高于黄河流域的平均水平。结合农业现代化水平的分布情况发现，四川和青海虽然农业现代化水平较高，但其发展增速相对较慢，缺乏后续动力，急需改变落后的生产经营方式，采用更加现代化的模式，为农业现代化发展增添新动力。此外，值得注意的是，山西和甘肃的农业现代化发展水平和年均增长率都在平均水平以下，处于落后地位。这是由于甘肃和山西地区干旱缺水、自然灾害频发，同时，山西作为能源输出大省，植被破坏严重，导致水土流失或土壤贫瘠，进而使得产出水平低，不利于农业的发展。综上所述，要努力提高落后地区的发展水平，缩小省份之间的差距，促进农业现代化水平协调发展仍是当务之急。

5. 黄河流域农业现代化发展的空间变化分析

黄河流域的大多数省份处于起步、发展阶段，为了更好地分析9个省

表2-18 黄河流域9个省份农业现代化发展水平测评结果

流域	省份	2009年	2010年	2011年	2012年	2013年	2014年	2015年	2016年	2017年	2018年	2019年	2020年	年均增长率（%）
上游	青海	0.287	0.261	0.265	0.284	0.263	0.295	0.254	0.271	0.307	0.361	0.392	0.443	4.51
	四川	0.289	0.296	0.309	0.325	0.337	0.329	0.348	0.366	0.380	0.407	0.433	0.462	4.40
	甘肃	0.211	0.203	0.213	0.210	0.229	0.224	0.235	0.257	0.286	0.285	0.301	0.345	4.73
	宁夏	0.155	0.166	0.173	0.168	0.179	0.191	0.194	0.206	0.224	0.260	0.274	0.306	6.46
	均值	0.236	0.231	0.240	0.247	0.252	0.260	0.258	0.275	0.299	0.328	0.350	0.389	4.75
中游	内蒙古	0.251	0.269	0.300	0.308	0.359	0.375	0.405	0.425	0.447	0.483	0.515	0.539	7.25
	陕西	0.189	0.203	0.218	0.204	0.218	0.224	0.233	0.256	0.271	0.277	0.309	0.328	5.25
	山西	0.175	0.171	0.189	0.178	0.200	0.216	0.218	0.238	0.251	0.256	0.271	0.292	4.90
	均值	0.205	0.215	0.236	0.230	0.259	0.272	0.285	0.306	0.323	0.338	0.365	0.386	5.99
下游	河南	0.228	0.231	0.222	0.236	0.245	0.271	0.293	0.303	0.332	0.349	0.383	0.420	5.82
	山东	0.252	0.271	0.294	0.301	0.322	0.332	0.369	0.372	0.411	0.430	0.448	0.480	6.09
	均值	0.240	0.251	0.258	0.269	0.283	0.301	0.331	0.338	0.371	0.390	0.416	0.450	5.92
整体	均值	0.226	0.230	0.243	0.246	0.261	0.273	0.283	0.299	0.323	0.345	0.370	0.402	5.38

份农业现代化的空间分布特征，运用自然断点法，将黄河流域 9 个省份的农业现代化发展水平划分为高值区 (0.369, 0.539]、中高值区 (0.254, 0.369]、中值区 (0.194, 0.254] 和低值区 (0.155, 0.194] 四个等级，利用 ArcGis10.8 软件进行空间可视化。研究期间，黄河流域的农业现代化发展水平在空间上大致呈现出四周相对较高、中部相对较低的局面。从发展水平较高省份的分布来看，与粮食主产区的分布有较高的契合性，其中尤以内蒙古和山东的农业现代化水平最高。而农业现代化发展水平相对较低的省份主要分布在黄土高原地区。

结合表 2–18 中的结果，从上、中、下游区域来看，黄河流域的农业现代化水平在区域间与区域内均存在不平衡现象。下游地区依托自然资源、区位和经济等方面的优势，其农业现代化水平处于领先地位，与中上游总体上有着较大的差距。上游地区由于其农业基础和资源禀赋的限制，农业现代化发展水平较低。从区域内部分析，上游地区中四川和青海的农业现代化水平始终领先于宁夏和甘肃。中游地区虽然整体上落后于下游地区，但内蒙古作为黄河流域内的"领头羊"，在 2009～2020 年，其农业现代化水平高于陕西和山西。在下游地区，山东的农业现代化水平始终高于河南。因此，黄河流域农业现代化发展不平衡不是局部的，而是整体的。在乡村振兴和共同富裕的背景下，如何促进省份和区域间农业现代化的协调发展，是必须要解决的难题。

6. 农业现代化水平解构分析

表 2–19 是 2020 年黄河流域 9 个省份农业现代化水平准则层的指数和排名，分为 5 个维度，以此来探究 9 个省份农业现代化的优势所在和不足之处。

表 2–19　　　　　　　2020 年农业现代化水平准则层排名

流域	省份	农业基础投入		农业产出		农业生产效率		农业科技及社会化服务水平		农业绿色生态发展水平	
		指数	排名	指数	排名	指数	排名	指数	排名	指数	排名
上游	青海	0.207	1	0.044	7	0.050	7	0.066	7	0.076	5
	四川	0.121	3	0.057	5	0.079	1	0.119	3	0.087	3
	甘肃	0.083	6	0.039	8	0.034	9	0.095	4	0.095	2
	宁夏	0.062	9	0.065	4	0.054	5	0.071	6	0.054	8

续表

流域	省份	农业基础投入		农业产出		农业生产效率		农业科技及社会化服务水平		农业绿色生态发展水平	
		指数	排名	指数	排名	指数	排名	指数	排名	指数	排名
中游	内蒙古	0.182	2	0.163	1	0.052	6	0.031	9	0.111	1
	陕西	0.072	7	0.045	6	0.060	2	0.079	5	0.072	6
	山西	0.070	8	0.037	9	0.039	8	0.064	8	0.082	4
下游	河南	0.116	4	0.058	4	0.059	3	0.145	2	0.041	9
	山东	0.097	5	0.076	2	0.055	5	0.195	1	0.057	7
整体	均值	0.112		0.065		0.053		0.096		0.075	

从农业基础投入的排名中可以看出，青海、内蒙古和四川处于领先地位，回溯指标层的数据可知，内蒙古的优势主要在于高标准农田建设面积和人均耕地面积较大，而青海和四川的优势在于单位耕地面积水资源占有量。例如，青海耕地面积水资源占有量达到 17.35 万立方米/公顷，远远大于排名较低的宁夏（900 立方米/公顷）和山西（3000 立方米/公顷）。

相对于农业基础投入，农业产出的排名发生了变化，其中变化较大的有青海和宁夏。青海从农业基础投入的排名第 1 跌落至农业产出的第 7，其劣势表现在人均粮食产量和蔬菜单产方面，而宁夏从农业基础投入的排名第 9 上升至农业产出的第 3，其优势在于人均农业产值。内蒙古依然处于领先地位，这主要是由于内蒙古人均肉类产量高，2020 年达到 111.53 千克/人，比排名第二的山东（71.62 千克/人）高出 39.91 千克。山东的优势在于蔬菜单产和人均肉类产量，其蔬菜和肉类总产量居全国首位。相比之下，山西和甘肃的人均粮食产量和人均肉类产量均较低，因此排名较为落后。

从农业生产效率来看，内蒙古农业产出效率的排名从第 1 名跌至第 6 名。这是因为内蒙古的农业产出增长率和农机生产率较低。相比之下，四川和陕西的农业产出排名分别为第 5 位和第 6 位，但农业生产效率排名分别为第 1 位和第 2 位。回溯指标层的数据表明，四川主要优势在于土地生产率和农机生产率水平较高，而陕西在"十二五"以来大力发展农机现代化，农机装备水平得到大幅提升，农机生产率也因此较高。相比流域内的其他省份，甘肃的主要短板在于土地生产率水平和农业劳动生产率水平较低，这与汤瑛芳等通过对甘肃农业现代化的研究得出的结论一致。山西的主要劣势在于农业劳动生产率方面。

从农业科技及社会化服务水平的排名中可以看出，其发展水平较高的地区与粮食主产区的分布有着较高的契合性。排名领先的山东、河南和四川均为中国重要的粮食主产区，相比之下，这些省份投入较高的农业机械和社会化服务资源。而青海和山西在社会化服务方面的发展较为欠缺，内蒙古则在农业信息化方面较落后。

对于农业绿色生态发展水平指数，内蒙古和甘肃绿色化水平较高。内蒙古从 2015 年开始积极发展节水农业，落实严格的水资源管理制度，并推进高标准农田建设，使得其在节水灌溉水平和水土流失治理面积方面发展较快。甘肃近年来致力于推进农业绿色发展技术、开展统筹防治和采取农药化肥减量化施用等措施，因而在化肥、农药和水土流失治理等方面发展水平较高。相较之下，河南、宁夏和山东在这些方面发展较为落后。

7. 农业现代化水平差异分析

将黄河流域划分为上、中、下游三个子区域，利用泰尔指数量化分析黄河流域农业现代化水平的差异程度。研究期间，黄河流域的总体差异和区域内差异指数呈现上下波动式变化，但近年来，其下降态势明显，这表明在国家宏观调控的规划下，黄河流域农业现代化发展水平的地区差异在逐渐缩小，但仍需要继续优化顶层设计，促进地区之间的协调发展。

区域间和区域内的泰尔指数结果表明，区域内的农业现代化差异是导致黄河流域总体差异的主要来源，主要表现在中上游地区。以中游地区为例，内蒙古的农业现代化水平明显高于陕西和山西。区域间差异在 2011 ~ 2015 年呈增长趋势，但自 2015 年以来下降趋势明显，说明近年来黄河流域上、中、下间的农业现代化水平差距正在逐渐缩小，区域协调发展的政策已有成效。

8. 农业现代化发展的障碍因素分析

利用障碍度模型测算 2009 ~ 2020 年 9 个省份农业现代化准则层的障碍度。结果显示，障碍因素由大到小依次为：农业基础投入 > 农业科技及社会化服务水平 > 农业产出 > 农业绿色生态发展水平 > 农业生产效率。为进一步剖析 9 个省份农业现代化发展障碍因素的差异，根据 2009 ~ 2020

年 9 个省份的 22 个评价指标的平均障碍度排序，筛选出前四位的障碍因素（见表 2 - 20）。

表 2 - 20　黄河流域 9 个省份农业现代化指标层障碍因素及障碍度均值　　单位:%

省份	第一障碍因素		第二障碍因素		第三障碍因素		第四障碍因素	
	指标	均值	指标	均值	指标	均值	指标	均值
青海	A2	17.74	A3	13.41	A17	11.71	A16	8.68
四川	A4	25.95	A2	14.18	A3	13.40	A16	8.20
甘肃	A4	30.92	A2	14.83	A3	10.07	A17	9.16
宁夏	A4	30.23	A2	14.43	A17	9.78	A3	8.72
内蒙古	A4	36.94	A2	11.25	A17	11.09	A16	9.01
陕西	A4	28.95	A2	13.91	A3	10.91	A17	9.33
山西	A4	30.29	A2	14.17	A3	10.50	A17	8.28
河南	A4	33.59	A3	12.44	A2	9.33	A16	6.00
山东	A4	35.86	A3	12.98	A2	12.32	A16	5.82

　　9 个省份农业现代化发展的主要阻碍因素有很大的相似之处，但各主要障碍因素对不同省份的约束性存在差异。其中，A4 单位耕地面积水资源占有量、A2 高标准农田建设、A3 人均耕地面积、A16 农业社会化服务发展水平和 A17 机械化社会服务组织是多数省份共有的主要障碍因素（表 2 - 24）。由此可见，黄河流域指标层的障碍因素主要集中在农业基础投入和农业科技及社会化服务水平。由于黄河流域水资源总量短缺，仅占全国总量的 2.6%，而农业的发展需要丰富的水资源，因此造成水资源供给与需求的矛盾，水资源短缺的压力依然是黄河流域最大的刚性约束。白芳芳等（2022）通过对黄河流域农业水资源利用的研究同样发现水资源禀赋是该地区农业发展的主要障碍因素。

　　由于黄河流域自然条件的限制和经济发展水平较低，该地区的高标准农田建设、人均耕地面积、农业社会化服务发展水平和机械化社会服务组织发展较为落后，难以满足农业发展的需要。然而，不同省份之间也存在差异。回溯指标含义层的数据可知，青海和宁夏的人均耕地面积较低是由于总体耕地面积少，而河南和山东则是由于农村人口较多导致人均耕地面积较少，这间接揭示了耕地规模化经营是提高黄河流域农业现代化水平的有效途径。青海、甘肃、内蒙古、宁夏和山西的主要障碍因素都有 A17 机械化社会服务组织，主要原因在于社会经济发展水平较低。具有相同障碍因素的陕西，作为西北地区经济发展的"领跑者"，电子信息、航空航天等高新技术产业实力雄厚，却对农业基础设施和社会服务体系投入不足，农业服务的发展相对落后，陕西应该依靠科技优势发展特色农业，促进农业现代化发展。此外，青海、四川、内蒙古、河南和山东的主要障碍因素都有 A16 农业社会化服务发展水平。对于青海和内蒙古来说，落后的经济发展水平是农业社会化服务水平较低的原因所在。四川、河南和山东则是由于传统低附加值的农业服务业较多，现代的农业服务相对匮乏。

9. 结论

研究表明，2009～2020 年黄河流域 9 个省份农业现代化水平在农业基础投入、农业产出、农业生产效率、农业科技及社会化服务水平、农业绿色生态发展水平上都有所提高，但总体发展水平还处于低位，与农业现代化的目标还有一定差距。黄河流域上、中、下游之间和省份之间的农业现代化水平发展不平衡，呈现出"中间低，四周高"的空间发展格局。这说明在农业现代化进程中，地区之间自然禀赋的差异使得发展水平存在差距，应该结合地区优势，促进农业现代化协调发展。此外，近些年随着社会经济的发展，省份间、上中下游之间的差异正在逐渐缩小，说明国家宏观政策的统筹规划及分区实施，持续推进了黄河流域农业现代化的协调化发展，同时也表明了优化顶层设计的必要性。目前黄河流域的农业基础投入和农业科技及社会化服务水平是其农业现代化发展的主要短板，主要体现在单位耕地面积水资源占有量、高标准农田建设、人均耕地面积、农业社会化服务发展水平和机械化社会服务组织方面，根源在于自然资源禀赋的限制和经济发展水平的落后。因此，需要采取针对性措施，以提高农业现代化水平为目标，加快补齐短板，推进农业现代化的进程。

根据上述分析可以发现，农业生产性服务对农业现代化发展有较大的影响。因此，除了注意科学管理农业生产，加强高标准农田建设，推进土地流转外，还要加大对农业生产性服务的支持力度。

其一，亟须以政策为引导，完善农业社会化服务体系。一方面，政府应制定有利于农业社会化服务发展的政策和法规，促进社会资本参与农业社会化服务。另一方面，应加强对农业社会化服务组织的管理和监督，提高服务质量，保障农民合法权益。要注重发挥互联网在农业社会化服务中的作用，完善农业社会化服务体系。

其二，要加强科技创新，提升农业机械化社会服务水平。首先，应注重农业科技的创新，提高农业机械设备的运转效率，进一步提升农业机械化社会服务组织的服务质量。其次，应促进地区之间的联系，推广"互联网+农业"模式，强化农业信息化与智能化，拓展农业机械化社会服务组织的服务范围，促进农业大型机械的跨区流动。由此，可以推断引导农户选择服务外包的重要性。

2.3　粮食生产变化趋势

本节对 1995～2020 年黄淮海平原的粮食生产情况进行分析，从中揭示农户生产经营的总体状况。

2.3.1　播种面积变化

从表 2-21 中看出，黄淮海平原粮食作物播种面积随其农作物播种面积同步增减，且与全国变化趋势基本一致。1995 年以来，黄淮海平原粮食作物播种面积基本维持在全国的 1/3 水平，2016 年达到峰值后略有下降，总体呈现出倒"U"型分布态势。在 1995～2000 年，黄淮海平原粮食作物播种面积占农作物播种面积的比重降低了 25.62%，在 2010 年后缓慢回升且总体高于全国平均水平，截至 2020 年，该比重已高出全国平均水平 6.56 个百分点。

表 2-21　　1995～2020 年黄淮海平原农作物及粮食播种面积的变化

年份	农作物播种面积（万公顷）		粮食播种面积（万公顷）		粮食播种面积占比（%）		
	全国	黄淮海	全国	黄淮海	全国	黄淮海	高于全国
1995	14987.90	3824.60	11006.04	3625.61	73.43	94.80	21.36
2000	15630.00	5124.97	10846.25	3545.37	69.39	69.18	-0.22

续表

年份	农作物播种面积（万公顷）		粮食播种面积（万公顷）		粮食播种面积占比（%）		
	全国	黄淮海	全国	黄淮海	全国	黄淮海	高于全国
2005	15548.80	5107.53	10427.84	3390.56	67.07	66.38	-0.68
2010	15857.95	5101.20	11169.54	3677.41	70.43	72.09	1.65
2011	16036.04	5123.48	11298.04	3727.20	70.45	72.75	2.29
2012	16207.13	5135.44	11436.80	3770.25	70.57	73.42	2.85
2013	16370.23	5129.39	11590.75	3832.50	70.80	74.72	3.91
2014	16518.33	5139.43	11745.52	3906.92	71.11	76.02	4.91
2015	16682.93	5142.85	11896.28	3961.53	71.31	77.03	5.72
2016	16693.90	5152.95	11923.01	3991.81	71.42	77.47	6.05
2017	16633.19	5136.32	11798.91	3929.66	70.94	76.51	5.57
2018	16590.24	5106.46	11703.82	3904.77	70.55	76.47	5.92
2019	16593.07	5088.17	11606.36	3857.08	69.95	75.80	5.86
2020	16748.71	5048.08	11676.82	3850.34	69.72	76.27	6.56

资料来源：1996～2021年《中国统计年鉴》。表中黄淮海平原的相关数据是由北京市、天津市、江苏、安徽、山东、河南及河北七省（市）数据的加总。

黄淮海平原中包括北京市和天津市2个粮食主销区及河北和江苏等5个粮食主产区。主产区中，河南的粮食播种面积最大，自2010年以来一直稳定在1000万公顷左右，其次分别为山东、安徽、河北、江苏。如表2－22所示，除河南、安徽及山东的粮食播种面积占比稳定增长外，其他省（市）均有小幅下降趋势。

表2－22　　1995～2020年黄淮海平原各省（市）粮食播种面积占比　　单位:%

年份	北京市	天津市	河北	江苏	安徽	山东	河南
1995	1.20	1.22	18.84	15.87	16.14	22.43	24.30
2000	0.87	0.98	19.51	14.96	17.44	20.77	25.47
2005	0.57	0.85	18.40	14.48	18.91	19.80	27.00
2010	0.61	0.85	17.52	14.61	18.89	20.26	27.27
2011	0.56	0.83	17.41	14.52	18.76	20.44	27.49
2012	0.51	0.86	17.38	14.48	18.54	20.56	27.68

年份	北京市	天津市	河北	江苏	安徽	山东	河南
2013	0.41	0.87	17.24	14.29	18.38	20.89	27.91
2014	0.31	0.89	17.09	14.12	18.39	21.19	28.01
2015	0.26	0.89	17.09	14.07	18.38	21.22	28.09
2016	0.21	0.91	17.01	13.99	18.44	21.34	28.11
2017	0.17	0.89	16.94	14.07	18.63	21.52	27.78
2018	0.14	0.90	16.75	14.02	18.74	21.52	27.93
2019	0.12	0.88	16.77	13.95	18.89	21.55	27.83
2020	0.13	0.91	16.59	14.04	18.93	21.51	27.89

资料来源：1996～2021 年《中国统计年鉴》。

2.3.2 总产量变化

由表 2-23 可以看出，1995～2020 年黄淮海平原的粮食产量逐年上升，由 1995 年的 16786.20 万吨增长至 2020 年的 24165.49 万吨，年均增速达到 1.76%。其中，小麦作为黄淮海平原的主要粮食作物，总产量在 2010 年超过 10000 万吨，到 2020 年占比达到全国小麦产量的 80.70%。同期，该地区玉米产量在全国占比先出现下降趋势，2016 年到达谷底，仅占全国玉米产量的 24.40%，其后缓慢增长至 2020 年的 8095.03 万吨，且占到全国玉米总产量的 31.06%，总体呈现"U"型变化趋势。

表 2-23　　　　1995～2020 年黄淮海平原主要粮食作物产量变化

年份	小麦			玉米		
	全国（万吨）	黄淮海（万吨）	占比（%）	全国（万吨）	黄淮海（万吨）	占比（%）
1995	9929.70	6092.00	61.40	9927.50	3738.50	37.70
2000	9963.60	6933.90	69.60	10600.20	4092.50	38.60
2005	11609.34	8970.68	77.27	19075.18	6301.45	33.03

续表

年份	小麦			玉米		
	全国（万吨）	黄淮海（万吨）	占比（%）	全国（万吨）	黄淮海（万吨）	占比（%）
2010	13255.52	10380.57	78.31	26499.22	7829.99	29.55
2015	13255.50	9938.50	75.00	26449.79	6480.20	24.50
2016	13318.80	9818.80	73.70	26361.30	6421.70	24.40
2017	13424.10	10713.00	79.80	25907.10	7949.10	30.70
2018	13144.05	10484.30	79.80	25717.39	7933.10	30.85
2019	13359.62	10796.50	80.81	26077.89	7862.40	30.15
2020	13425.38	10834.36	80.70	26066.20	8095.03	31.06

年份	稻谷			豆类		
	全国（万吨）	黄淮海（万吨）	占比（%）	全国（万吨）	黄淮海（万吨）	占比（%）
1995	17593.30	3276.90	19.00	1989.60	966.00	48.60
2000	18790.77	3542.25	19.00	2010.00	541.09	26.92
2005	19722.57	3871.46	19.63	2157.67	378.02	17.52
2010	21214.19	3932.02	18.53	1871.84	348.28	18.61
2015	21215.19	3984.50	18.78	1512.52	260.87	17.25
2016	21109.42	3959.33	18.76	1650.66	258.34	15.65
2017	21267.59	4076.01	19.17	1841.56	265.17	14.40
2018	21212.90	4197.51	19.79	1920.27	344.23	17.93
2019	20961.40	4137.50	19.74	2131.90	358.18	16.80
2020	21185.96	4192.25	19.79	2287.46	354.95	15.52

资料来源：1996～2021 年《中国统计年鉴》。

1995～2020 年，黄淮海平原稻谷产量约占全国稻谷产量的 1/5，产量由 1995 年的 3276.9 万吨增长至 2020 年的 4192.25 万吨；同期，豆类产量以年均 6.17% 的增速在 1998 年达到 1085.2 万吨，之后豆类产量及其在全国占比均大幅下降，2020 年产量仅为 354.95 万吨，占全国豆类产量的 15.52%，总体呈现倒"U"型态势。

2.3.3　单位面积产量变化

如表 2-24 所示,与全国平均水平相比,1995~2020 年,江苏、河南及山东三省的粮食单产变化较为平稳,且其年均粮食单产高于全国平均水平。相比较,河北及安徽两省的粮食单产水平在不断提高,但截至 2020 年两省的粮食单产仍略低于全国平均水平。

表 2-24　1995~2020 年黄淮海平原各省(市)粮食单产变化　　单位:千克/公顷

年份	北京市	天津市	河北	安徽	江苏	山东	河南	全国
1995	6144.87	5124.44	4347.07	4729.64	5933.94	5373.89	4115.67	4659.25
2000	4902.56	3929.70	4006.72	4400.08	6114.27	5386.91	4738.98	4752.56
2005	5120.61	5149.59	4371.32	4723.14	6041.33	5908.21	5284.85	5224.62
2010	5297.09	5328.04	4984.07	5193.81	6336.23	6092.72	5815.62	5527.54
2015	6171.65	5283.67	5424.12	6036.44	6644.11	6156.83	6030.85	5988.69
2016	6291.75	5577.07	5616.82	5792.05	6534.09	6294.83	5995.79	6004.43
2017	6350.04	6090.39	5780.48	5922.80	6733.32	6391.85	6129.96	6105.38
2018	6361.96	6056.42	5688.45	5921.14	6892.49	6374.54	6253.78	6120.47
2019	6389.94	6655.43	5826.68	6006.60	7111.10	6503.09	6404.68	6272.01
2020	6406.76	6572.58	5993.58	5926.30	7127.40	6632.84	6522.02	6295.59

资料来源:1996~2021 年《中国统计年鉴》。

进一步观察看出,黄淮海平原省(市)际间粮食单产差距自 2005 年后不断缩小,至 2017 年降至最小,随后维持在 1200 千克/公顷左右。1995~2020 年黄淮海平原省(市)际粮食单产差距呈逐渐缩小态势。

第3章 三重资源约束下农户
服务外包选择机理

中国农业面临成本、价格和生态三大压力（陈锡文，2015）。在资源环境越来越紧的约束下，如何推进农业高质量发展，确保粮食等重要农产品有效供给，实现农业绿色转型，农业社会化服务提供了可能和途径。基于前述对黄淮海平原粮食生产，土地、劳动和生态资源以及农业生产性服务发展状况特征的分析，本章从分工理论、交易成本理论和农户行为理论角度阐释服务外包的理论基础，探寻黄淮海平原三重资源约束的宏观评判准则，进而推演三重资源约束下农户服务外包选择的逻辑。

3.1 理论分析

3.1.1 外包理论脉络

外包取代一体化是分工与经济组织变迁的产物（庞春，2010），服务外包是农户分工分业的理性选择（芦千文，2019），对其理论渊源的梳理有助于厘清本书研究的理论基础。

外包概念滥觞于古典经济学。1776年亚当·斯密首次提出了分工理论，认为劳动分工是经济增长的源泉，分工水平取决于市场范围（斯密定理），这便是"外包"概念的起源。1817年大卫·李嘉图（David Ricardo）在《政治经济学及赋税原理》中从技术差异、要素禀赋、偏好差异、规模经济层面出发，提出了著名的比较优势理论。卡尔·马克思（Karl

Marx，1867）继承了亚当·斯密的观点，论述了社会分工与技术分工之间的联系，提出分工与合作对产出的提升源于专业化生产。这些理论为粮食生产环节外包类型的衡量和外包选择行为分析提供了理论依据。

农业外包思想发轫于新古典经济学。阿尔弗雷德·马歇尔（Alfred Marshall，1890）从报酬递增和分工组织两个维度扩展了分工理论，首次将组织与土地、资本和劳动力等并列为生产要素，提出生产分工可以实现报酬递增，但跟亚当·斯密一样认为农业不能采用完全的分工制度。阿林·杨格（Allyn Young，1928）沿袭亚当·斯密和阿尔弗雷德·马歇尔的研究思路发展了分工理论，论证了劳动分工与市场规模、产业间分工相互作用的机制。西奥多·舒尔茨（Theodore Schultz，1993）认为具有规模递增效应的劳动分工和技术进步对经济增长的作用至关重要。总体上，新古典经济学把报酬递增和迂回生产等引入分工理论框架，认为专业分工能够加快技术进步，并会随着农业技术创新与管理创新克服农作物的生物特性，"迂回"的劳动分工成为可能（杨格定理），这为研究粮食生产环节细分外包及其报酬递增问题奠定了理论基础。

农业外包理论发展于新制度经济学。不同于古典和新古典经济学的研究范式，新制度经济学在对分工的解释中强调了制度的重要性，同时引入交易费用、资产专用性等约束。有学者从产权界定、交易成本和制度安排等角度切入（Coase，1937），认为制约专业化分工演进的关键是交易成本的存在（Harold Demsetz，1967；North，1990；Garys Becker，1992；Williamson，1996）。杨小凯等（1998，1999）认为分工演进有赖于交易效率的改进和提高。在交易成本对发展中国家经济问题解释力增强的情形下，交易成本理论逐渐形成独立的理论体系并被运用于农业服务外包的分析框架中。同时，随着企业资源集合体概念的提出（Penrose，1959），资源基础理论（Wernerfelt，1984；Barney，1991）产生，且有越来越多的证据表明，资源禀赋和交易成本相结合能够更充分地解释农业外包现象。本书拟从多元理论视角分析农户服务外包行为的触发条件、驱动因素与组织形式，以及外包的资源重配问题。

3.1.2　农户外包响应

农业外包响应下的农户行为理论渊源。外包是农户分工分业的理性选择，农户行为理论也一直以是否"理性"而展开。有学者认为"家庭式农场"适合用道义经济的"劳动消费均衡"（以恰亚诺夫为代表的自给生产学派）理论解释（黄宗智，1985）；而"经营式农场"适合于用理性小农的"利润最大化"（以西奥多·舒尔茨为代表的理性小农学派）理论解释。还有研究提出了"制度理性"假说（郑风田，2000）、"社会化小农"概念（徐勇、邓大才，2006）等。对于农户"理性"行为的设定，既有时代烙印，也有其适用情境。考察农户家庭决策行为，既要关注其家庭内部劳动分工和资源配置状况，也应考察其家庭组织外的分工融入与各种社会经济资源的重配。因此，本研究将仍遵循"理性经济人"基本假设，探究农户服务外包选择机理。

3.1.3 农户服务外包选择的理论阐释

基于上述学术史梳理，挖掘不同理论的观点与内在逻辑，为探寻构建中国新型粮食生产经营体系提供了理论脉络。以下主要从分工理论、交易成本理论以及农户行为理论角度阐释农户服务外包选择的理论基础，为化解土地、劳动与生态资源对其约束提供可行的逻辑理路。

1. 分工理论

分工既能使劳动者在专业负责一项任务的情况下提升工作的熟练程度、减少工作转换带来的时间和效率的浪费，也能够刺激新技术的产生，提高生产效率。马克思在1867年进一步阐释了分工是合作的基础，合作进而促进生产效率提升。阿尔弗雷德·马歇尔在1890年将分工带来的生产效率提高定义为外部规模经济效应，即分工促使更大规模的生产成为可能，生产规模的扩大使得固定资产能够得到更有效利用，从而降低经营成本。但在分工理论中较少提及农业生产的分工情况。然而，随着市场经济的发展，即使小规模经营的农户也被卷入不断寻求更低成本、更高效率的分工活动当中，通过服务外包，将农业生产中播种、收割等环节交由专门的农业生产性服务组织来完成的分工形式已非常普遍。农业生产环节的细分与农业生产性服务市场的发育促进了农业服务外包程度的提高和覆盖半径的扩大，使得更多生产环节参与分工。

随着工业化和城镇化的快速推进，农村劳动力非农就业成为当下的主趋势，农村劳动力不足和弱质一定程度上倒逼生产环节服务市场的发育，如农业机械跨区作业服务带来的服务规模经济效应，有效解释了中国农村劳动力大量外流情况下依然能够保证粮食生产效率提高的问题（Yang J et al.，2013）。

从分工角度来看，农户选择服务外包，是将农业生产的一些环节交由服务组织来经营。值得注意的是，不同农作物及其不同生产环节，由于其可外包性不同，为农户带来的收益增加和福利改善也不尽相同。已有研究发现，整地、收割和储运环节的外包性高于其他作业环节（江雪萍，2014），需要将农户的排他能力、处置能力和交易能力对生产环节外包的影响纳入农户外包选择行为中（陈文浩，2015）。本研究主要着眼于农户的整地、播种、施肥、喷药、收割和烘干等作业环节，并且从人工服务和机械服务两大层面分析其服务外包特征及其影响因素等。

2. 交易成本理论

罗纳德·科斯（Ronald Coase，1770）在《企业的性质》中提到交易成本理论，其中的交易成本几乎囊括除直接生产以外的所有交易费用。罗纳德·科斯（1770）认为，交易成本和产权密不可分，若忽略交易成本，产权界定也就失去意义，交易成本产生的源头和表现形式决定于不同产业的类型；在传统制造业中，交易成本体现在运输、仓储或税收等方面，而在技术、服务等产业中，因产品信息不对称性增加，交易需借助市场和企业组织进行协调，交易成本的产生因此更加多元化，如企业组织成本、搜寻成本等。交易费用的多少受到分工深化程度、市场范围大小、信息搜寻难易和交易是否顺畅等方面的影响（Williamson，1996）。

农业生产环节服务的供给方和服务外包需求方的交易，不仅会产生直接的服务费用，还会产生信息搜寻、谈判监督等交易成本，以及服务供给方因生产环节异质性而增加的额外成本。作为理性经济人的农户，在选择服务外包时，上述各种成本均在其行为抉择的考虑范围之内。

3. 农户行为响应理论

在农户行为理论中，恰亚诺夫（1925）的《农民经济组织》中提到小农经济行为选择的关键是其在家庭需求和劳动辛苦程度之间寻求平衡，即使劳动的边际效益递减也可能会选择继续劳动，其追求是提高家庭的需求满足程度。这是建立在消费决定生产基础上的农户经济行为理论，农户生产的目的不是追求利润最大化，而是最大程度地满足家庭的消费需求。西奥多·舒尔茨（1964）则认为小农是理性的，同资本主义的企业家一样，也要追求利润最大化，且认为即便是传统农业，其资源配置也是有效的。西奥多·舒尔茨在《改造传统农业》中提到，传统农业之所以不能持续增长，并不是因为其低下的生产要素配置效率，而是由于农民对投资增加的热情不高，因此应刺激农民进行储蓄和投资，同时要高度重视人力资本积累的作用。与上述分析视角不同的是黄宗智（1985）在《华北的小农经济与社会变迁》中的观点，他提出农户行为选择既受到家庭经营的劳动束缚，又受到日益深化的市场经济的冲击，既体现出"劳动－消费均衡"的逻辑，又在追求"利润最大化"。

根据对农户行为理论的回顾与梳理，可以推理出：农户是否选择生产环节外包，不仅受外界因素的影响，而且会受制于自我行为逻辑和所追求目标函数的影响。本书综合运用农户行为理论，多维度观察农户行为。

3.2 三重资源约束的评判准则与程度：宏观视角

在前述黄淮海平原土地、劳动与生态资源时序变化基础上，本节运用比较准则和效率准则，结合三重资源特征，对其约束程度进行划分。

3.2.1 比较准则

黄淮海平原是中国粮食生产的核心产区之一，肩负着保障国家粮食安全的重任。该地区农业水资源缺乏，耕地面积不断减少，劳动输出大且劳动价格高，同时还存在农业面源污染严重等问题（王勇，2010；关付新，2019）。为了评价黄淮海平原受土地、劳动、生态资源的约束状况，先选取三重资源的评价指标，运用熵权法测算其权重，进而对黄淮海平原三重资源约束程度进行测度，最后以高、中、低等级对其约束程度做出评价。

1. 指标与方法选择

（1）指标选择。耕地是重要的土地资源，在一定的技术条件下，耕地的数量和质量决定了粮食产能的高低，而提高单位土地面积的产量是保障粮食产能的最重要途径。因此，选取耕地面积和粮食单产作为土地资源的评价指标，该指标的综合权重越高，表明该地区受土地资源的约束程度越低。对于劳动资源，既要考虑具有劳动能力的人口数量，也要考虑其人力资本的水平。在此，选择 18~55 岁的劳动力数量和农村劳动力人均受教育年限作为劳动资源的评价指标，该指标的综合权重越高，表明该地区受劳动资源的约束程度越低。对于生态资源，可以通过水和土地资源的状态来反映。水资源短缺和水环境恶化不仅会影响社会经济发展，还会危害区域的生态可持续（苏静，2019）。水是自然生态系统维持正常运行的基础，人均水资源占有量可以反映区域水资源环境的可承载力；有效灌溉面积可以衡量区域农业生产水利化程度以及农业生产条件的优劣，进而反映农业水资源和农业系统的生态环境状况；农业用水量的大小可间接反映农业生产行为对农业水资源生态环境的影响，进而反映农业生态环境的状况。为此，选取人均水资源量、耕地有效灌溉面积占比和农业用水量作为衡量农业生态资源的评价指标（潘世磊，2019）。农业生态资源的综合权重越高，表明该地区受生态资源约束的程度越低。

（2）研究方法。采用熵权法对土地、劳动和生态资源评价指标的数据进行测算，分别得到三重资源的综合权重，进而分析黄淮海平原及全国在土地、劳动及生态资源上的约束程度，并将约束程度划分为高、中、低等级。具体步骤如下。

第一，分别对土地、劳动及生态资源的各个指标值进行标准化处理。

$$Y_{ij} = \frac{x_{ij} - \min(x_{ij})}{\max(x_{ij}) - \min(x_{ij})} \qquad (3-1)$$

其中，x_{ij} 为给定指标的初始值，Y_{ij} 为标准化处理后的值，$\max(x_{ij})$，$\min(Y_{ij})$ 为相应指标初始最大值和最小值。

第二，计算土地、劳动及生态资源各评价指标的熵值 E_j。

根据信息论中信息熵的定义，一组数据的信息熵为：

$$E_j = -\frac{1}{\ln n} \sum_{i=1}^{n} P_{ij} \ln P_{ij} \qquad (3-2)$$

$$P_{ij} = \frac{Y_{ij}}{\sum\limits_{i=1}^{n} Y_{ij}} \qquad (3-3)$$

其中，E_j 为指标的信息熵值，P_{ij} 为第 j 个评价因子在第 i 项评价指标中的比重，$0 \leqslant E_j \leqslant 1$，如果 $P_{ij} = 0$，则 $\ln P_{ij}$ 无意义，故对 P_{ij} 加以修正，修正后的公式为：

$$P_{ij} = \frac{1 + Y_{ij}}{\sum\limits_{i=1}^{n} (1 + Y_{ij})} \qquad (3-4)$$

第三，计算各评价指标的权重 α_j。

根据式（3-2）计算出土地资源、劳动资源、生态资源指标的熵值为 E_1，$E_2 \cdots E_k$，通过熵值计算各指标的权重。

$$\alpha_j = \frac{1 - E_j}{\sum\limits_{j=1}^{k} (1 - E_j)} \qquad (3-5)$$

其中，$\sum\limits_{j=1}^{k} \alpha_j = 1$，$0 \leqslant \alpha_j \leqslant 1$。

第四，确定评价指标的综合权重 w_i。

根据熵权法得到的子系统的权重记为 α_i，子系统内第 i 个指标的权重记为 α_i 其中 $i = 1, 2, \cdots, n$。则综合权重为：

$$w_i = \frac{\alpha_i \times \beta_i}{\sum\limits_{i=1}^{n} \alpha \times \beta} \qquad (3-6)$$

2. 黄淮海三重资源约束状态

根据上述选取的指标与测算方法，运用 2020 年黄淮海平原及全国三重资源约束的指标值，对其约束程度进行测算，并将其分别划分为高、中、低三种约束等级。具体划分标准：分别将三重资源综合权重最高值与最低值差值区间的三等均分值作为等级划分的区间，区间的三等均分值为 0.1660，然后将差值区间的三等均分值依次与原区间的最小值相加得到 0.2548、与最大值相减后得到 0.4207，进而得到高约束类三重资源的综合权重在 0.0888 ~ 0.2548 区间，中约束类在 0.2548 ~ 0.4207 区间，低约束类在 0.4207 ~ 0.5867 区间，如表 3-1 所示。

表 3 - 1　2020 年黄淮海平原及全国三重资源的综合权重与约束程度

指标	地区	土地资源	劳动资源	生态资源
综合权重	黄淮海	0.3294	0.0888	0.0655
	全国	0.5867	0.1689	0.4776
约束程度	黄淮海	中	高	高
	全国	低	中	低

总体上，黄淮海平原土地、劳动和生态的综合权重均低于全国平均水平，一定程度上表明黄淮海平原存在三重资源约束。对于土地资源而言，黄淮海平原非农业用地比重较高，后备土地资源垦殖难度大，且存在中、低产田面积大，土地农业利用效益不高的问题，由此引致黄淮海平原受土地资源约束程度较高。对于劳动力资源而言，黄淮海平原劳动力流出现象较为严重，一定程度上拉高了其受劳动力资源约束的程度。对于生态资源而言，黄淮海平原由于长期受到干旱缺水的困扰，环境污染日趋严重，甚至一些地区存在严重缺水问题，生态约束日益趋紧。

进一步运用上述同样的方法对黄淮海平原内部三重资源约束状况进行测算。具体测算过程为：分别将三重资源综合权重的最高值与最低值差值区间的三等均分值作为等级划分区间，土地资源的最高值与最低值的差值区间三等均分值为 0.0858，将差值区间的三等均分值依次与原区间的最小值相加和最大值相减后得到 0.4152、0.5009，因此高约束类土地资源的综合权重在 0.3294 ~ 0.4152 范围内，中约束类在 0.4152 ~ 0.5009 范围内，低约束类在 0.5009 ~ 0.5867 范围内；同理，高约束类劳动资源的综合权重在 0.0888 ~ 0.1155 范围内，中约束类在 0.11550 ~ 0.1422 范围内，低约束类在 0.1422 ~ 0.1689 范围内；高约束类生态资源综合权重在 0.0655 ~ 0.2029 范围内，中约束类在 0.2029 ~ 0.3402 范围内，低约束类在 0.3402 ~ 0.4776 范围内。从表 3 - 2 可以看出，土地资源约束程度最高的是北京市和天津市，最低的是山东和河南。可能的原因是：北京市和天津市的第二第三产业较为发达，对土地的需求量大，其约束程度也就较高；而山东和河南虽然人口众多，人均土地资源少，但随着农业科技水平的提高，粮食产能较为稳定，加之其均为劳动力输出大省，一定程度上缓解了土地资源的相对约束。

表 3 – 2　　　　　2020 年黄淮海平原各省（市）三重资源约束程度

指标	地区	北京市	天津市	河北	江苏	安徽	山东	河南
综合权重	土地	0.0042	0.005	0.0166	0.0175	0.0167	0.0223	0.0283
	劳动	0.0025	0.0021	0.0017	0.0018	0.0012	0.0013	0.0016
	生态	0.019	0.0189	0.0189	0.0196	0.0233	0.0193	0.0194
约束程度	土地	高	高	中	中	中	低	低
	劳动	低	低	中	中	高	高	中
	生态	高	高	高	低	低	中	中

对于劳动资源，其约束程度最高的是安徽和山东，最低的是北京市和天津市，这可能与劳动力流动有一定关系。生态资源约束程度较高的是北京市、天津市和河北，这可能与这些地区在工业化、城镇化快速发展中耗费了一定的生态资源有一定关系，而黄淮海平原其他地区由于农业技术水平的提高，以及南水北调东线工程等有利条件减轻了生态资源的约束程度（王勇，2010）。

3.2.2　效率准则

前文以比较准则对黄淮海平原三重资源约束状况进行了判定，为了进一步验证其存在的资源约束，以下尝试通过以农业绿色生产效率为准则对其进行研判。为此，从土地、劳动和生态资源角度选择相关指标，运用效率模型，测算农业绿色生产效率。如果黄淮海平原农业绿色生产效率低于全国农业绿色生产效率的平均水平，即认为黄淮海平原在不同程度上受到三重资源的约束。

1. 模型选择

由于要测度农业绿色生产效率，在此采用数据包络分析法中包含非期望产出的 SBM – DEA 模型。DEA 模型最早由亚伯拉罕·查恩斯和威廉·库伯等（Abraham Charnes and W Cooper et al.，1978）于 1978 年提出，是一种包含多个投入与产出的相对效率分析方法。由于传统 DEA

模型在径向、角度的基础上测度效率且尚未考虑非期望产出，具有明显局限性。因此，托恩（Tone，2001）提出了包含非期望产出的效率评价模型，使得效率评价更加全面多维。为进一步考虑投入、产出的冗余问题，托恩（2002）又提出了非径向、非角度且包含松弛变量的 SBM - DEA 模型。

假设评价体系有 n 个决策单元，每个单元均包含投入变量、期望产出、非期望产出，分别为 $x \in R^m$，$y^g \in R^{s1}$，$y^b \in R^{s2}$；将其定义为三个矩阵 X，Y^g，Y^b。

$$X = [x1, x2, \cdots, xn] \in R^{m \times n} \qquad (3-7)$$

$$Y^g = [y_1^g, y_2^g, \cdots, y_n^g] \in R^{s1 \times n} \qquad (3-8)$$

$$Y^b = [y_1^b, y_2^b, \cdots, y_n^b] \in R^{s2 \times n} \qquad (3-9)$$

其中，$X > 0$，$Y^g > 0$，$Y^b > 0$，因此将系统的生产可能集定义为：

$$P = \{(x, y^g, y^b) \mid x \geq X\lambda, y^g \geq Y^g\lambda, y^b \geq Y^b\lambda, \lambda \geq 0\} \qquad (3-10)$$

其中：

$$\min\rho^* = \frac{1 - \dfrac{1}{m}\displaystyle\sum_{i=1}^{m}\dfrac{s_i^-}{x_{i0}}0}{1 + \dfrac{1}{s1+s2}\left(\displaystyle\sum_{r=1}^{s1}\dfrac{s_r^g}{y_{r0}^g} + \displaystyle\sum_{r=1}^{s2}\dfrac{s_r^b}{y_{r0}^b}\right)} \qquad (3-11)$$

$$\text{s. t.} \begin{cases} x_0 = X\lambda + S^- \\ y_0^g = Y^g\lambda - s^g \\ y_0^b = Y^b\lambda + s^b \\ s^- \geq 0, s^g \geq 0, s^b \geq 0, \lambda \geq 0 \end{cases} \qquad (3-12)$$

其中，s 表示投入产出的松弛变量，λ 为权重向量，ρ^* 代表效率，$\rho^* \in [0, 1]$，$\rho^* = 1$ 表示决策单元达到有效状态，$s^- = s^g = s^b = 0$；$\rho^* < 1$ 表示决策单元存在效率损失，需要通过改进投入产出以提高效率。

2. 指标选取

测算农业绿色生产效率，需要从要素投入和农业产出两个维度选取指标。其中，要素投入涉及土地、劳动和生态资源三个方面，农业产出则包括农业期望产出和由于生产要素不合理投入造成的非期望产出两个方面，具体指标如表 3 - 3 所示。

表 3 – 3   农业绿色生产效率的投入与产出指标

指标类型	指标	指标含义
投入要素	劳动资源	农林牧渔从业人员 ×（农业总产值/农林牧渔业总产值）（万人）
	土地资源	农作物播种面积（千公顷）
	生态资源	化肥折纯施用量（万吨）
		农药施用量（万吨）
		农膜施用量（万吨）
		农业机械总动力（万千瓦）
期望产出	农业产出	农业总产值（亿元）
非期望产出	农业碳排放	农业碳排放总和（万吨）
	农业污染量	氮磷流失量总和（万吨）

投入要素指标中：劳动资源主要指农业劳动力投入，但鉴于现有统计数据中并未统计农业从业人员，故借鉴王宝义等（2016）的折算方法，将农业从业人员从第一产业就业人数中剥离出来，使劳动力指标更贴近实际。土地资源主要指土地要素投入，选取农作物播种面积来表征，农作物播种面积是农业生产中实际投入使用的土地面积，不受弃耕、闲置、抛荒等因素影响，能够更好反映农业生产经营的规模。生态资源指标用于描述生产要素的不合理投入对生态环境产生的危害。化肥作为重要的农业生产资料能够有效促进农业增产，但过量施用化肥会导致土壤板结、有机质流失进而造成生态破坏，在此选择对农作物生长有重要影响的氮、磷、钾等折纯量来表征化肥投入量。喷洒农药有利于防治农作物病虫害，但过量使用不利于农作物生长且会影响生态环境；农膜的使用能够有效保温保湿，促进土壤里肥料的分解和释放，但也极易因残留而造成"白色污染"。对于农业机械投入，一方面能够节约大量劳动力，提高农业生产效率，但同时农业机械投入需要消耗大量柴油，也会对生态环境产生一定的污染和破坏。

农业产出指标中，期望产出主要反映农业生产的经济效益，以农业总产值表征；非期望产出则主要反映生态污染状况，以农业碳排放和农业面源污染来表征，重点突出生态资源对农业生产的约束。其中，农业碳排放是指在农业生产过程中伴随化学农资和农业机械的使用而产生的碳排放量。在此，借鉴李波等（2011）的碳排放测算方法及其搜集整理的相关碳排放系数对黄淮海平原碳排放量进行测算。

碳排放总量的测算公式（李波等，2011）为：

$$E = \sum E_i = \sum T_i \times \delta_i \qquad (3-13)$$

其中，E 代表农业生产中碳排放总量，E_i 为各类碳源碳排放量，T_i 表示化肥、农药、农膜、柴油消耗量或翻耕面积，δ_i 表示碳排放系数，具体见表3－4。

表3－4　　　　　　　农业碳排放碳源、系数及参考来源

碳源	碳排放系数	参考来源
化肥	0.8956 千克 $\times$ 千克$^{-1}$	West（2002）、美国橡树岭国家实验室
农药	4.9351 千克 $\times$ 千克$^{-1}$	美国橡树岭国家实验室（智静和高吉喜，2009）
农膜	5.18 千克 $\times$ 千克$^{-1}$	南京农业大学农业资源与生态环境研究所
柴油	0.5927 千克 $\times$ 千克$^{-1}$	IPCC 联合国气候变化政府间专家委员会

资料来源：李波，张俊飚，李海鹏. 中国农业碳排放时空特征及影响因素分解［J］. 中国人口·资源与环境，2011，21（8）：80－86，81.

农业面源污染是指由于化学要素的过量投入而造成的农业污染排放，主要以化肥中的氮磷流失量来表示，借鉴赖斯芸等（2004）的方法进行测算如下。

$$TN = (N + C \times 复合肥含氮量) \times (1 - 氮肥利用率) \qquad (3-14)$$

$$TP = (P + C \times 复合肥含磷量) \times (1 - 磷肥利用率) \times 43.66\%$$

$$(3-15)$$

其中，N、P、C 分别代表氮肥、磷肥、复合肥的折纯施用量，TN 表示氮流失总量，TP 表示磷流失总量，复合肥氮磷含量系数均按 16.65% 计算，且将氮肥利用率设定为 90%，磷肥利用率设定为 96%。

3. 黄淮海平原三重资源约束状况

为了更好地判断黄淮海平原土地、劳动、生态三重资源的相对约束状况，在将其与全国的农业绿色生产效率进行比对的同时，引入东北平原和长江中下游平原作为对照组进行研判。

从表3－5可以看出，黄淮海平原农业绿色生产效率总体呈波动上升趋势，具体可分为四个阶段：2000～2004 年处于上升期，农业绿色生产效

率由 0.617 上升至 0.720；2004 ~ 2009 年波动下降，由 0.720 下降至 0.705；2009 ~ 2010 年表现为大幅上升，由 0.705 上升至 0.827；2010 ~ 2019 年波动下降，由 0.827 下降至 0.647，总体呈现"M"型波动态势。2000 年黄淮海平原农业绿色生产效率均值为 0.617，2010 年达到最高值 0.827，较 2000 年上升了 34.17%。全国农业绿色生产效率也表现出了与黄淮海平原类似的四个阶段性特征。进一步观察发现，除 2010 年外，黄淮海平原农业绿色生产效率皆低于全国平均水平。由此，推定黄淮海平原受到的三重资源约束程度相对较高。

表 3 - 5　　　　　　　全国及三大平原农业绿色生产效率

年份	黄淮海平原	东北平原	长江中下游平原	全国均值	年份	黄淮海平原	东北平原	长江中下游平原	全国均值
2000	0.617	0.721	0.615	0.676	2010	0.827	0.671	0.778	0.787
2001	0.622	0.746	0.608	0.696	2011	0.778	0.686	0.801	0.788
2002	0.659	0.839	0.646	0.736	2012	0.785	0.716	0.801	0.803
2003	0.642	0.838	0.649	0.743	2013	0.802	0.676	0.803	0.803
2004	0.72	0.849	0.731	0.814	2014	767	0.663	0.795	0.791
2005	0.663	0.702	0.643	0.75	2015	0.747	0.676	0.771	0.761
2006	0.651	0.652	0.624	0.719	2016	0.709	0.579	0.75	0.748
2007	0.706	0.775	0.674	0.762	2017	0.694	0.545	0.741	0.721
2008	0.71	0.725	0.701	0.753	2018	691	0.552	0.718	0.725
2009	0.705	0.660	0.746	0.761	2019	0.647	0.539	0.689	0.711

资料来源：基础数据来源于 2001 ~ 2020 年的《中国农村统计年鉴》和中国 30 个省份的统计年鉴（不包括西藏自治区、香港特别行政区、澳门特别行政区和台湾地区），部分缺失值采用 SPSS 均值法进行补充。

3.2.3　总体判断

从区域宏观角度出发，采取了比较准则和效率准则研判，结果表明：黄淮海平原土地、劳动与生态资源均较全国表现出"紧约束"的态势，该地区三重资源约束事实上存在。这一研究结果是本书立论的依据。

3.3　三重资源约束下农户服务外包选择机理

农户作为农业生产经营的微观主体，既受农户家庭效应最大化和收入最大化双重目标的驱动，又受政策激励与市场倒逼等"合力"的作用，其对于农业生产环节外包服务的理性选择，能够在一定程度上破解土地、劳动与生态资源的约束，并产生积极效应。

3.3.1　触发条件

不同农户的劳动、土地和生态资源约束存在差异。在三重资源约束下，不同农户面对不同约束情况会做出不同的服务外包决策。从劳动资源层面看，在农户家庭农业劳动力充裕的情况下，农户可能不会在一些农业技术密集型环节购买外包服务，这主要源于农户家庭劳动力参与农业生产的成本低于购买外包服务的费用。与此情形相反，当农户家庭农业劳动力相对短缺或劳动力务农机会成本较高时，农户则倾向于选择农业生产环节的外包服务。对于农户而言，劳动力要素替代主要表现在使用农业机械替代劳动力（钟甫宁，2016）。因此，在农户家庭农业劳动力短缺或外出务工偏好影响下，其更倾向于选择农业生产性服务组织提供的外包服务。

从土地资源层面看，当土地经营连片化规模较大时，有利于农业机械化作业。通过土地流转或互换而扩大土地经营规模的农户，面临更高的规模报酬激励和相对较强的劳动力约束，因而可能倾向于购买农业生产性服务。而对于普通农户而言，土地规模较小且地块分散时，会抬高其交易成本，进而影响其选择服务外包。同时，对服务外包组织而言，在细碎、分散的地块上作业势必会增加其作业成本，降低作业效率，减少其供给服务的意愿。综上，当土地经营规模较大时，农户为追求利益最大化并缓解劳动力约束，倾向于购买生产性外包服务；当土地细碎分散且规模较小时，农户和社会化服务组织受高成本和低效率的影响，在一定程度上可能会降低外包服务的成交意愿。

从生态资源层面看，当前农业面源污染严重，生态环境约束趋紧。同时，随着社会经济的发展，居民消费结构升级，催生了绿色农业发展的迫切需求。在农业绿色政策正向激励和市场需求逆向倒逼下，农户受自身经营条件限制，倾向于通过社会化服务组织提供的服务带动其转型绿色生产，降低生态约束对其生产经营的影响。亦即农户依靠传统农作方式施肥施药，会降低营粮的增产增收效应，而依托农业社会化服务组织带动其绿色生产是农户、农业社会化服务组织和政府"三方"共赢的理性选择。

3.3.2 助推作用

以上分析表明，当农户受到土地、劳动与生态资源约束时倾向于选择农业生产环节的外包服务，而选择农业生产性服务外包，在一定程度上又促进了农业社会化服务组织的发展。也就是说，农业社会化服务组织和农户供需之间存在互馈互促的关系。农业社会化服务基于农业生产的现实需求得以快速发展，且通过要素合理配置降低了农业生产成本，保障了农户的合理收益。大力推广先进农业技术，提升农业生产效率及机械化水平，是农业社会化服务驱动农业高质量发展的关键。总体而言，农户生产环节的外包需求，有效促进了农业社会化服务组织和体系的发展壮大；反过来，农业社会化服务也缓解了农户的资源约束。关于农业生产性服务对农户资源约束的缓解作用体现在以下几个方面。

其一，农业社会化服务组织提供外包服务的"规模性"，促使农户在耕作中选择同一作物进行连片经营，进而通过生产环节的服务外包化解农户土地零碎化引致生产成本偏高的问题。在服务规模效应和低经营成本的双重激励下，农户可能通过土地互换等方式克服土地细碎化、分散化的弊端，并取得规模效益。当越来越多的农户选择生产环节外包服务时，农业社会化服务组织和市场发育得以完善，进而缓解了农户对土地资源的约束。

其二，农业社会化服务组织通过高度组织化、专业化、精细化的分工作业，解决了"一家一户"难以高效完成的农业生产活动，减少了农业生产环节的劳动投入。农业社会化服务为农户家庭劳动力重新配置及外出务工提供了可能，使农户能够更合理配置劳动力，兼顾农业生产和非农就业，从而使农户家庭利益最大化。此外，农业社会化服务组织的大规模机械化作业，将进一步缓解劳动力短缺对农户家庭要素配置的约束。

其三，中国农业高投入与高污染并存的生产方式，对生态环境和农业资源造成了极大的破坏（廖佳佳等，2021），这无疑加剧了农户面临的生态约束。同时，"化肥农药零增长"行动也向农户释放了农业生态保护的政策导向。农业社会化服务为破解农户面临的生态约束，促进农业碳排放及化学要素投入减量化发挥着积极的作用。农业社会化服务组织成员的整体素质较高，政策敏锐性较强，能够自觉采用绿色生产技术进行作业服务，如深耕土地，节水、节肥和节药集成化技术等，达到有效改良土壤，提高农业产出，缓解生态资源约束的作用。

3.3.3　选择效应

服务外包产生的效应可以归为四个方面（Amiti and Wei，2006）。一是静态效应，即通过服务外包，经营主体或者企业有机会将生产率低的环节进行结构调整，进而提高整体效率。二是多样化效应，即生产者由于有了更多的材料和服务的选择，增加了专业化程度，进而提升了生产效率。三是学习的正外部效应，即通过服务外包，生产者和外包服务供给者进行合作，生产者有机会学习先进的管理模式或技能，提高生产水平。四是重组效应，即服务外包使生产者得以重组生产要素，提高要素利用效率，从而增加各要素的总体产出。结合农业生产性服务外包的特性，前述效应可以体现在农户服务外包选择的经济效应和空间溢出效应上。

已有研究对于农业社会化服务能否带动普通农户实现农业减量化，进而产生积极的生态效应存在一定分歧。一方面，认为外包服务组织有利于专业化分工和精准化生产，能够根据农地质量和作物类型等，因地制宜科学施肥施药，有助于带动农户采用绿色生产技术（张露等，2020）；另一方面，认为农业社会化服务组织的商业化运营，可能会转向"服务式销售策略"（谢琳等，2020），机会主义行为等可能会导致投入品的滥用等（王常伟等，2013；Zhang et al.，2015），无益于农业的绿色发展。事实上，在土地和劳动等多重资源环境约束下，农业生产性服务成为农户生产要素替代的必然选择（石志恒等，2022）。农户一旦选择了农业生产环节的外包服务，就可能受益于响应农业绿色政策的敏感主体——农业社会化服务组织绿色转型带来的效应。一般而言，农业社会化服务组织的固定资产专用性程度高，规模相对较大，有意愿采纳绿色生产技术，进而批量采购绿色农资，对农户连片土地进行绿色生产服务（朱建军等，2021）。连片种植农户购买农业社会化服务，不仅能够发挥外包服务规模的优势，降低机械服务的相对价格，还能通过采纳环境友好型农业技术而产生正向生态效应（唐林等，2021）。

综上，笔者认为，农户选择农业生产环节的服务外包，能够产生经济、生态和空间溢出效应。

第4章 土地资源约束下农户 服务外包选择行为

土地资源作为粮食生产最基本的生产要素和农户最直接的劳动对象，对保障粮食综合生产能力，确保中国粮食安全发挥着不可替代的基础性作用。当前，黄淮海平原耕地地力下降，水资源缺乏，土地资源约束日益趋紧。通过粮食生产环节外包服务，推动土地由集中型规模经营向服务带动型规模经营转型，是普通农户理性行为抉择的重要途径。本章运用本书1.2.2第一部分描述的调研数据，从土地资源的不同角度解析农户服务外包选择行为及其影响，以期为土地资源约束下农户选择服务外包的方式与路径提供依据。

4.1 不同土地规模农户的外包选择

在家庭承包经营制度下，农户土地经营规模呈现不均衡状况。以黄淮海平原粮食（主要指小麦和玉米）生产经营主体的平均生产规模和调查农户的粮食实际播种面积为依据，将农户粮食种植规模分为以下几类：小于2.5亩的为小规模农户，大于2.5亩小于等于5亩的为中等规模农户，大于5亩小于等于17亩的为中大规模农户，大于17亩的为大规模农户。从表4-1可以看出，小麦种植户的土地规模大于玉米种植户。

以下从不同种植规模角度分析农户人工服务外包和机械服务外包的选择情况。

表 4 - 1 不同规模农户的分布状况

农户规模类型	小麦		玉米	
	户数（户）	占比（%）	户数（户）	占比（%）
小规模户	440	12.50	485	26.91
中等规模户	924	26.26	738	40.95
中大规模户	1805	51.29	561	31.13
大规模户	350	9.95	18	1.00
总计	3519	100.00	1802	100.00

资料来源：1.2.2 中第一部分描述的数据。

4.1.1 人工服务外包

在农村劳动力大量外流的背景下，青壮年劳动力外出务工的机会成本增加，剩余劳动力弱质化、老龄化问题日渐严重，因此，在农业生产中可能存在雇用劳动力的情况，即选择人工服务外包。调查结果显示，84.66% 的农户选择种植小麦，其中仅有 1.33% 的农户在生产过程中雇用了劳动力；相比小麦种植户，种植玉米的农户较少，为 50.5%，选择雇用劳动力的比例也更低，仅为 0.82%。为了进一步比较不同规模种植户人工服务外包选择情况，且考虑粮食生产中雇用劳动力比例总体偏低的事实，以下将不再分环节进行分析。

从图 4 - 1 可以看出：随着小麦种植户规模的扩大，人工服务外包比例逐渐升高，但外包比例最高的大规模种植户中也仅有 3.06% 的存在雇工行为；外包比例最低的为中等规模小麦种植户，仅有 0.99% 的选择部分环节外包。需注意的是，小规模小麦种植户的人工服务外包现象多于中等规模户，可能的原因是小规模种植户的家庭收入多来自非农务工，农业经营收入占比较少，考虑时间的投入产出比更倾向于选择部分农业生产环节的雇工服务。

和小麦生产环节人工服务外包情况类似，大规模玉米种植户人工服务外包比例最高，为 16.67%；中大规模玉米种植户人工服务外包比例最小，仅为 0.36%；中等规模玉米种植户人工服务外包比例略高于小规模玉米种植户，两者的外包比例分别为 0.95% 和 0.62%。

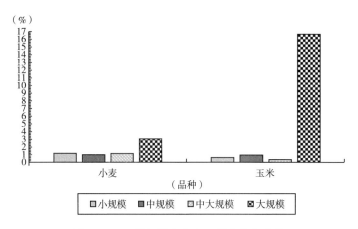

图4－1　不同规模农户人工服务外包变化

资料来源：1.3.2 中第一部分描述的数据。

4.1.2　机械服务外包

从整体上看，小麦种植的机械化程度高于玉米。表4－2显示，在小麦生产过程中，整地和收割两个环节的机械化程度均在90%以上，其中收割环节高达97.66%；小麦播种和施药的机械化程度次之，分别为72.39%和36.06%，而烘干和喷药的机械化程度较低，分别仅为9.15%和0.41%。与小麦不同的是，玉米机械化程度最高的是播种环节，为75.22%，其次为收割和整地环节，机械化程度分别为56.34%和55.04%和27.51%。喷药和烘干环节机械化程度较低，分别为2.16%和1.01%。小麦和玉米生产环节中相似的是烘干的机械化程度都比较低，调研时发现，绝大多数农户粮食基本靠晾晒干燥，尤其是规模较小的农户，该环节的机械化程度都较低。小麦和玉米的播种环节机械化程度接近，而整地和收割由于二者在方式、技术上的差异，机械化程度的差异也比较大，其中小麦的整地和收割环节机械化程度都高于玉米的相应环节，可见小麦的机械化技术水平较高。

小麦和玉米各生产环节的机械化服务外包比例差别较大。小麦机械化服务外包比例最高的是施肥环节，达99.98%；收割环节次之，为93.31%；喷药环节最低，仅为37.94%。在玉米生产过程中，机械服务外包比例最高的是收割环节，占 96.63%；整地环节次之，占 93.83%；喷药环节最低，占比 34.44%（见表 4 - 2）。在整地、播种、收割环节，小麦的机械服务外包比例均低于玉米；而施肥、喷药、烘干环节，小麦的机械服务外包比例均高于玉米（见表 4 - 3）。

表 4 - 2　　　　　　　　粮食生产机械化程度及外包情况　　　　　单位：%

生产环节	小麦		玉米	
	机械化程度	外包比例	机械化程度	外包比例
整地	93.02	81.95	55.04	93.83
播种	72.39	73.30	75.22	91.70
施肥	36.06	99.98	27.51	88.32
喷药	9.15	37.94	2.16	34.44
收割	97.66	93.31	56.34	96.63
烘干	0.41	89.43	1.01	50.67

注：表中数据测算方法为用样本中每个农户的机械化比重乘以每户的种植面积得到每户的机械化作业面积，求和以后，除以整体的播种面积之和，得到机械化程度；用样本中每个农户的机械化比重乘以每户的种植面积再乘以每个农户的自有机械占比得到每户的自有机械作业面积，求和以后，除以有机械作业的农户播种面积之和，得到机械服务外包程度。

资料来源：1.2.2 中第一部分描述的数据。

表 4 - 3　　　　　　　　农户供给主体分布及外包比例　　　　　单位：%

供给主体与外包比例	小麦						玉米					
	整地	播种	施肥	喷药	收割	烘干	整地	播种	施肥	喷药	收割	烘干
一般农户	48.79	49.10	42.17	40.00	43.56	33.33	44.02	49.10	47.01	66.67	53.17	66.67
生产大户	3.49	3.60	2.61	5.00	3.70	0.00	4.63	3.92	0.85	0.00	2.78	0.00
企业	0.27	0.18	0.43	0.00	0.24	0.00	0.00	0.00	0.00	0.00	0.00	0.00
合作社	0.67	0.90	0.43	5.00	0.60	33.33	1.16	0.90	0.85	0.00	0.79	0.00
本镇专业服务队/组	20.83	20.68	22.17	15.00	19.57	0.00	23.17	23.19	23.93	0.00	21.83	0.00
本县镇外专业服务队/组	9.54	10.25	13.48	5.00	10.02	0.00	11.97	10.84	14.53	0.00	9.92	0.00
本省县外专业服务队/组	10.48	9.89	13.91	15.00	12.89	0.00	11.58	8.43	10.26	33.33	7.94	33.33
外地专业服务队/组	5.78	5.58	5.65	10.00	8.59	33.33	3.86	4.22	3.42	0.00	3.17	0.00
其他	0.67	0.72	0.43	5.00	0.84	0.00	0.39	0.30	0.85	0.00	0.40	0.00
总体外包比例	81.95	73.30	99.98	37.94	93.31	89.43	93.83	91.70	88.32	34.44	96.63	50.67

资料来源：1.2.2 中第一部分描述的数据。

小麦和玉米生产环节机械服务的供给主体有一般农户、生产大户、企业、合作社和专业服务队（组）等。多个生产环节中，提供机械服务外包比例最高的主体是一般农户，除小麦烘干环节外包选择比例为33.33%外，其余环节都在40%~70%。其次是本镇专业服务队（组），农户选择该提供方的比例约20%。本县镇外专业服务队（组）和本省县外专业服务队（组）提供服务的比例在10%左右。外地专业服务队（组）提供服务的比例高于生产大户，而合作社、企业和其他机械服务提供方的服务比例多在1%以下，可见其相对市场份额偏低。

4.2　不同土地流转农户的外包选择

土地流转即拥有土地承包经营权的农户将土地经营权（使用权）转让给其他农户或经济组织，主要表现为两大类。一是农户之间自发的转包、出租和互换等模式。二是由村集体组织发起的规模化流转，如村集体主导的土地出租、农地股份合作和土地信托等。土地流转与否对农户服务外包选择行为有一定的影响。以下从土地流转情况分析农户人工服务外包和机械服务外包的选择情况。

4.2.1　人工服务外包

通过土地流转增加了农户的种植面积，对劳动力的需求也随之加大。在有土地流转情况的调查样本中，7.24%的农户有土地转入，其中当年种植小麦的占到90.51%，而玉米种植仅占51.84%，且存在转入户人工服务外包比例高于未转入户的现象，二者相差在2倍以上。

4.2.2　机械服务外包

农户在不同生产环节选择农机服务外包存在差异，差异最大的是整地环节，其中流转户农机服务外包占比达到83.87%，未流转户较其低13.83%。喷药环节次之，流转户农机服务外包占比为31.37%，未流转户较其高

11.59%。播种环节两类农户农机服务外包占比相比 10.36%，其中未流转户农机服务外包占比为 75.34%，流转户为 64.98%。两类农户在施肥和收割环节农机服务外包占比差异均在 10% 以内，如图 4－2 所示。

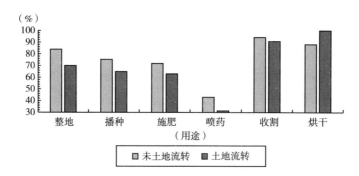

图4－2　不同土地流转农户机械服务外包选择情况

资料来源：1.2.2 中第一部分描述的数据。

4.3　不同地块零碎度农户的外包选择

4.3.1　人工服务外包

在地块调查的有效样本中，按照地块数量将农户分为 6 类，分别为拥有土地 1 块、2 块、3 块、4 块、5 块和 6 块及以上的农户。其中 2 块地农户占比最大，为 25.11%，3 块地农户占比为 22.38%，1 块地农户占比为 16.19%，4 块地农户多于 5 块地的农户。拥有不同地块数目的农户对粮食种植的选择不同（见表 4－4）。

表4－4　　　　　　　　　　农户地块数量及粮食种植情况

地块数量	户数	百分比（%）	小麦种植率（%）	玉米种植率（%）
1	630	16.19	87.30	63.17
2	977	25.11	92.63	61.72
3	871	22.38	93.69	56.60

地块数量	户数	百分比（%）	小麦种植率（%）	玉米种植率（%）
4	486	12.49	91.36	45.27
5	295	7.58	93.56	42.03
≥6	658	16.91	97.87	36.78

资料来源：1.2.2 中第一部分描述的数据。

小麦种植户中选择人工服务外包比例最高的是 1 块地农户家庭，为 2.57%；其次为 4 块地农户，人工服务外包比例为 2.13%；2 块地的农户人工服务外包的比例为 1.32%；其余地块的农户人工服务外包比例均在 1% 以下。与小麦种植户相比，玉米种植户人工服务外包比例最高的是 4 块地的农户，为 1.47%，拥有其余地块数目的农户该比例下降到 1% 以下。

4.3.2　机械服务外包

地块零碎度也影响农户农机服务外包选择。对于小麦种植户，随着地块零碎度的提高，整地、播种、施肥和收割 4 个环节的农机服务外包比例在下降。对于喷药环节，随地块零碎度的变化，农户农机服务外包选择的波动区间最大，拥有 1 块地的农户平均农机服务外包比例为 77.17%，而拥有 6 块及以上地块的农户仅为 15.2%。对于烘干环节，农户农机服务外包占比随地块零碎度提高有弱增长趋势。相比于小麦种植户，玉米种植户选择农机服务外包受地块零碎度的影响总体较小。

4.4　农地确权颁证对农户服务外包选择的影响

农地确权是一项重要的农村土地制度改革，农户在选择服务外包时可能会受到是否颁发土地证的影响，为此有必要探究农地确权制度对农户服务外包选择行为的影响。农地作为农业生产的核心要素，对农业机械化作业的影响显而易见，关于农地确权对农业机械化作业影响的研究也受到学者的关注。胡新艳等（2020）利用 Logit 回归模型对中国 9 省 2704 户农户的调查数据分析得出，土地调整抑制农户自购农机进而促进其选择农机服务外包；罗明忠等（2018）通过对广东和福建787份水稻种植户的抽样调查数据得出，农地确权政策可缓解土地信息不对称，降低农机服务成本，促进农户参与农机服务；李宁等（2019）利用IV ordered Probit模型分析了2016年中国劳动力动态调查数据，发现农地确权通过明晰土地权属，降低农机服务的纵向分工交易费用进而促进了农户选择农机服务外包；胡雯等（2016）从生产要素角度出发，提出在放松产权管制的基础上保持产权的灵活性，以此盘活经营权和激活生产要素流动，能够提高要素配置效率和农业生产绩效。现有研究多是针对水稻种植户，从产权角度、交易成本角度以及农业生产环节角度分析农地规模、农地调整、农地产权细分对农业机械化作业的影响（韩家彬，2019；李大胜，2019；程令国，2016；罗必良，2016；钟真等，2021；陈江华等，2019），本节以小麦种植户的农机作业为例，从农地确权角度对农户农业机械化作业程度和不同环节外包选择行为进行分析。

农业生产的周期性与农户不同生产环节生产能力差异导致了农业生产环节的分工（张露等，2021；何一鸣等，2020）。小麦种植的生命历程可纵向划分为整地、播种、收割、施肥和喷药等生产环节。由于不同环节的农机使用特征存在较大差异，本节依据各生产环节资本和劳动投入强度，将小麦生产环节分为资本密集型环节和劳动密集型环节。其中，资本密集型环节指生产过程中对劳动力需求较低，而机械购置成本较高的环节，包括整地、播种、收割环节；劳动密集型环节指劳动力用工数量大、劳动用工时间分散的环节，包括施肥和喷药等环节。

在不同的农业生产环节中，农户选择机械化服务的程度和方式会有所不同。现阶段，中国农户农机作业的获取方式主要有两种：一是农户自购农机进行自给服务，二是农户购买机械化服务进行外包作业，其中农机作业外包逐渐成为提高农业机械化水平的重要途径。农户农机作业服务选择的分化，显然与农地分散化、破碎化以及连片化等"硬约束"有关，那么是否还存在农地"软约束"的影响，如农地权属关系的稳固是否也会影响农户农业生产环节的服务选择呢？事实上，在农村家庭承包经营制度下，农地确权有助于促进农户对土地的长期投入，进而可能会促使其购置小型农机具进行自营作业，尤其在确权颁证对农地承包权"加固"后，更能有效促进农户合理配置家庭核心生产要素，农地或流转或托管均"迂回"影响农机社会化服务市场的发育和农户农机服务外包的选择。无论农户如何选择自购机械还是外包服务，都是农户家庭效用最大化下的理性抉择，也是对农业机械化发展的理性响应。

4.4.1　模型设定

在农地确权颁证与农户机械化选择方面，已有研究较多采用了 Ivprobit 模型（段培，2017）、Logistic 模型（薛超，2019）和 Tobit 模型（赵鑫，2021）。但此类模型在选择、使用上均存在较多限制——对函数形式以及误差项分布要求很高、工具变量的选取也较为困难、难以解决内生性问题。因此，本研究在进行 OLS 分析的基础上采用倾向得分匹配模型（PSM）。将两组不同的确权颁证农户样本和虚拟的非确权颁证农户样本进行匹配，最大可能满足控制组和实验组初始条件相似，模拟实验组的反事实情况，进而对比农户在不同农业环节机械选择的差异。这不仅能够准确评价是否确权颁证对农户农业机械化的影响效应，而且可利用两组匹配样本深入分析机械化率的差异特征。此外，由于农户是否确权颁证并非农户"自选择"行为，而是由外生政策变量决定，所以适宜采用 PSM 模型分析确权颁证对于农户不同环节农机服务外包的选择行为。

由于不同环节机械化作业要求不同，农地确权颁证对农户劳动密集型和资本密集型环节的机械化率产生的影响也会不同，根据二者之间可能存在的关系，建立如下模型：

$$labmec_{1n} = \alpha_1 + \gamma_1 policy_n + X_n\beta_1 + \varepsilon_1 \qquad (4-1)$$

$$capmec_{2n} = \alpha_2 + \gamma_2 policy_n + X_n\beta_2 + \varepsilon_2 \qquad (4-2)$$

其中，$labmec_{1n}$ 表示第 n 个农户农地确权颁证后劳动密集型环节机械化率，$capmec_{2n}$ 表示第 n 个农户确权颁证后资本密集型环节机械化率，$policy_n$ 是表示第 n 个农户确权颁证与否的二元变量，$policy_n = 1$ 表示农户获得农地确权证书，$policy_n = 0$ 表示农户未获得确权证书，X_n 为协变量，α 表示常数项，γ、β 表示系数，ε 表示随机误差项。

使用倾向得分匹配计算平均处理效应的步骤：首先，选择合适进行倾向得分匹配的协变量；其次，运用 Logit 回归，估计倾向得分；再次，用第一步中选择的协变量进行倾向得分匹配；最后，根据匹配后的样本计算参与者的平均处理效应（ATT）。

$$\text{ATT}_1 = \text{E}(labmec_{1n} - labmec_{0n} \mid policy_n = 1, D = d) \qquad (4-3)$$

$$\text{ATT}_2 = \text{E}(capmec_{2n} - capmec_{0n} \mid policy_n = 1, D = d) \qquad (4-4)$$

其中，$labmec_{0n}$、$capmec_{0n}$ 分别表示第 n 个农户在劳动密集型、资本密集型环节未实施农地确权颁证的机械化率。ATT_1 代表随机挑选一个已经获得农地确权证书且具有 D 特征的样本农户在机械化选择中确权颁证对劳动密集型环节机械化率影响的均值，同理资本密集型环节的影响均值由 ATT_2 衡量。为提高估计结果的准确性，本节分别采用一对一匹配、一对四匹配、半径匹配、核匹配四种匹配方法。

本节数据来源于 1.2.2 第一部分阐述的调研数据。在甄选研究所需指标的基础上，剔除小麦播种面积和农业收入为 0 的样本，共获取 2777 个有效样本。

4.4.2 变量选择与特征描述

被解释变量由农户在不同环节的机械化程度表示，即使用机械作业占该环节的比重。根据对调研区农户数据的测算，农户在不同生产环节的机械化程度分异，资本密集型环节如整地、收割环节的机械化水平已超过90%，基本实现完全的机械化作业；劳动密集型环节烘干和喷药环节的机械化率不足10%，鲜有农户采用机械化作业方式。因此，本研究以机械化程度处于中间的施肥环节和播种环节机械化率分别反映农户劳动密集型和资本密集型环节的机械化程度。

将是否确权颁证作为核心解释变量。由于农地确权政策受农户个人主观影响因而存在认知偏差，并且各地工作进度的差异，可能会存在证书尚未颁发到农户手中的情况，所以以农户是否颁证到手作为农地是否确权的衡量指标，构造实验组和控制组虚拟变量，即证书未到手的确权颁证变量设置为 0，证书到手的确权颁证变量设置为 1。

根据相关研究成果，非农就业促进了农机作业的服务（苏卫良，2016），而耕地面积会影响农业机械作业规模和农机服务支出（纪月清，2011），并且随农业劳动力减少会诱致劳动节约型技术的创新和应用。在此，参考胡新艳（2016）、徐志刚（2017）和张成玉（2011）等学者的研究，并结合本研究所用调查数据的变量特点，在模型中加入户主特征、家庭特征和村庄特征三类控制变量。其中，户主特征通过户主年龄、性别、受教育程度、是否为纯农户、是否为村干部、农业技能培训和打工经历来表征；家庭特征通过农户家庭劳动力占比、小麦播种面积、农业收入占比和细碎化程度来表征；村庄特征通过村庄地形、村庄交通、村庄区位、农民合作组织和村民互助频率来刻画。

整体来看，样本地区劳动密集型环节机械化率为35.6%，资本密集型机械化率为78.7%，由于劳动密集型环节，生产环节主要依靠劳动力，机械装备较少，因而劳动密集型环节机械化率低于资本密集型环节机械化率。劳动密集型外包率和资本密集型外包率分别为77.8%和80.8%，前者略低于后者，差异较小。在核心解释变量中，农地确权颁证比例较低，主要是农村原有各项基础设施建设落后，农地产权关系复杂，历史遗留问题多，以及各地方政府工作进度差异导致（见表4-5）。

表4-5　　　　　　　　　　变量定义及描述性统计

变量类别	变量名称	变量定义	平均值	标准差
被解释变量	劳动密集型环节机械化率	由施肥环节机械化率来表征	0.356	0.476
	资本密集型环节机械化率	由播种环节机械化率来表征	0.787	0.406
	劳动密集型环节外包率	由施肥环节外包率表征	0.778	0.414
	资本密集型环节外包率	由播种环节外包率表征	0.808	0.392
核心解释变量	确权颁证	0 = 未颁证；1 = 颁证	0.273	0.446
户主特征	户主年龄	连续变量	55.668	11.133
	性别	0 = 女；1 = 男	0.928	0.259
	受教育程度	1 = 初中 2；2 = 中专或高中；3 = 大专；4 = 大专以上	1.615	0.716
	是否为纯农户	0 = 全年在家务农；1 = 存在兼业行为	0.645	0.479

续表

变量类别	变量名称	变量定义	平均值	标准差
户主特征	是否为村干部	0 = 否；1 = 是	0.053	0.223
	农业技能培训	0 = 从来没有接受过；1 = 接受过农业技能培训	0.066	0.249
	打工经历	0 = 没有在外打工经历；1 = 存在有在外打工经历	0.455	0.498
家庭特征	劳动力占比	家庭劳动力总数人/家庭人口总数	0.654	0.338
	小麦播种面积	单位：亩	8.867	10.289
	农业收入占比	自家农产品收入/总收入	0.489	0.323
	细碎化程度	承包地总面积亩/总地块数	2.866	2.107
村庄特征	村庄地形	1 = 平原；2 = 丘陵；3 = 山区	1.091	0.302
	村庄交通	1 = 很差；2 = 较差；3 = 一般；4 = 较好；5 = 很好	2.755	0.638
	村庄区位	村庄距镇距离（公里）+1 取对数	4.192	3.622
	农民合作组织	0 = 无；1 = 有	0.086	0.279
	村民互助频率	1 = 较少；2 = 一般；3 = 较多	2.558	0.635

资料来源：1.2.2 中第一部分描述的数据。

4.4.3　结果分析

1. 基于 OLS 模型分析

根据上述分析，首先对劳动密集型环节和资本密集型环节机械化率进行 OLS 检验，结果见表 4 – 6。未加入控制变量时，确权颁证变量在劳动密集型环节和资本密集型环节分别通过了 1% 和 5% 的显著性检验，农地确权政策对劳动密集型环节和资本密集型环节的机械化程度的促进作用得以初步验证，但在加入控制变量后，确权颁证变量在两类环节均未通过显著性检验，表明 OLS 模型可能存在内生性问题，从而对估计结果产生影响，其验证结果也有待商榷。基于此，有必要选择 PSM 模型对确权颁证与农业不同环节机械化率开展进一步的分析。

表 4 – 6 　　　基于 OLS 模型的农地确权颁证与农业机械化率

指标	劳动密集型环节		资本密集型环节	
	不控制变量	控制变量	不控制变量	控制变量
确权颁证	0.074 *** (0.020)	0.048 (0.019)	0.037 ** (0.017)	0.023 (0.017)
成员年龄	—	0.000 (0.001)	—	0.002 ** (0.001)
性别	—	− 0.036 (0.034)	—	− 0.027 (0.030)
受教育程度	—	0.001 (0.013)	—	0.041 *** (0.011)
是否为纯农户	—	− 0.039 * (0.022)	—	0.004 (0.019)
是否为村干部	—	0.026 (0.041)	—	0.017 (0.035)
农业技能培训	—	0.028 (0.037)	—	− 0.006 (0.032)
打工经历	—	0.007 (0.020)	—	0.034 * (0.018)
劳动力占比	—	− 0.031 (0.026)	—	− 0.043 * (0.023)
小麦播种面积	—	− 0.004 (0.013)	—	− 0.086 *** (0.012)
农业收入占比	—	0.132 *** (0.031)	—	− 0.005 (0.026)
细碎化程度	—	0.046 *** (0.005)	—	0.022 *** (0.004)
村庄地形	—	− 0.134 *** (0.031)	—	− 0.059 ** (0.026)
村庄交通	—	0.041 *** (0.014)	—	0.034 *** (0.012)

续表

指标	劳动密集型环节		资本密集型环节	
	不控制变量	控制变量	不控制变量	控制变量
村庄区位	—	−0.088 *** (0.014)	—	−0.064 *** (0.012)
农民合作组织	—	0.083 *** (0.031)	—	0.057 ** (0.027)
村民互助频率	—	0.012 (0.014)	—	0.014 (0.012)
常数项	0.336 *** (0.011)	0.363 *** (0.099)	0.777 *** (0.009)	0.768 *** (0.085)
拟合度	0.005	0.096	0.002	0.073
样本容量	2777	2777	2777	2777

注：*、** 和 *** 分别表示10%、5% 和1% 的显著性水平，括号中为稳健标准误。
资料来源：1.2.2 中第一部分描述的数据。

2. PSM 模型

（1）核密度图匹配结果。在获得农户劳动密集型环节、资本密集型环节的机械化率和外包率的倾向得分之后，为保证匹配的精度，需要剔除处于倾向性得分值重叠域之外的农户样本。实际上剔除的是处理组中倾向性得分值大于控制组最大倾向性得分值的样本农户数据，以及处理组中倾向性得分值低于控制组最小倾向性得分值的样本农户数据。通过农户倾向得分匹配后的密度函数图显示，在4种匹配方法下，匹配过后的农户机械化率密度函数的重合度均较高，大多数观测值在共同范围内，即进行倾向得分匹配仅会损失少量样本，并不会对匹配准确性造成负面影响。

（2）农地确权与农机化程度。用4种匹配方法测算农地确权颁证对劳动密集型与资本密集型环节农户机械化率的促进作用，结果表明，所采取的4种匹配方法模型结果误差较小，说明研究结果具有较强的稳健性。劳动密集型环节机械化率在4种匹配方式的测算结果下均通过了显著性检验，而资本密集型环节一对一匹配的机械化率测算结果未能通过显著性检验。根据表 4 – 7 中的平均值，已确权颁证的农户在劳动密集型环节机械作业率提高了 5.4%。

表 4 – 7　　　　　　　　　　确权颁证与农业机械化率

匹配方法	劳动密集型环节		资本密集型	
	匹配前	匹配后	匹配前	匹配后
一对一匹配	0.074 *** (0.020)	0.053 * (0.029)	0.037 ** (0.017)	0.036 (0.024)
一对四匹配	0.074 *** (0.020)	0.045 ** (0.023)	0.037 ** (0.017)	0.032 * (0.019)
半径匹配	0.074 *** (0.020)	0.054 ** (0.021)	0.037 ** (0.017)	0.031 * (0.017)
核匹配	0.074 *** (0.020)	0.065 *** (0.021)	0.037 ** (0.017)	0.037 ** (0.017)
平均值	0.074	0.054	0.037	——

注：*、** 和 *** 分别表示 10%、5% 和 1% 的显著性水平，括号中为稳健标准误。
资料来源：1.2.2 中第一部分描述的数据。

劳动密集环节机械化程度处于中等偏下水平，其机械化率为 35.6%，以机械替代劳动具有较大潜力。随着劳动密集型环节农业机械装备作业能力的提升，采用机械化作业的优势逐渐显现，不仅可以解决农村劳动力兼业化、老龄化和弱质化问题，降低劳动力用工成本，还能保证作业质量提升和作业效率提高。此外，政府购机补贴直接降低了劳动密集型环节机械的购置费用，普通农户在该环节购置机械可能性增加，因而表现为农地确权颁证正向影响农户劳动密集型环节的机械化程度。而对于资本密集型环节机械化率而言，没有足够证据显示确权颁证政策能够显著促进机械化率水平的提升。可能的原因是，资本密集型环节自身的机械化率处于中等偏上水平，其机械化程度在农地确权之前水平已较高，一定程度上弱化了农地确权政策对资本密集型环节机械化选择行为的影响。在实地调研过程中也发现，确权颁布后的农户家庭中，资本密集型环节的机械化程度并未明显提高，表明当下资本密集型环节机械化水平的提升已较少受制于土地权属，而可能更受农户禀赋、服务市场发育以及机械适应性等因素影响。

（3）农地确权与农机方式选择。在测算农地确权颁证对于不同环节农业机械化率影响的基础上，进一步测算确权颁证对于农户在两环节服务外包选择的影响（见表4-8）。整体看来，两环节外包率的估计结果也具有较强的稳健性，但与机械化率作用结果相反，劳动密集型环节外包率测算结果并未通过显著性检验，而资本密集型环节外包率的4种测算结果均通过了显著性检验。相较于未获得农地承包经营权证书的农户，已确权颁证农户资本密集型环节外包作业比重提高了4.4%。

表4-8   确权颁证与农业外包率

匹配方法	劳动密集型		资本密集型	
	匹配前	匹配后	匹配前	匹配后
一对一匹配	0.006 (0.029)	0.013 (0.041)	0.036 * (0.019)	0.052 ** (0.026)
一对四匹配	0.006 (0.029)	0.005 (0.033)	0.036 * (0.019)	0.047 ** (0.021)
半径匹配	0.006 (0.029)	-0.012 (0.031)	0.036 * (0.019)	0.037 ** (0.019)
核匹配	0.006 (0.029)	0.002 (0.030)	0.036 * (0.019)	0.038 ** (0.018)
平均值	—	—	0.036	0.044

注：*、** 和 *** 分别表示10%、5%和1%的显著性水平，括号中为稳健标准误。
资料来源：1.2.2中第一部分描述的数据。

确权颁证稳定了地权，一定程度上保障了农户农业的未来预期，有利于促进农户对农业机械的投资。此外，基于劳动密集型环节农业机械化率的估计结果显示，有一定经营规模的农户在该环节购买农机可实现农户生产成本最小化，而购买农机与服务外包的替代效应在一定程度上弱化了确权政策对于劳动密集型环节外包的促进作用，可能导致确权颁证在该环节外包选择中未通过显著性检验，而在资本密集型环节通过了显著性检验。

　　基于农地确权视角分析表明，对劳动密集型环节而言，确权颁证对其机械化促进作用显著，且随农地确权颁证的落实，表现出农户在该环节机械作业率提高了 5.4%；对资本密集型环节而言，确权颁证对该环节农机外包的促进作用明显，表现出已确权颁证农户较未颁证农户农机外包使用率提高了 4.4%。与没有确权颁证比较，颁证更有利于农户在农业机械化生产中选择外包服务。

第5章 劳动资源约束下农户
服务外包选择行为

农户家庭劳动力资源配置对其服务外包行为有重要影响。本章拟从劳动力资源的不同角度，运用1.2.2描述的第一部分调研数据，解析农户服务外包选择行为，以期探究劳动力资源约束对农户服务外包选择方式与路径的影响。

5.1 户主受教育水平差异下的外包选择

5.1.1 人工服务外包

从表5-1可以看出，目前农户家庭户主的受教育水平普遍偏低，绝大多数为小学、初中文化水平，这在一定程度上影响农户接受和采纳农业新技术、新品种和新的经营管理方式。从小麦的生产环节看，随着户主受教育水平的提高，人工服务外包率同步提高，如户主没上过学的农户，人工服务外包占比仅为0.92%，而户主接受过大专及以上教育的农户，该比例提高到4%。对于玉米生产环节，随户主受教育水平提高，人工服务外包率呈现倒"U"型变化趋势。

表5-1　　　　　　　　农户家庭户主受教育水平情况

指标	没上学	小学	初中	高中或中专	大专及以上	合计
户数（户）	515	1511	1506	377	36	3945
占比（%）	13.05	38.30	38.17	9.56	0.91	100

资料来源：1.2.2中第一部分描述的数据。

5.1.2　机械服务外包

随着粮食生产机械化程度的提高，总体上农户的农机服务外包在不断提高，但受户主教育程度的影响，不同环节呈现出一定差异。在小麦的耕地、播种、施肥、喷药和收割环节，随着户主受教育程度的提高，机械服务外包比例在减少。而玉米生产环节呈"U"型趋势，典型的是玉米播种和施肥环节，户主为初中文化水平的农户机械服务外包比例最低，未上过学和大专及以上该比例高于户主为初中文化水平的农户。

5.2　户主年龄差异下的外包选择

5.2.1　人工服务外包

从调查结果看，有效样本中，51～60 岁的户主居多，占比 31.55%，41～50 岁的户主占 25.84%，61～70 岁的占 25.56%，35 岁以下的户主仅占 3.46%。在小麦生产环节，人工服务外包比例最高的是户主年龄为 36～40 岁的农户家庭；而在玉米生产环节，户主为该年龄段的家庭几乎没有选择人工服务外包。户主年龄为 41～50 岁的农户，无论是小麦种植还是玉米种植，其人工服务外包选择比例都相对较低，分别为 0.68% 和 0.50%。户主为 50 岁以上的农户家庭，粮食生产环节人工服务外包的比例随年龄增长而增长，尤其在玉米种植户中表现明显。

5.2.2　机械服务外包

调查结果显示，在小麦生产环节中，整地、播种、施肥和喷药环节的机械服务外包比例随户主年龄变化呈现出了两端高、中间低的"U"型趋势。其中整地、播种、施肥环节机械服务外包比例最低的是户主为 41～50 岁的农户家庭；喷药环节机械服务外包比例最低的是户主为 51～60 岁的农户家庭。而收割环节机械服务外包比例随户主年龄增加呈现波动上升趋势,最低的是户主为35岁以下的农户,外包比例84.14%,最高的是户主为70岁以上的农户,外包比例高达98.97%。

与小麦生产环节不同的是,在玉米生产的整地、播种、施肥和收割环节的机械服务外包比例随户主年龄的增加呈现出"Z"字形波动变化趋势,比例最高的是户主为41~50岁的农户家庭,比例最低的是户主为36~40岁的农户家庭。喷药环节的机械服务外包比例呈现出了中间高、两端低的特点,比例最高的是户主为41~50岁的农户家庭,比例最低的是户主为35岁以下农户家庭。

5.3　农户接受农技培训差异下的外包选择

调查结果显示,总体上6%的农户接受过农业技能培训。种植小麦的3503农户中,220户接受过农业技能培训,占比6.28%;种植玉米的1902农户中,114户接受过农业技能培训,占比5.99%(见表5-2)。

表5-2　　　　　　　种植农户接受农业技术培训情况　　　　　　单位:户

农户类型	未接受农业技术培训	接受过农业技术培训	合计
小麦种植户	3283	220	3503
玉米种植户	1788	114	1902

资料来源:1.2.2中第一部分描述的数据。

接受过农业技能培训的农户选择粮食生产环节人工服务外包的比例高于未接受过农业技术培训的农户。对于小麦种植户,这一差异较玉米种植户更为显著。接受过农业技术培训的小麦种植农户,选择生产环节人工服务外包的比例为3.69%,未接受过农业技术培训的农户这一比例仅为1.16%。接受过农业技术及培训的玉米种植户选择生产环节人工服务外包的比例为0.92%,未接受过农业技术培训的农户这一比例为0.81%。

5.4　劳动力流动对农户服务外包选择的影响

随着农村人口变化及非农就业的发展,农业劳动力大幅减少,老龄化和女性化成为农业留守劳动力的主要特征。当前，中国农业生产已进入农业劳动力持续非农转移，农业劳动力价格不断攀升而诱致的农业机械化时代（周晓时等，2015）。随着农业劳动力外出务工收入的增加，农业生产中对农机作业环节的需求逐渐增强，对农机获取方式的选择存在一定程度的相互替代（纪月清等，2013），表现为两种方式：一是购买小型农机具进行自我服务，二是购买外包服务迂回参与某些生产环节。当前，农业机械的作业环节从以收割为主逐步拓展到整地、播种、施肥、喷药、烘干等多个环节，对"半工半农"的外出务工农户而言，不仅解决了家庭劳动力短缺或弱质引起的农业作业环节效率偏低的问题，而且提高了家庭劳动力代际间合理配置，对小农户融入现代农业、推进农业生产方式转型升级发挥重要作用。

农业机械的使用不仅体现在资本对劳动的替代（Hayami and Ruttan，1970），还影响农业的规模经营、农业种植结构与农业新技术的标准化应用，进而影响农产品的市场竞争力（高鸣等，2014；蔡昉等，2016；仇童伟等，2018）。新中国成立以来，中国农业发展经历了农机大型化、农机小型化，近年来又回归以大型化为主，农户作为农业机械使用方式的选择主体，不仅受社会经济、政策环境影响，也受其土地、资金、劳动力等资源禀赋的影响。已有研究认为农机购置补贴（潘经韬，2018；曹光乔，2010）、城镇化发展（高延雷，2020；方师乐，2018）等有利于提升农业的机械化水平，也是影响农业机械作业率的重要因素。还有认为土地资源禀赋（彭继权，2019；杨宇，2018）、农业劳动力（张淑雯，2018；周晓时，2017；张宗毅，2014）、交通运输成本（滕兆岳，2020；罗富民，2018）、信贷市场约束（钟真，2018；柳凌韵，2017）等都在不同程度影响农户的农机选择。对于不同的农业机械使用方式，有从农户的生产经营成本角度进行分析，认为农户购买农机还是购买服务，取决于自身机会成本、不同功率农机平均使用成本和作业服务市场价格等的比较（张宗毅等，2018）；也有从农地确权角度分析，认为对农地经营权的明晰与细分，能够降低纵向分工的交易费用，有利于农户对农业机械外包方式的选择（李宁等，2019）。而从劳动力流动角度探讨外出务工如何影响农业机械使用方式的选择，以及在不同生产环节有何异同的研究较少。为此，本节尝试从劳动力配置角度，以 1.2.2 描述的第一部分调研数据中的机械服务外包（根据本节研究需要，将没有外出务工的农户样本剔除，实际获得有效样本 2556 个）为例，探究不同外出务工户不同生产环节农机使用的选择方式，以期探究劳动力禀赋差异对不同环节农机自购与外包分异的内在机理，进而探寻转型期如何有效配置劳动力与农业机械等生产要素，推进农业的高质量发展。

5.4.1 外出务工农户与外包环节分布

从表5-3可以看出，在外出务工农户中，在省内打工的劳动力明显少于在省外打工的，也少于在家务农兼打工的农户，总体上，农户家庭劳动力打工区域集中在省外。在外出务工农户中，整地与收割环节的机械化程度较高，分别达到93.78%和97.46%，播种环节虽较前两者低，但也比施肥、喷药环节分别高出42.67%和73.07%，烘干环节则最低。可见，在粮食生产过程中，由于劳动与技术等投入要素的不同，选择自购机械还是外购服务存在差异。

表5-3　　　　　　　　　　外出务工农户分布及农机选择占比

农户类型		有效样本（户）	占比（%）	农机使用方式	机械化（%）	自购（%）	外包（%）
务工户类型	低务工户	1154	44.97	整地	93.78	12.58	87.42
	中务工户	695	27.08	播种	78.18	19.55	80.45
	高务工户	717	27.94	收割	97.46	4.32	95.68
劳动力类型	在家兼农打工	869	33.87	施肥	35.51	23.90	76.10
	县内打工	703	27.40	喷药	5.11	63.60	36.40
	省内打工	555	21.63	烘干	0.37	29.73	70.27
	省外打工	1407	54.83	其他	—	—	—

注：家庭劳动力指具有劳动能力的16~65岁的劳动力；在家庭劳动力配置中，对于每一个劳动力，存在一年当中在不同区域打工的情况；农业打工是指在农业种养业打工，不包括在农业加工厂或农资公司、农产品销售企业等方面的打工；县内打工是指在河南省正阳县、上蔡县、杞县、舞阳县、安阳县、新安县6个县内打工；省外打工是指在河南省外打工。

资料来源：1.2.2中第一部分描述的数据。

为了进一步比较外出务工农户对不同环节农业机械使用方式的异同，拟对务工农户进行分类。按农户家庭劳动力打工收入占家庭总收入的比重将不同农户家庭分为低务工户（打工收入占比≤30%）、中务工户（30% <

打工收入占比＜70%）及高务工户（打工收入占比≥70%）。其中，低、中、高务工户占务工农户的比重分别为 44.97%、27.08%、27.94%，由此可见，农业收入依然是调研区农户家庭的核心收入来源，因此农户较为看重农业生产中的要素资源配置。在农业生产的过程中，不同农业生产环节对劳动和技术的需求存在明显差异，据此将生产环节分为劳动密集型和技术密集型环节。劳动密集型环节的特点包括市场发育较为完善，机械化覆盖程度高，劳动力数量需求大且对农作物产量影响小等；技术密集型环节则对技术要求高，农机外包风险大，易发道德风险等。就本节而言，前者包括整地、播种和收割环节，后者包括施肥、打药和烘干环节。

5.4.2　外出务工户服务外包行为选择

1. 劳动密集型环节

农户家庭依靠劳动力资源禀赋理性配置外出务工的数量与区域。对于不同外出务工户，中务工户收割与整地环节机械覆盖程度较高，低务工户则略高于高务工户；而随外出务工收入的增加，播种环节的机械化程度显现出弱递增趋势。就生产环节来说（见表 5－4），农户均倾向于购买外包服务而非购买机械的自我服务，其中收割环节自购机械的比重最低，高务工户低至 2.67%，可能的原因是普通农户较少购置联合收割机等大型农机具。在实地调研中了解到，部分地块由于交通不便，机械环节农户会采用自制或简易的机械劳作，地块连片的农户则基本选择社会化服务作业。相比较而言，整地与播种环节外包比重都低于收割环节，尤其表现在播种环节上，分别比收割和整地环节低 15.23%、6.97%。

表 5－4　　　　　　不同类型外出务工户农机使用方式分布　　　　　　单位:%

农户类型	外包情况	劳动密集型		
		整地	播种	收割
低务工户	机械化	93.81	74.50	97.01
	自购	15.15	22.89	5.17
	外包	84.85	77.11	94.83

续表

农户类型	外包情况	劳动密集型		
		整地	播种	收割
中务工户	机械化	94.46	79.81	99.14
	自购	11.78	22.05	4.64
	外包	88.22	77.95	95.36
高务工户	机械化	93.11	80.26	96.58
	自购	9.32	12.46	2.67
	外包	90.68	87.54	97.33

资料来源：1.2.2 中第一部分描述的数据。

此外，外出务工收入的增加将促进农户在劳动密集型的各个环节选择购买服务外包，且播种环节增幅最为明显，高务工户购买服务比重较低务工户增加 10.43%。虽然在劳动密集型环节，自购和外包都是农户实现劳动替代的有效途径，但购买外包服务对劳动力的替代作用更为明显，随着工农收入差距的拉大，农户务农机会成本大幅上升，必然导致农户选择更为节约劳动力的外包服务。

2. 技术密集型环节

在技术密集型环节（见表 5-5），喷药和烘干环节的机械化程度较低，为 5.11% 和 0.37%，施肥环节相对较高，达到了 35.51%。施肥和烘干环节农户选择购买外包比重均高于自购机械，而喷药阶段购买服务比重较低，为 36.40%。在施肥环节，由于部分机械已可实现播种与施肥的同时作业，服务相对便捷，因而机械化程度相对较高。受土地规模和零碎化程度制约，农户在喷药阶段采用服务外包一定程度上难以保障作业质量，且农机喷药服务较难获取，因此农户更愿意选择自购机械进行生产。

烘干阶段的机械化程度最低，在调查的 2566 户农户中，仅有 23 户采用机械进行烘干，在高务工户中甚至没有农户选择机械化烘干作业。机械烘干普及程度过低致使农户在购买服务和自购机械方面均存在较高的进入壁垒，因而农户基本维持传统的烘干作业方式。对于不同外出务工户，随着农户外出务工收入增加，施肥阶段选择购买农机服务比重呈现递增趋势；而喷药阶段农户选择服务外包呈现"倒 U"特征，其中务工户外包比重最低，较低务工户和高务工户分别下降 9.8% 和 6.91% 。可能的原因是，农户的外出务工并不是决定其在喷药阶段选购服务和机械的核心因素，由于喷药对农作物质量及产量影响较为明显且劳动力替代程度较弱，因此农户在生产方式选择中更注重外包质量和风险而非劳动力成本。

表 5-5 不同类型外出务工户农机使用方式分布 单位:%

农户类型	外包情况	技术密集型		
		施肥	喷药	烘干
低务工户	机械化	36.98	6.31	0.42
	自购	27.20	60.22	40.48
	外包	72.80	39.78	59.52
中务工户	机械化	35.98	5.97	0.69
	自购	26.10	70.02	20.29
	外包	73.90	29.98	79.71
高务工户	机械化	27.75	2.44	0
	自购	13.26	63.11	0
	外包	86.74	36.89	0

5.4.3 外出务工户农机服务外包行为选择的影响因素

以上分析表明，在农业机械化细分环节中，劳动密集型环节的整地、收割已基本实现机械化，而技术密集型环节喷药、烘干大多仍维持传统生产方式，相比较而言，播种与施肥环节的机械作业，受其农业劳动力配置方式与农业新技术不断创新的影响较大，对其进行剖析更能反映出农户农机选择的内在机理。为此，下文分别以播种与施肥环节代表劳动密集型与技术密集型的农机作业，构建模型，选择变量，计量分析外出务工农户农机选择行为。

1. 模型构建

在模型选择上，首先以农户外出务工收入为核心解释变量，构建 OLS 模型分别对劳动密集型与技术密集型农机选择行为进行回归，见式（5-1），研究农户外出务工收入对其劳动与技术密集型环节机械化程度、自有机械及农机外包的影响。在此基础上，由于不同类型农户的农机选择存在较大差异，将农户分为低务工户［见式（5-2）］，中务工户［见式（5-3）］，高务工户［见式（5-4）］三组，对不同类型农户进行分组回归，探究其自有机械及农机外包差异化选择的影响机制。模型设置如下：

$$Y_t = \beta_0 + \beta_1 X_i + \sum_{i=2}^{n} \beta_i Z_i + \varepsilon_0 \qquad (5-1)$$

$$Y_t = \gamma_0 + \sum_{i=1}^{n} \gamma_{ij} Z_i + \varepsilon_1 (j = 0) \qquad (5-2)$$

$$Y_t = \gamma_1 + \sum_{i=1}^{n} \gamma_{ij} Z_i + \varepsilon_2 (j = 1) \qquad (5-3)$$

$$Y_t = \gamma_2 + \sum_{i=1}^{n} \gamma_{ij} Z_i + \varepsilon_3 (j = 3) \qquad (5-4)$$

以上式中，Y_t 为农户的农机生产选择行为，Y_1、Y_2、Y_3 分别为播种阶段自有机械及农机外包比重，Y_4、Y_5、Y_6 分别为施肥阶段自有机械及农机外包比重。

X_i 为农户打工收入占家庭总收入的比重。

Z_i 包括户主年龄、性别、受教育年限、小麦播种面积、土地零碎化程度、村中是否有农民合作组织、村民互助频度及村庄所处地形与交通条件。

β_i 为第 i 个解释变量的回归系数。

j 为农户类型分组，$0 = $ 低务工户，$1 = $ 中务工户，$2 = $ 高务工户。

γ_{ij} 为第 j 组第 i 个解释变量的回归系数。

ε 为随机扰动项。

2. 变量选择

表5-6为变量定义及描述性统计。选择播种和施肥阶段农户农机选择行为作为被解释变量，分别衡量劳动密集型与技术密集型阶段机械化生产选择。在农户选择行为的刻画上，从农业机械化程度、自有机械及农机外包三个维度出发，细化其行为选择差异。在自购及外包选择上，本文通过其选择频度高低表示农户行为选择差异，因此，并未单独分析自购和外包兼有的农机选择行为。在核心解释变量的选择上，以农户家庭打工收入

度量农户家庭外出务工行为，所选择的农户打工收入占总收入的比重为40.56%，即在农户收入中，打工收入占据较大比重。而农户类型均值为0.83，说明样本能够较为全面涵盖农户的不同类型，变量设置较为合理。此外，选择户主年龄、性别及受教育年限表示户主特征，选择小麦播种面积、土地零碎化程度表示土地特征，选择村中是否有农民合作组织、村民互助频率表示环境特征，选择村庄所处地形、交通条件表示区域特征。

表 5－6　　　　　　　　　变量定义及描述性统计

变量名	变量定义	平均值	标准差
被解释变量 Y_t	—	—	—
播种机械化程度 Y_1（%）	—	78.180	40.955
播种使用自有机械 Y_2（%）	—	15.286	35.632
播种使用农机外包 Y_3（%）	—	62.894	48.028
施肥机械化程度 Y_4（%）	—	35.512	47.588
施肥使用自有机械 Y_5（%）	—	8.488	27.436
施肥使用农机外包 Y_6（%）	—	27.024	44.242
核心解释变量 X_i			
打工收入比重 X_1（%）	家庭外出务工收入占总收入的比重	0.406	0.361
解释变量 Z_i			
户主年龄 Z_1（岁）	—	54.536	10.566
户主性别 Z_2	0 = 女性，1 = 男性	0.929	0.256
户主受教育年限 Z_3（年）	—	6.666	3.374
小麦播种面积 Z_4（公顷）	—	0.604	0.703
土地零碎化程度 Z_5（块）	总地块数	3.676	2.471
村中是否有农民合作组织 Z_6	0 = 否，1 = 是	0.091	0.288
村民互助频率 Z_7	0 = 较少，1 = 一般，2 = 较多	1.559	0.631
村庄所处地形 Z_8	0 = 平原，1 = 丘陵，2 = 山地	0.095	0.308
村庄交通条件 Z_9	0 = 很差，1 = 较差，2 = 一般，3 = 较好，4 = 很好	2.150	0.966

3. 结果分析

考虑在不同类型生产环节农户农机生产行为存在明显差异，本研究选择采用公式 5-1 在劳动密集型与技术密集型分别对农机选择行为进行回归分析。此外，为进一步刻画农户行为选择，在农机化程度基础上（模型1 和模型4），构建自有机械（模型2 和模型5）与农机外包（模型3 和模型6）为被解释变量，分别进行回归分析，结果见表5-7。

表5-7　　　　　　　　　　　农机生产行为选择

指标	劳动密集型（播种）			技术密集型（施肥）		
	（1）机械化	（2）自购	（3）外包	（4）机械化	（5）自购	（6）外包
打工收入比重	-0.398 (1.274)	-4.847 ** (2.051)	7.686 *** (2.629)	-12.02 *** (2.615)	-5.429 *** (1.554)	-6.738 *** (2.454)
户主年龄	-0.005 (-0.042)	-0.127 * (-0.068)	0.377 *** (-0.087)	-0.05 (-0.087)	-0.112 ** (-0.051)	0.061 (-0.081)
户主性别	-1.038 (1.727)	1.796 (2.781)	-3.386 (3.565)	-1.198 (3.556)	3.251 (2.107)	-4.701 (3.327)
户主受教育年限	0.144 (0.136)	-0.089 (0.218)	1.105 *** (0.279)	0.273 (0.278)	0.0168 (0.165)	0.244 (0.260)
小麦播种面积	0.006 (-0.045)	0.313 *** (-0.071)	-0.365 *** (-0.091)	0.357 *** (-0.091)	0.249 *** (-0.054)	0.106 (-0.086)
土地零碎化程度	-0.445 ** (0.192)	0.041 (0.308)	-4.255 *** (0.395)	-4.410 *** (0.395)	-0.564 ** (0.234)	-3.821 *** (0.370)
村中是否有村民合作组织	-4.075 *** (1.526)	2.019 (2.434)	1.801 (3.121)	5.835 * (3.116)	1.073 (1.850)	4.736 (2.921)
村民互助频率	1.058 (0.697)	-0.431 (1.114)	1.340 (1.428)	0.542 (1.426)	0.915 (0.848)	-0.210 (1.338)
村庄所处地形	-3.004 ** (1.429)	-1.395 (2.353)	-1.323 (3.017)	-16.85 *** (2.967)	-4.746 *** (1.762)	-12.12 *** (2.782)

续表

指标	劳动密集型（播种）			技术密集型（施肥）		
	（1）机械化	（2）自购	（3）外包	（4）机械化	（5）自购	（6）外包
村庄交通条件	−0.142 (0.465)	−3.039 *** (0.745)	3.942 *** (0.956)	2.648 *** (0.953)	−0.830 (0.566)	3.317 *** (0.894)
常数项	96.01 *** (3.679)	28.45 *** (5.929)	47.90 *** (7.602)	48.48 *** (7.536)	13.40 *** (4.470)	35.57 *** (7.058)
观测值	2566	2566	2566	2566	2566	2566
拟合度	0.009	0.025	0.112	0.090	0.028	0.074

注：*、**和***分别表示10%、5%和1%的显著性水平，括号中数值为稳健标准误。

在劳动密集型环节，土地零碎化程度和村庄所处地形是制约农户机械化生产的显著影响因素，土地资源要素对农业机械化的制约多体现在技术层面，例如土地零碎化程度高、地形条件较差致使农业机械难以有效作业。在机械化生产方式选择上，打工收入、户主年龄、播种面积与交通条件对农户生产方式选择存在明显差异。随着户主年龄、打工收入的提高和村庄交通条件的改善，农户倾向于选择农机服务外包而非购买农机。就打工收入而言，农户家庭打工收入比重每提高1%，其选择自购机械比重将降低4.85%，而采用农机外包比重则提高7.69%。由于劳动密集型环节对劳动力要素具有较大需求，随着农户年龄和打工收入的提高，农户家庭劳动力匮乏，购买外包服务替代劳动力是解决家庭劳动力不足的有效途径，促使其外包需求显著增强。虽然购买机械亦能减少农业生产的劳动力需求，但对于农业劳动力缺乏的家庭，购买机械仍无法实现机械对劳动力的有效替代。此外，农机服务的可获得性亦是制约农户选择购买外包的重要因素，村庄交通条件的改善对农户外包选择具有明显促进作用。而随着播种面积增大，农户购买农机的相对价格下降，相较于购买服务而言，购买农机的一次性投资方式更加符合农户生产的理性预期，因此促进了农户使用自有机械。农户对农业农机使用方式的选择在技术密集型环节体现出一致性，农户打工收入和土地零碎化程度降低及村庄地形条件的改善，均对农户农机使用方式选择行为具有正向促进作用，且外包服务对农户购买农机的替代效应并不明显。以打工收入为例，农户家庭打工收入比重每提高1%，其选择自购机械和农机外包比重分别下降5.43%和6.74%。可能的原因是在技术密集型环节，农业机械化程度较低且处于上升阶段，农户更多考虑是否采用机械化进行生产而非采用何种机械化生产方式。此外，由于技术密集型环节机械化使用门槛较高，相较于村中没有合作组织的农户，有合作组织会促使农户使用机械化水平提高5.84%。

由于不同类型农户在生产方式选择中存在较大差异，其内在影响机制可能不同，为进一步细化不同外出务工户的农机生产方式选择，将样本按打工收入划分为低务工户（LMF）、中务工户（MMF）、高务工户（HMF）三类分别对劳动密集型自有机械和农机外包选择进行回归，探求其内在影响机制，回归结果见表5-8。

表5-8　　　　　　外出务工户在劳动密集型环节的行为选择

指标	自购			外包		
	(7) LMF	(8) MMF	(9) HMF	(10) LMF	(11) MMF	(12) HMF
户主年龄	-0.094 (0.106)	-0.301 ** (0.147)	0.005 (0.104)	0.330 ** (0.134)	0.553 *** (0.172)	0.263 * (0.154)
户主性别	5.133 (4.518)	-2.319 (6.228)	-2.475 (3.985)	-4.268 (5.703)	2.872 (7.298)	-3.597 (5.867)
户主受教育年限	0.136 (0.323)	-0.351 (0.445)	0.028 (0.386)	0.872 ** (0.408)	1.006 * (0.521)	1.325 ** (0.569)
小麦播种面积	2.616 ** (1.216)	19.63 *** (3.887)	13.02 *** (4.867)	-2.196 (1.535)	-28.50 *** (4.554)	-16.75 ** (7.166)
土地零碎化程度	-0.240 (0.451)	-0.971 (0.661)	0.0805 (0.629)	-4.058 *** (0.570)	-3.639 *** (0.774)	-3.011 *** (0.925)
村中是否有村 民合作组织	4.387 (3.786)	-2.394 (4.898)	0.116 (3.951)	-2.430 (4.780)	7.737 (5.739)	5.290 (5.817)
村民互助频率	-1.672 (1.741)	2.109 (2.230)	-0.464 (1.818)	5.024 ** (2.198)	-2.750 (2.613)	-1.327 (2.677)
村庄所处地形	-4.642 (4.394)	3.748 (6.239)	0.714 (2.982)	9.914 * (5.547)	7.410 (7.311)	-15.16 *** (4.391)

续表

指标	自购			外包		
	（7） LMF	（8） MMF	（9） HMF	（10） LMF	（11） MMF	（12） HMF
村庄交通条件	− 2. 489 ** （1. 113）	− 4. 525 *** （1. 506）	− 1. 377 （1. 331）	2. 602 * （1. 404）	6. 342 *** （1. 765）	2. 826 （1. 960）
常数项	28. 94 *** （9. 111）	34. 13 *** （12. 51）	7. 491 （9. 164）	42. 23 *** （11. 50）	51. 54 *** （14. 66）	73. 92 *** （13. 49）
观测值	1154	695	717	1154	695	717
拟合度	0. 018	0. 065	0. 018	0. 086	0. 210	0. 095

注：＊、＊＊和＊＊＊分别表示 10%、5% 和 1% 的显著性水平，括号中数值为稳健标准误。

在劳动密集型环节，播种面积对不同类型农户采用自有机械均呈现正向显著关系，播种面积每增加 1 公顷，低、中、高务工户选择自有机械比重分别上升 2. 62%、19. 63% 和 13. 02%。在农机外包的选择上，不同年龄和受教育程度外出务工户对农机外包行为均正向显著，而土地零碎化程度对农户选择农机外包均呈现反向抑制作用。针对不同农户类型而言，在低务工户中，村民互助频率显著正向影响农户农机外包行为选择，由于农机外包中存在村民间互相租赁形式，高互助频率有助于村民间实现资源要素共享，促进低务工户选择农机外包服务。播种面积及交通条件对中务工户的农机行为选择具有显著影响，随着交通条件的改善，农户更愿意选择购买农机服务，而播种面积是促使其购买农机的显著影响因素。由于中务工户的生产方式行为选择易受农业生产机会成本变动影响，随着农地规模化和农机服务可获得性的提高，中务工户将会在打工收入和农业收入中进行权衡和比较，在农机生产方式选择上体现出较强敏感性，因而购买农机和购买服务间的相互替代明显。村庄所处地形是高务工户选择农机外包的显著影响因素，相对于平原，耕地位于丘陵和山地的农机外包价格偏高，收益转化率较差，致使高务工户降低农机外包的选择。

如表 5 - 9 所示，与劳动密集型环节相仿，在技术密集型环节，播种面积能够有效促进农户自有机械使用，而土地零碎化程度则明显抑制农户选择农机外包。就农户类型来说，村庄所处地形显著制约低务工户的机械化水平，在技术密集型环节，机械作业质量对农业产量的影响尤为关键，在地形条件较差的条件下采用机械无法有效实现投资向收益的有序转化，因而低务工户更愿意在地形较差的地块上选择传统生产方式来维持农业收入稳定。对中务工户而言，村中是否有农民合作组织是其选择农机外包的显著影响因素，相对于村中没有农民合作组织的农户，有合作组织选择农机外包的比重提升 17.42%。可能的原因是技术密集型环节农机外包存在较高道德风险，而农民合作组织具备专业性特征，能够有效降低农机外包中的风险，为农户提供有力保障，因而促使农户选择农机外包。与劳动密集型环节相仿，播种面积对高务工户自购农机和选择外包服务均具有显著促进作用。一方面，播种面积增加带来的购置农机单位成本降低，促使农户购买农机进行生产；另一方面，技术密集型环节对时间要求较为零散，对高务工户而言，技术密集型环节生产方式选择不仅取决于传统成本收益之间的差异，更受制于时空差异带来的务工机会成本变化，购买外包服务则是打破时空隔阂的有效方式。因此播种面积的增加同时促进了自有机械和外包服务的使用。

表 5－9　　　　　　　　外出务工户在技术密集型环节的行为选择

指标	自购			外包		
	(13) LMF	(14) MMF	(15) HMF	(16) LMF	(17) MMF	(18) HMF
户主年龄	－0.074 （－0.083）	－0.173 （0.111）	－0.105 （－0.064）	－0.008 （0.119）	0.281* （0.166）	－0.008 （0.144）
户主性别	4.179 （3.574）	5.079 （4.519）	－0.071 （2.426）	－6.376 （5.131）	－3.818 （6.769）	－3.668 （5.469）
户主受教育年限	0.087 （0.253）	－0.289 （0.337）	0.322 （0.234）	0.400 （0.363）	0.322 （0.505）	0.286 （0.527）
播种面积	0.165** （－0.065）	0.659*** （0.196）	0.659*** （0.195）	0.096 （－0.093）	－0.001 （0.294）	0.773* （0.440）
土地零碎化程度	－0.222 （0.354）	－1.774*** （0.499）	－0.773** （0.374）	－3.586*** （0.509）	－3.894*** （0.748）	－4.155*** （0.843）
村中是否有村民合作组织	3.724 （3.006）	－2.825 （3.760）	－0.875 （2.436）	－3.120 （4.314）	17.42*** （5.632）	5.989 （5.491）

续表

指标	自购			外包		
	（13） LMF	（14） MMF	（15） HMF	（16） LMF	（17） MMF	（18） HMF
村民互助频率	1.899 （1.368）	−0.294 （1.696）	0.266 （1.102）	1.975 （1.963）	−0.801 （2.541）	−4.136* （2.484）
村庄所处地形	−8.052** （3.417）	−1.756 （4.413）	−0.195 （1.739）	−15.32*** （4.904）	−9.612 （6.610）	−10.04** （3.921）
村庄交通条件	−0.371 （0.873）	−1.595 （1.151）	0.122 （0.808）	4.109*** （1.253）	1.455 （1.723）	3.367* （1.822）
常数项	7.018 （6.878）	20.42** （9.000）	5.395 （5.397）	34.14*** （9.872）	25.80* （13.48）	35.20*** （12.17）
观测值	1154	695	717	1154	695	717
拟合度	0.019	0.035	0.028	0.077	0.082	0.079

注：*、**和***分别表示10%、5%和1%的显著性水平，括号中数值为稳健标准误。

本节基于自购农机与外购服务的视角，以家庭劳动力外出打工为切入点，剖析了不同务工农户农机使用方式的选择行为，得到如下研究结果与启示。第一，农户家庭劳动力配置呈现"半农半工"特征，农户家庭倾向于将播种等劳动密集型农机作业环节外包，而对施肥等技术密集型作业主要采取自购机械的自我服务方式。第二，外出务工收入对农户机械化道路选择具有重要影响，在劳动密集型环节体现在自有机械和农机外包的明显替代关系，且随外出务工收入增加农户更愿意选择农机外包而降低自有机械使用，农户家庭打工收入比重每提高1%，其选择自购机械比重将降低4.85%，而采用农机外包比重则提高7.69%；但在技术密集型环节，高务工收入对农户农机使用方式选择具有显著抑制作用，农户家庭打工收入比重每提高1%，其选择自购机械和农机外包比重分别下降5.43%和6.74%。第三，不同类型务工农户在各环节农机使用方式选择上均较大程度受制于土地规模化的影响，在劳动密集型环节土地规模对农户选择外购服务与自购机械存在较强替代效应，而在技术密集型环节，低、中务工户农机选择的替代效应不显著，高务工户则表现出互补效应。此外，村民互助频率能够显著促进低务工户在劳动密集型环节选择外包服务，农民合作组织则对中务工户在技术密集型环节选择农机外包具有有效推动作用。

第6章 土地－劳动－生态资源联立约束下农户服务外包选择行为

第 4 章和第 5 章分别从土地和劳动资源约束视角分析了农户服务外包选择的主动行为，对于生态约束，农户较少有主动改善行为，但因土地和劳动约束而选择服务外包的行为会改善生态环境，如统一施肥施药、深耕农田等的外包服务会改善农业生态。农业生产环节服务外包改善了农业生态环境，反过来会引致受生态约束的农户采取外包服务。因此，农户生态约束是与土地和劳动资源要素联立而呈现出来的特征。基于此，本章拟从土地－劳动－生态联立视角，研究三重资源不同程度的约束下，各类农户服务外包选择的差异，进而分析其内在机理及影响因素。

6.1 农户三重资源约束程度：微观视角

本章先提出黄淮海平原农户受土地、劳动及生态资源约束的判定准则，然后通过熵值法测算农户三重资源的得分，并按其分布状况将农户受资源约束的程度划分为高约束、中约束及低约束三类。

6.1.1 判定准则

土地经营规模是影响农户生产环节服务外包的重要因素。当土地流转不畅时，土地经营规模取决于承包地的块均面积与地块数量，地块的多少反映土地分散程度。已有研究表明，在劳动力机会成本较高的地区，土地零碎度显著制约农户种粮收益，也是影响农户服务外包选择的重要因素（Hua Lu et al., 2018）。据此，本文将农户承包地的块均面积作为土地资源约束指标。全国农村固定观察点农户调查数据显示，2012 年河南省户均地块面积为 2.6 亩，最小不低于 1.5 亩（纪月清等，2014）。根据这一事实，结合样本农户户均承包地地块面积的核密度估计曲线（见图 6 - 1），曲线主峰高度在 3.5 亩时达到最高，约有 50% 的农户承包地的块均面积在 1.5 ~ 3.5 亩。在此，将农户承包地的块均面积在 1.5 亩及其以下的农户划分为土地资源的高约束户，3.5 亩以上的农户划分为低约束户，1.5 ~ 3.5 亩的农户为中约束户。

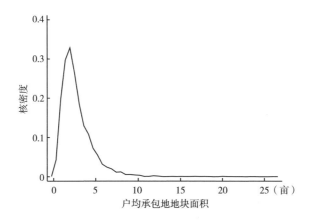

图 6 - 1   农户户均地块面积的核密度曲线

资料来源：1.2.2 中第一部分描述的数据。

农户家庭劳动力资源禀赋约束也是影响其农业生产性服务外包行为的重要因素。通常情况下，受教育程度既会影响农户对机械服务等新技术的接纳程度，又会作用于其家庭中的兼业化程度（翁贞林等，2017；杨唯一，2015）。与此同时，在农户家庭劳动力数量既定条件下，增加劳务收入的非农就业将使其农业生产面临更高的劳动力资源约束，由此更加倾向于生产性服务外包。在此，选取户主受教育程度和劳务收入占家庭总收入比两个指标来衡量农户家庭劳动力资源约束程度。对于户主受教育程度指标，将其受教育年限在 6 年及以下视为劳动力资源高约束，6 ~ 9 年视为中约束，9 年以上视为低约束；对于农户劳务收入指标，从样本农户劳务收入占比的核密度曲线中的双峰形态发现（见图 6 - 2），家庭劳务收入占比以 10% 和 40% 为界限呈现梯度效应。同时，鉴于该指标与农户兼业化经营程度的强关联，参照廖洪乐（2022）在农户兼业化程度研究中对于农业收入占比为 20% 和 50% 的分界标志值，本文将家庭劳务收入占家庭总收入 10% 及以下的划分为劳动力资源低约束户，10%～40% 的为中约束户，大于 40% 的为高约束户。综合归类，将农户户主受教育年限低于 6 年且家庭劳务收入占比高于 40% 的农户，划分为综合劳动力资源高约束户，户主受教育年限在 6～9 年且家庭劳务收入占比处于 10%～40% 的为中约束户，其他情况为低约束户。

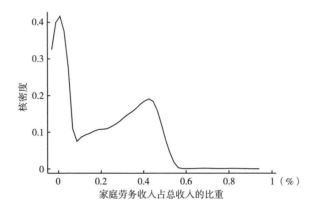

图 6-2　农户家庭劳务收入占比核密度曲线

资料来源：1.2.2 中第一部分描述的数据。

农户因土地与劳动力资源约束而选择服务外包，是其主动应对家庭要素资源约束的理性行为表现，该行为一定程度上可改善农业生态环境，诸如社会化服务提供的统一施肥施药、水肥一体化以及深耕农田等作业项目，有效促进了农业绿色生产。农田土壤肥力不仅影响粮食产量，更直接关系到农业生态系统中的水循环和有机物含量（Haiqiang Li et al.，2021），故此将农户农田土壤肥力作为其生态资源约束的表征指标。对于面临生态约束（如土壤酸化、板结等）的农户，选择服务外包同样是一种理性行为。鉴于土壤肥力会受地权稳定性及土地流转的影响（张倩月等，2019），本文综合考虑承包地和转入地的情况，依据地块面积以算术加权平均方法，测算农户所经营地块的均衡土壤肥力，以此来判定农户生态资源约束程度。根据样本农户对不同地块土壤肥力的主观感知，将其划分为 1～5

级，分别为很差、较差、一般、较好和很好。据此加权测算得到农户土壤肥力级数，将 2 级以下划定为生态资源高约束户，2~3 级的为中约束户，3~5 级的为低约束户。

6.1.2　程度划分

根据上述判定准则，采用熵值法和 K 均值聚类法将农户三重资源约束程度划分为高、中、低三类，根据以下步骤测算相应指标的权重与得分，如表 6 - 1 所示，具体分为三步。首先，通过三级指标数据核算出二级指标，并对二级指标分类。土地与生态资源分别通过承包地块均面积、均衡土壤肥力的约束区间划分出高、中、低约束三类，分别赋值 1、2、3。劳动力资源通过熵值法对农场主受教育程度和家庭劳务收入占比进行核算，其中家庭劳务收入占比以 0.1 和 0.4 为界限划分出低、中、高约束，分别赋值 3、2、1，受教育年限以 6、9 为界限划分为高、中、低约束，分别赋值 1、2、3，对两个指标进行正向标准化处理和得分计算，得到代表劳动力资源水平的得分。通过 K 均值聚类分析该得分，将 0.21 和 0.58 作为划分劳动力资源高、中、低约束的界限，将高、中、低三类农户分别赋值 1、2、3。其次，对一级指标数据进行标准化。相对于三重资源而言，所有一级指标均为正向指标，一级指标取值越大，农户的土地、劳动力及生态资源越丰富，故采取正向标准化 $T_{ij} = [T_{ij} - \min(x_{ij})]/[\max(x_{ij}) - \min(x_{ij})]$ 处理。最后，分别计算一级指标的特征值比重及信息熵，土地、劳动力和生态资源指标的特征比重，即 $f_{ij} = x_{ij}/\sum_{i=1}^{n} x_{ij}$，信息熵为 $H_j = -k \sum_{i=1}^{n} f_{ij}\ln(f_{ij})$，其中 $k = 1/\ln(n)$，从而得出土地、劳动力及生态资源的差异系数与权重。第 j 项指标的差异系数为 $G_j = 1 - H_j$（$j = 1, 2, 3$），权重系数为 $W_j = G_j/\sum_{i=1}^{m} G_j$。

三重资源得分水平是对农户三重资源丰富程度的衡量。在 K 均值对其得分进行聚类分析的基础上，将类数设为 3，聚类结果中 1 类的均值为 0.31，2 类的最大值不超过 0.66，结合三重资源得分水平的核密度分布节点，选取 0.33 和 0.66 为划分其约束度的临界点，即得分在（0，0.33] 内的农户划为三重资源高约束户，赋值 1；（0.33，0.66] 内划分为中约束户，赋值2；0.66 以上划分为低约束户，赋值3。为行文方便，将上述对农户三重资源约束程度划分的三类农户，在下文表述中分别简称为高约束户、中约束户和低约束户。

表6–1   农户三重资源约束指标及权重

一级指标	二级指标	三级指标	约束区间	权重
土地资源	承包地块均面积	农户总承包地面积 农户承包地块数	(0, 1.5]	0.338
			(1.5, 3.5]	
			(3.5, 12]	
劳动力资源	受教育程度	受教育年限	[0, 6]	0.331
			(6, 9]	
			(9, 18]	
	家庭劳务收入占比	外出打工收入 本地打工收入 农户家庭总收入	[0, 0.1]	
			(0.1, 0.4]	
			(0.4, 1]	
生态资源	均衡土壤肥力	农户各块承包地土壤 肥力农户承包地块数	(0, 2]	0.331
			(2, 3]	
			(3, 5]	

6.2   不同约束程度下农户服务外包选择

6.2.1   分环节的外包选择

从表6–2 可以看出，三类农户在整地、播种和收割3 个劳动密集环节的外包选择占比和外包率都超过60%，这可能与该生产环节有较高的分工效率和发育良好的外包市场有一定的关系（钟真，2021；杨进等，2019）。同时观察到，随着农户受三重资源约束程度的增强，整地和收割环节的机械外包率在降低。

表6-2　　　　　　不同约束程度下农户各环节机械服务外包情况

约束程度	样本农户（户）	环节	外包农户占比（%）	平均外包率（%）
高约束	1441	整地	80.43	85.31
		播种	64.89	76.39
		施肥	26.58	57.93
		喷药	9.37	6.89
		收割	81.54	95.64
		烘干	7.22	3.85
中约束	2081	整地	83.66	85.36
		播种	72.03	77.73
		施肥	38.25	67.16
		喷药	12.69	15.23
		收割	85.01	95.61
		烘干	8.12	1.83
低约束	464	整地	81.25	81.57
		播种	67.67	72.28
		施肥	44.83	63.71
		喷药	15.52	14.1
		收割	79.96	91.35
		烘干	8.41	2.56

资料来源：1.2.2 中第一部分描述的数据。

相比之下，三类农户在施肥和喷药 2 个技术密集型环节的机械外包情况有较大差距，而在烘干环节选择外包农户及外包率均较低。在这 3 个环节，随着农户三重资源约束程度的放松，选择机械外包的农户占比及外包率逐渐提高，其中高约束类农户中选择机械外包的总量和外包率均低于其余两类农户。

6.2.2　分供给主体的外包选择

从表6-3可以看出，农户选择外包服务主体呈现出一定的差异性。总体上，一般农户、本镇专业服务队及本省县外专业服务队是农户选择外包服务的重要主体，其中有接近50%的农户选择一般农户而非专业服务队或合作社来提供外包服务，这一现象在不同环节基本一致。

表6-3　　　不同约束程度下农户不同外包服务主体环节分布状况　　　单位:%

约束度	服务供给主体	整地	播种	施肥	喷药	收割
高约束	一般农户	46.55	46.19	38.3	18.75	40.99
	合作社	0.75	0.92	0.85	0	0.58
	本镇专业服务队（组）	22.11	21.13	24.26	6.25	20.58
	本省县外专业服务队（组）	19.59	19.82	27.23	31.25	23.06
	外地专业服务队（组）	10.35	10.37	11.49	12.5	15.04
中约束	一般农户	49.78	50.37	43.49	49.02	45.26
	合作社	0.64	0.82	0.73	3.92	0.73
	本镇专业服务队（组）	25.02	24.61	26.06	17.65	23.87
	本省县外专业服务队（组）	19.73	19.93	27.71	11.76	21.67
	外地专业服务队（组）	10.63	10.42	15.11	19.61	14.62
低约束	一般农户	49.39	48.32	41.73	30.77	43.89
	合作社	0.61	0.84	0.72	7.69	0.83
	本镇专业服务队（组）	26.07	29.41	30.94	38.46	22.22
	本省县外专业服务队（组）	24.85	23.95	27.34	23.08	26.94
	外地专业服务队（组）	12.58	11.34	12.11	0	16.94

资料来源：1.2.2中第一部分描述的数据。

从不同类农户看，中约束类农户较高低两类农户更容易选择一般农户提供外包服务。随着约束程度的放松，农户更倾向于选择本镇或外县的专业服务队提供机械作业外包。在选择专业服务队时，三类农户均会考虑地理因素将服务主体尽量限制在本省内，优先考虑本镇内的服务队，省外的服务队占比较少，且在不同环节表现出类似的趋势。这在一定程度上表明，农户对本地区的外包服务组织更加信任，内生型的社会化服务组织市场发展空间更大。

6.3　三重资源约束对农户服务外包选择的影响

6.3.1　研究假说

中国是农业大国，更是小农大国（罗必良，2020）。现阶段，普通农户仍是保障国家粮食安全的重要主体，在中国农村地区，特别是粮食主产区，普遍存在土地流转不畅、劳动力非农转移、务农劳动力弱质以及水肥药等资源要素粗放化利用现象，导致营粮低效益与高成本、高污染并存，粮食生产方式亟待现代化转型。农户兼业经营以及农地多功能承载的基本农情，决定了土地集中型规模经营的约束性与渐进性。以此为契机，根植于乡土社会的农业服务衍生出了多种具有地方适应性的服务模式，为普通农户融入现代粮食生产方式提供了可行选择。

农户粮食生产面临多重资源要素约束，农业社会化服务可为之提供新出路及新方案。农户服务外包是在不断地纠错学习和环境变化中作出的调适性选择，而不是外包与否问题上的一次性决定（Lacity et al.，1996）。随着农业服务市场的发育成熟，加之人工务农成本的攀升，农机服务外包逐渐被大多农户所接受，引致农户层面资源要素配置方式的转变。由此，农户农机服务外包行为选择趋向差异化。粮食生产环节服务外包能够提高农户农业生产效率，缓解农业土地细碎、劳动力老龄化和弱质化的困境（纪月清等，2014；Hua Lu et al.，2018；芦千文，2019；李佳芳等，2022）。已有研究表明，农户服务外包行为选择受其家庭劳动力、土地资源及自有机械量、市场需求与价格、经营规模、交易环节特性以及农业政策与制度环境等诸多因素的影响（翁贞林等，2017；周力，2021；王志刚等，2011；Haiqiang Li et al.，2021）。但鲜有将土地、劳动与生态三重约束性资源联立，综合考量农户生产性服务外包的理性抉择。基于此，在上述构建"三重资源约束度"衡量准则与程度标准基础上，先厘清农户三重资源约束异质条件下的服务外包选择行为及影响因素，并剖析农户资源禀赋、自有机械服务与服务外包行为选择的作用关系，进而提出相关研究假设。

1. 三重资源约束对农户农机服务外包选择行为的影响

农户家庭的土地、劳动力及生态资源共同影响其农机服务外包选择，但三种资源对其服务外包行为的影响方式存在差异。上述分析中，采用承包地块均面积衡量土地细碎化程度，以此来反映农户土地资源的约束状况。通常，户均地块面积越小，农户选择农机作业服务的成本就越大（谭朝阳等，2017），其使用农机服务外包完成生产环节作业的数量越少。当面临土地资源约束时，相较于低约束户，中、高约束下的农户选择农机服务外包的概率较低。对于家庭劳动力资源，户主受教育程度通过影响农户对农业机械技术的熟悉程度，进而正向影响其对农机服务外包的接纳度（杨唯一，2015）；与此同时，规模经营户服务外包具有低成本优势，在生产环节中采取农机服务外包的可能性往往较大。关于服务外包对耕地质量等生态资源约束的缓解作用已被证实，农业生产中采取机械统一耕种收、施肥药等社会化服务能够有效降低务农成本，提高种粮收益（杨高第等，2022），这会驱使受生态资源约束程度高的农户倾向于选择农机服务外包。而对于均衡土壤肥力较高的低生态资源约束农户来说，机械服务外包同样能够带来节本增收效应，由此提升其使用农机服务外包的概率。

事实上，农户农机服务外包是其资源环境约束条件下的理性抉择。结合农户土地、劳动力与生态资源对其农机服务外包影响的判断，可做出如下推定：随着农户三重资源约束程度的降低，在土地、劳动力及生态资源方面禀赋水平较高的家庭基于对粮食作物经营成本（考虑机会成本）与经营收益的权衡，更加倾向于在多生产环节使用农机服务外包来实现家庭经济收入的最大化，由此导致高、中、低三类约束户农机服务外包选择行为趋异。由于农业各生产环节中劳动和技术匹配存在差异性，农户会依据家庭土地、劳动力和生态资源的禀赋状况，理性决定在各环节选择农机服务外包的频次，进而汇集为总农机服务外包水平。由此，提出以下假设。

H6－1：农户三重资源约束程度会影响其农机服务外包选择行为。

H6－2：农户在不同生产环节的农机服务外包选择行为，受其三重资源约束程度的影响而呈现差异。

2. 三重资源约束下农户自有机械对其农机服务外包行为的影响

除家庭要素资源外，农户农机服务外包选择行为也会受到自有机械服务的影响。当农机服务需求既定时，农户将面临自有机械服务与外包服务的双重选择，如在不同环节对两种服务的单一选择或组合选择。农户行为选择中可能存在替代与互补关系（林坚等，2013），若农户对农机服务外包的需求随着自有机械服务需求的增加而增加，即两者间存在互补关系。反之，若农户对农机服务外包的需求随着自有机械服务需求的增加而减少，两者间即存在替代关系。

相较于自有机械服务，农机服务外包既有对生产环节中间服务的强替代性，又有低成本优势（仇童伟，2019）。受三重资源约束，有限理性的小农户要维持种粮收益的稳定性，追求货币收入最大化，就会最大程度避开自有机械的购置成本和风险，倾向于选择农机服务外包。此时，农户在使用自有机械服务与农机服务外包间存在着替代关系，据此提出假设3。随着三重资源约束程度的放松，对土地、劳动力和生态等资源高黏性的农业生产活动在农户家庭生产经营中的占比将加大，由此增进对农机服务外包和自有机械服务需求。在此情形下，农户会根据各生产环节作业本身的复杂性和不确定性，在服务外包中采取混合治理的策略（蔡荣等，2014）。在农机服务外包价格较高的生产环节，如喷药、施肥等技术密集型作业环节，农户，特别是低资源约束户，其自有机械服务的成本优势和便利性更为突出。而在农机服务外包市场发育较为成熟的劳动密集型环节，低资源约束户的农机服务外包需求也会随之激发。因此，低约束户并非会绝对地用农机服务外包替代自有机械服务，而会呈现出自有机械服务与外包服务相结合的生产方式。由此，提出以下假设。

H6－3：面临三重资源约束时，农户在选择自有农机服务与农机服务外包之间存在替代关系。

H6－4：随着农户三重资源约束程度的放松，自有机械服务与外包农机服务间的呈现互补关系。

6.3.2 变量选择与模型设定

1. 样本特征

依根据上述对农户三重资源约束程度的划分，仍运用1.2.2中第一部分描述的数据，对样本中不同类型农户的基本特征进行统计分析。从表6－4

可以看出，三重资源约束下农户分布呈现不均等态势，中约束户占一半，其次是高约束户和低约束户。不同类型农户土地资源禀赋不同，高约束户土地零碎度最高，户均承包地块数量达到 4.16 块，户均承包地面积仅为 6.89 亩，且高约束户户均承包地块数分别比中、低约束户高出 0.93 块和 1.30 块。在地力肥沃程度上，高中低约束户的梯度降低趋势不太明显。在农户家庭劳动力层面，户主通常会综合权衡家庭劳动力机会成本，理性配置农内与农外工作时间，高约束户户均外出务工收入占比最高，分别比中、低约束户高出 8% 和 15%。

表 6 - 4　　　　　　　　　不同约束类农户的特征分布

约束程度		高约束	中约束	低约束
农户占比（%）		36.15	52.21	11.64
户均地块数（块）		4.16	3.23	2.86
户均承包地面积（亩）		6.89	8.49	11.40
户主平均受教育年限（年）		5.15	6.92	8.98
户均劳务收入占比（%）		25.05	16.86	9.63
户均土壤均衡肥力（级）		2.38	3.00	3.57
自有机械作业量占总机械作业量比（%）		32.56	37.70	50.56
外包农户占比（%）	整地	80.43	83.66	81.25
	播种	64.89	72.03	67.67
	施肥	26.58	38.25	44.83
	收割	81.54	85.01	79.96

资料来源：1.2.2 中第一部分描述的数据。

对于不同三重资源约束程度的农户，其在各环节的外包选择呈现差异，收割和整地环节外包的农户占比最高。在高约束户中，有 943 户选择在收割环节采纳农机服务外包，占 81.54%，比整地和播种环节分别多出 1.11%、16.65%，远高于施肥环节外包的农户占比。在中约束户中，收割、整地和播种环节外包的农户比例均超过 70%，而施肥环节的外包农户占比均不到 40%。在低约束户中，施肥环节外包的农户占比超 40%，高于其他两类农户。同时，三重资源约束下农户使用自有机械服务的情况也不同，低约束户使用自有机械服务完成的作业量在总机械作业量的占比达到 50.56%，比中约束户和高约束分别多出 12.86%、18%。

2. 变量选择

本节主要分析农户三重资源约束程度对其农机服务外包行为的影响。参考蔡荣等（2014）和吴昭雄（2013）对于农机服务外包水平的研究，选取农户的整体农机服务外包率和整地、播种、施肥及收割 4 个环节的农机服务外包率作为被解释变量，其中某环节农机服务外包率由该环节服务外包农机作业量占总农机（自有农机 + 外包农机）作业量的比例来表示，其中农户整体农机服务外包率使用整地、播种、施肥、喷药和收割 5 个环节农机服务外包率的算术平均值。由于喷药环节选择服务外包的农户样本量较少，故在单环节分析中舍去该环节。

核心解释变量为农户三重资源约束程度，即高、中、低约束户，依次赋值 1、2、3。在对农户资源约束异质性分类中，使用了户均承包地块数、户均承包地面积、户主平均受教育年限、户均劳务收入占比、户均承包地土壤均衡肥力等变量，因而在控制变量中不再考虑这些指标。控制变量设置为农户家庭情况、区位情况及农机社会化服务市场成熟度，变量基本特征如表 6 - 5 所示。其中，家庭情况包括户主年龄、劳动力数量和人均务工月收入；区位情况包括交通条件、地形类型及承包地与住宅间平均距离；农机社会化服务市场成熟度包括农机服务外包价格与农户获得农机社会化服务难易程度，选择这两个指标主要是考虑到农户在各生产环节获取农机服务外包的价格直接影响着服务外包使用水平（段培，2018），用 5 个环节农机服务外包的亩均价格之和表示整体农机服务外包的亩均价格，用 5 个环节农机服务可获得度之和表示整体获取农机服务的难易程度。

表 6 - 5　　　　　　　　　变量定义及描述性统计

变量	含义与赋值	均值	标准差
被解释变量			
整体农机服务外包率	5 个环节农机服务作业量占总作业量比例	0.472	0.267
整地农机服务外包率	整地外包农机作业量占该环节作业量比例	0.855	0.343
播种农机服务外包率	播种外包农机作业量占该环节作业量比例	0.767	0.419
施肥农机服务外包率	施肥外包农机作业量占该环节作业量比例	0.640	0.476

变量	含义与赋值	均值	标准差
收割农机服务外包率	收割外包农机作业量占该环节作业量比例	0.954	0.204
核心解释变量			
三重资源约束程度	高约束=1；中约束=2；低约束=3	1.742	0.640
自有机械服务率	自有机械作业量占总作业量比例	0.372	0.858
控制变量			
年龄	户主实际年龄（岁）	40.44	13.804
劳动力数量	家庭中15~64岁的人数	2.214	1.021
务工收入水平	人均务工月收入取对数（元）	7.915	0.795
交通条件	很差=1；较差=2；一般=3；较好=4；很好=5	3.119	0.973
地形类型	山区=1；丘陵=2；平原=3	2.879	0.347
承包地与住宅间距离	各块承包地与住宅间平均距离取对数（米）	6.125	0.772
农机服务外包价格水平	每亩农机服务外包价格（元）	4.810	0.453
获取农机服务难易程度	农户在各环节是否容易获得农业社会化服务：较难=0；一般=1；容易=2	4.402	2.686

资料来源：1.2.2中第一部分描述的数据。

3. 模型设置

（1）Tobit模型设置。通过对整体农机服务外包率统计分析，发现该变量约有17.61%的值分布在0右侧，约有0.08%的值分布在1左侧，即左侧归并点为0。因此，采用Tobit模型回归分析农户的整体农机服务外包率，具体如下：

$$y_{1i}^* = \sum_{i=1}^{k} x_{1i}\beta_i + \mu_{1i} \qquad (6-1)$$

$$y_{1i} = \begin{cases} 0 & if\ y_{1i}^* \leqslant 0 \\ y_{1i}^* & if\ y_{1i}^* > 0 \end{cases} \qquad (6-2)$$

$$y_{2i}^* = \sum_{i=1}^{k} x_{2i}\beta_i + \mu_{2i} \qquad (6-3)$$

$$y_{2i} = \begin{cases} 0 & if\ y_{1i}^* \leqslant 0 \\ y_{2i}^* & if\ 0 < y_{1i}^* < 1 \\ 1 & if\ y_{1i}^* = 1 \end{cases} \qquad (6-4)$$

其中，y_{1i}^* 表示单个环节的农机服务外包率，处于 $[0,1]$；y_{2i}^* 表示农户整体农机服务外包率，当 $y_{1i}^* > 0$ 时，可以观测到 y_{2i}^*，当农户在 5 个生产环节中任一环节采用服务外包时，即可观测到农户的服务外包水平。

由于施肥环节外包率的观测值多聚集在 0 附近，整地、播种和收割环节外包率的观测值多聚集在 1 附近，分别选取左归并点 0 或右归并点 1 的 Tobit 模型对 4 个生产环节的农机服务外包率回归分析。在分环节的回归模型中，控制变量农机服务外包价格选取每个环节农户使用农机服务外包的亩均价格，获取农机服务的难易程度亦为各环节农户获取农机服务的难易程度，其余控制变量与解释变量未发生变化。

（2）OLS 回归模型设置。由假设分析可知，三重资源约束程度对农户整体农机服务外包率产生的影响会因其自有机械服务率而呈现差异。因此，在验证农户三重资源约束程度对整体农机服务外包率存在影响的基础上，引入其自有机械服务率，分析三重资源异质性下农户自有机械服务率对其整体农机服务外包率产生的调节效应。具体通过在 OLS 回归中加入农户的"三重资源约束程度"与"自有机械服务率"的交互项来实现，模型如下：

$$y = \propto_0 + \propto_1 x_1 + \propto_2 x_2 + \propto_3 x_1 x_2 + \sum_{m=1}^{n} \propto_4 N_{mi} + \mu \qquad (6-5)$$

为使交互项回归的主要系数有意义，回归前对交互项进行中心化处理。在该回归模型中，因变量仍为农户的整体农机服务外包率，x_1 与 x_2 分别为农户的三重资源约束程度及自有机械服务率，控制变量 N_{mi} 与上文一致。自有机械服务率是指农户在 5 个环节自有机械作业量占总机械作业量比值的算术平均数。

由于样本数据为截面数据，回归分析前采取 White 检验进行异方差检验，结果表明样本在 5% 的显著水平下存在异方差。因此使用加权最小二乘法中构造权重序列的方法化解异方差，以权重序列 $1/|e_i|$ 来保证同方差，具体过程如下：

$$y = \alpha_0 + \alpha_1 x_1 + \cdots + \alpha_k x_k + \mu \qquad (6-6)$$

$$var(\mu_i) = \delta_i^2 \approx e_i^2 \qquad\qquad (6-7)$$

$$var(u_i / |e_i|) = 1 \qquad\qquad (6-8)$$

6.3.3　结果分析与讨论

1. 三重资源约束对农户农机服务外包选择行为的影响

在 Tobit 模型回归前，采用方差膨胀因子进行共线性检验，各变量的方差膨胀因子（VIF）均值为 1.18，最大值为 1.35，变量多重共线性对回归系数的干扰程度很小，不影响模型中的回归系数。

从表 6-6 的回归结果看，农户三重资源约束程度在 1% 的统计水平上对整体农机服务外包率有正向影响。这一结果表明在控制变量不变的情况下，随着农户三重资源约束程度的放松，农户的整体农机服务外包率提高。因此，假设 H1 得以验证。从各环节农机服务外包率的回归结果中可以发现，农户三重资源约束程度在 5% 的统计水平上显著影响播种、施肥环节的农机服务外包率，但影响途径不同。借鉴陈哲（2021）对小麦生产环节的划分，从劳动密集型和技术密集型的角度来分析 4 个环节的回归结果。在属于劳动密集型的播种环节，三重资源约束程度的趋紧会提高播种环节农机服务外包率。这可能与小麦播种机械的低购置成本有关，低约束户在播种环节的自有机械服务率较高，而对于高约束户，服务外包的比较优势在劳动密集型的播种环节仍较为突出。在属于技术密集型的施肥环节，农户三重资源约束程度的放松能够有效带动该环节农机服务外包率提高，其中低约束户在该环节的农机服务外包率较高。可能的原因是技术密集型环节较高的服务外包价格挤出了高约束农户的服务外包需求，较高机械购置成本迫使低约束户使用施肥服务外包。在整地和收割两个劳动密集型环节，农户三重资源约束度尚未表现出对农机服务外包率的影响，可以归因于机耕机收的高覆盖率。结合各环节外包农户数量占比和服务外包价格，发现农户在整地和收割环节的外包服务率可达80%及以上，几乎不受三重资源约束的影响。由此，假设 H2 得到验证。

在控制变量中，地形、交通条件、农机服务外包价格及获取农机服务难易程度均显著正向影响三重资源约束下农户的整体农机服务外包率。值得注意的是，亩均农机服务外包价格的增长带动了农户整体农机服务外包率、整地和收割环节服务外包率上涨，却使得播种环节农机服务外包率下降。可能的原因是：第一，目前农机作业服务外包市场整体上处于供给方占主导地位，外包服务价格存在垄断现象（洪炜杰，2022），结合样本中农户在农机服务外包提供主体中占比超75%的事实，农机服务外包价格的正向系数应是针对服务外包提供方的农户；而农户在播种环节的农机服务外包需求量和机械采用量较大，农户有可能在播种环节的服务外包市场中占据较为主动的地位。

表 6-6　　　　　　　　　　　　Tobit 模型回归结果

变量	整体农机服务外包率	各环节农机服务外包率			
		整地	播种	施肥	收割
三重资源约束程度	0.014 *** (0.006)	-0.011 (0.097)	-0.368 ** (0.159)	0.018 ** (0.008)	-0.037 (0.148)
户主年龄	0.003 (0.002)	0.015 ** (0.006)	0.016 * (0.009)	-0.001 (0.001)	0.022 ** (0.009)
劳动力数量	0.004 (0.003)	-0.080 (0.064)	0.175 (0.109)	-0.005 (0.005)	0.101 (0.105)
务工收入水平	0.005 (0.004)	0.146 * (0.076)	0.187 * (0.112)	-0.005 (0.007)	-0.011 (0.120)
交通条件	0.011 *** (0.003)	0.221 *** (0.065)	0.433 *** (0.114)	-0.003 (0.006)	0.379 *** (0.101)
地形类型	0.045 *** (0.011)	-0.267 (0.218)	-0.298 (0.392)	-0.007 (0.028)	0.561 ** (0.269)
承包地距住宅平均距离	0.001 (0.004)	0.026 (0.079)	0.135 (0.118)	0.003 (0.006)	0.151 (0.118)
农机服务外包价格水平	0.130 *** (0.008)	0.296 ** (0.127)	-0.527 ** (0.219)	-0.020 ** (0.009)	0.675 ** (0.268)
获取农机服务难易程度	0.049 *** (0.004)	0.125 (0.111)	-0.074 (0.197)	0.012 (0.011)	0.088 (0.165)
常数项	-0.596 *** (0.312)	0.074 (1.134)	2.963 (1.838)	0.947 *** (0.109)	-2.976 * (1.768)

续表

变量	整体农机服务外包率	各环节农机服务外包率			
		整地	播种	施肥	收割
Log likelihood	839	−468	−291	79. 32	−370
Pro > chi2	0. 0000	0. 0000	0. 0000	0. 0000	0. 0000
LR chi2	1758. 44	33. 95	38. 37	65. 64	35. 46
Pseudo R²	0. 322	0. 04	0. 07	−0. 71	0. 05
样本量	3099	2578	1918	895	1892

注：*、**、***分别表示 P 值在 10%、5%、1% 水平上显著，括号内为标准误。

2. 三重资源约束下农户自有机械对其农机服务外包行为的影响

通过引入交互项对整体农机服务外包率进行回归分析发现（见表 6 - 7），农户自有机械服务率在 1% 的统计水平上负向影响整体农机服务外包率。具体表现为：在三重资源约束程度相同时，自有机械服务率的上升会引起农户整体农机服务外包率的下降。为进一步明确三重资源约束程度下农户自有机械服务率对其整体农机服务外包率的影响，在表 6 - 8 中给出自有机械服务率对整体农机服务外包率的平均边际效应。无论何种约束程度的农户，其自有机械服务率提高时，整体农机服务外包率都会下降，这一结果进一步验证了假设 H3。

表 6 - 7　　　　　　　　　　　　OLS 回归结果

变量	整体农机服务外包率
三重资源约束程度	0. 008 *** (0. 001)
自有机械服务率	−0. 253 *** (0. 002)
三重资源约束程度×自有机械服务率	0. 023 *** (0. 002)
户主年龄	0. 0001 *** (0. 0001)
劳动力数量	0. 003 *** (0. 001)

续表

变量	整体农机服务外包率
务工收入水平	−0.006 *** (0.001)
交通条件	0.001 (0.001)
地形类型	0.008 ** (0.004)
承包地距住宅平均距离	−0.003 *** (0.001)
农机服务外包价格水平	0.050 *** (0.003)
获取农机服务难易程度	0.009 *** (0.001)
常数项	0.677 *** (0.020)
Pseudo R^2	0.62
Root MSE	0.035
VIF Mean	1.88
样本量	2771

注：VIF 检验独立变量的多重共线性，包含交互项。* 、** 、*** 分别表示 P 值在 10%、5% 、1% 水平上显著，括号内为标准误。

表 6 - 8 　　　　　自有机械服务率对整体外包机械率的边际影响

约束程度	农户整体农机服务外包率	t 值
高约束 = 1	−0.239 ***	−29.31
中约束 = 2	−0.221 ***	−36.07
低约束 = 3	−0.202 ***	−21.31

注：* 、** 、*** 分别表示 P 值在 10% 、5% 、1% 水平上显著，括号内为标准误。

　　通过显著为正的交互项系数发现，随着三重资源约束程度的放松，自有机械服务率上升会提高整体农机服务外包率，自有机械服务与整体农机服务外包间呈互补关系，假设 H4 得到验证。在农户使用自有机械服务的情况下，即自有机械服务率大于 0 时，相较于中、高约束户，低约束户的自有机械服务率对其整体农机服务外包率的带动作用较大。结合样本数据，农户在施肥环节的自有机械服务率明显高于其他环节，其农机服务外包率低于其他环节，进一步佐证了假设部分对农户在劳动密集型和技术密集型环节机械服务外包使用情况的基本推断。

3. 稳健性检验

（1）Tobit 模型回归结果的稳健性检验。为了检验上述回归结果，拟采取补充变量法、替换变量法及子样本回归法。考虑到作物的耕种面积会影响农户作业服务使用情况（石志恒等，2022），为控制干扰变量，将农户的粮作播种面积作为解释变量加入 Tobit 模型中。首先选取 OLS 对增加变量后的模型进行基准回归分析，并且对照 OLS 和 Tobit 的回归结果。由表 6 – 9 中检验（1）所示，三重资源约束程度仍显著影响农户的整体农机服务外包率。

基于前文中对农户三重资源约束程度的测量及划分可能存在主观性，本书选取农户土地资源约束程度来表示农户三重资源约束程度。这一做法的主要原因有：该变量与农户三重资源约束程度高度相关，且与模型随机误差项不相关；该变量在农户三重资源约束度中权重较大。由表 6 – 9 中检验（2）所示，在 OLS 与 Tobit 回归下农户土地资源约束程度的估计系数均显著为正。另外，考虑到不同区域农户服务外包水平存在差异的情况，本文将农户整体农机服务外包率以 50% 为界限划分为两组，分别对两组农户做回归分析。从表 6 – 9 中检验（3）和检验（4）的结果来看，农户三重资源约束程度对其整体农机服务外包率的正向影响作用显著。

表 6 – 9 稳健性检验结果

检验	变量	OLS	Tobit
（1）	三重资源约束程度	0.079 *** (0.024)	0.061 *** (0.008)
	其他变量	控制	控制
	常数项	− 2.57 *** (0.258)	− 2.28 *** (0.096)
	样本量	3099	3099

续表

检验	变量	OLS	Tobit
（2）	土地资源约束程度	0.085 *** （0.022）	0.013 * （0.008）
	其他变量	控制	控制
	常数项	− 2.72 *** （0.256）	− 2.29 （0.094）
	样本量	3099	3099
（3）	三重资源约束程度	0.014 ** （0.006）	0.014 ** （0.007）
	其他变量	控制	控制
	常数项	0.100 * （0.053）	0.100 * （0.051）
	样本量	124	124
（4）	三重资源约束程度	0.051 *** （0.019）	0.331 ** （0.018）
	其他变量	控制	控制
	常数项	− 2.62 *** （0.019）	− 2.98 *** （0.169）
	样本量	2975	2975

注：* 、** 、*** 分别表示 P 值在 10% 、5% 、1% 水平上显著，括号内为标准误。

　　为检验整地、播种、施肥和收割环节的回归结果，选取前文的补充变量法，仍将农户的粮作播种面积放入整地、施肥和收割环节的回归模型中，结果如表 6 − 10 所示。在播种环节，考虑到农户粮作播种面积与该环节回归模型中变量的共线性问题，采用农户粮食收获面积作为补充变量。这 4 个环节的 OLS 模型均通过了 F 检验，Tobit 模型也通过了似然比检验。进一步通过检验结果发现，农户三重资源约束程度对整地和收割环节的农机服务外包率仍无显著影响；对播种环节的农机服务外包率存在显著的负向影响，对施肥环节农机服务外包率仍存在显著正向影响，与前文回归结果一致。

表 6 - 10 各环节稳健性检验结果

OLS	整地	播种	施肥	收割
三重资源约束程度	0.005 (0.005)	- 0.002 *** (0.001)	0.039 ** (0.019)	- 0.003 (0.006)
其他变量	控制	控制	控制	控制
常数项	0.026 ** (0.031)	0.969 *** (0.043)	0.788 *** (0.232)	1.010 (0.038)
三重资源约束程度	0.074 (0.087)	- 0.381 ** (0.151)	0.023 ** (0.007)	0.028 (0.204)
其他变量	控制	控制	控制	控制
常数项 Cons	1.560 * (0.830)	5.950 * (1.640)	0.962 *** (0.078)	5.670 (2.055)
观测值	2578	1918	895	1892

注：*、**、*** 分别表示 P 值在 10%、5%、1% 水平上显著，括号内为标准误。

（2）内生性检验。由于可能同时存在影响自有机械服务率和整体农机服务外包率的因素，使得随机误差项与解释变量之间存在相关关系，由此表现为含交互项模型的内生性问题（见表 6 - 11）。为准确判断三重资源约束下农户自有机械服务率对其整体农机服务外包率的影响路径，结合问卷数据的可得性，选取 "2011 年以来农户农业固定资产中农机具的投资总额（含拖拉机、收割机、脱粒机及喷洒设备等）" 作为农户自有机械服务率的工具变量。选取该指标的理由如下：一是该工具变量与农户的自有机械服务率相关，通常农户的农机具投资总额较高时，其自有机械服务率往往也会较高；二是该工具变量与模型中的随机误差项不直接相关，且农户农机具投资额在村庄层面的差距较大，较多地剔除掉了当期农户的相关信息，该变量相对外生于农户的整体农机服务外包率。由于异方差已在前文用权重序列解决，故本文采取工具变量的 2SLS 回归模型进行估计，并采用异方差稳健的 DWH 检验。从表 6 - 11 可以看出，DWH 检验的 P 值为 0.3097，不拒绝不存在内生变量的原假设，且交互项的系数依然显著大于零。因此，表 6 - 7 和表 6 - 8 中的回归结果可信度较高。

表6-11　　　　　　　　　　2SLS回归结果

变量	整体农机服务外包率
三重资源约束程度	0.010 * (0.006)
自有机械服务率	- 0.284 *** (0.045)
三重资源约束程度 × 自有机械服务率	0.026 *** (0.009)
户主年龄	- 0.001 (0.004)
劳动力数量	0.001 (0.003)
务工收入水平	- 0.009 * (0.005)
交通条件	0.001 (0.004)
地形类型	0.034 ** (0.015)
承包地距住宅平均距离	- 0.007 (0.005)
农机服务外包价格水平	0.034 (0.035)
获取农机服务难易程度	0.010 *** (0.003)
常数项	0.639 ***
Pro > chi	0.000
R^2	0.61
DWH Value（P value）	1.032 (0.3097)
样本量	2984

注：*、**、*** 分别表示 P 值在 10%、5%、1% 水平上显著，括号内为标准误。

综上，从资源约束异质性角度出发，采用 Tobit 模型和最小二乘法分析了农户三重资源约束程度对其农机服务外包率具有三个影响。第一，农户三重资源对其服务外包行为有约束作用，其农机服务外包水平会随着家庭中土地、劳动力及生态资源的丰富度的提高而提高。第二，对于已实现较高机械化水平的整地和收割环节，三重资源约束并不会对农户的服务外包行为产生影响。对于未实现普遍机械化的部分劳动密集型环节及技术密集型环节，农机服务外包可以显著缓解三重资源的约束作用。第三，在三重资源约束异质性下，农户在使用自有机械服务与外包农机服务时采用混合策略，两者间并不是绝对的替代或互补关系。

第7章　三重资源约束下农户服务外包选择效应

前面从不同角度分析了农户服务外包的选择行为，在此基础上，对农户选择服务外包产生的经济效应、社会效应和生态效应进行分析。

7.1　经济效应

农户在农业生产环节中选择服务外包，产生的经济效应主要体现在农户家庭收入和粮食作物单产等方面。由于农户生产环节外包与否存在自选择性和随机性，本章采用倾向得分匹配法（PSM）分析服务外包选择对农户收入和产量的影响。

7.1.1　模型与变量选择

倾向得分匹配法通过匹配对照组中具有相似特征的观察结果构建统计实验组，会使因果估计参数无偏。由于人工服务外包比例总体偏低，在此仅以机械服务外包来加以分析。其内在逻辑是，首先将农户按照某生产环节外包与否分为处理组（外包）和对照组（未外包），其次通过二元 Logit 模型估计农户选择服务外包的倾向得分，最后基于该倾向得分匹配两组中的农户，从而对比出农户在采纳服务外包行为前后的收入或单产差异。

农户采纳机械服务外包行为前后的收入和产量差异，是该采纳行为的平均处理效应，即 ATT 效应：

$$ATT = E(Outsource_1 \mid I_i = 1) - E(Outsource_0 \mid I_i = 1)$$
$$= E(Outsource_i^1 - Outsource_i^0 \mid I_i = 1) \tag{7-1}$$

式（7-1）中，$Outsource_0$ 与 $Outsource_1$ 分别代表同一农户在采取机械服务外包前后的收入和产量差异，虚拟变量 I_i 表示其是否采纳机械服务外包。由于难以观测 $E(Y_0 \mid I_i = 1)$，可将平均处理效应（ATE）作出如下变形：

$$ATE = E(Y_1 \mid I_i = 1) - E(Y_0 \mid I_i = 0) \tag{7-2}$$
$$ATE = \left[E(Y_1 \mid I_i = 1) - E(Y_0 \mid I_i = 1) \right] + \left[E(Y_0 \mid I_i = 1) - E(Y_0 \mid I_i = 0) \right] \tag{7-3}$$
$$ATE = ATT + E(Y_1 \mid I_i = 1) - E(Y_0 \mid I_i = 0) \tag{7-4}$$

考虑到农户在采纳机械服务外包行为的非随机性，I_i 也不独立于结果变量（Y_0，Y_1），具有某类特征的农户更容易采纳机械服务外包行为，即不能使用 $E(Y_1 \mid I_i = 0)$ 来表征 $E(Y_0 \mid I_i = 1)$。因此，需要估计农户在生产环节采纳机械服务外包的可能性，并以此为依据将农户划分为实验组和对照组。

考虑到农户选择农机服务外包的差异，且不完全外包的农户占比又极少的情况（见表 7-1），故将不完全外包的农户占比低于 50% 的记为无外包农户，高于 50% 的农户记为完全外包农户。

表 7-1　　　　　　　　各生产环节不同外包类型农户数量

农户类型	整地	播种	施肥	喷药	收割	烘干
缺失值（户）	815	1288	2628	3519	713	3678
无外包（户）	440	617	484	409	144	301
完全外包（户）	2732	2082	875	59	3130	8
不完全外包（户）	105	49	28	3	41	3
有效农户数量（户）	3172	2699	1359	468	3274	309
不完全外包农户占比（%）	3.31	1.82	2.06	0.64	1.25	0.97

经过上文对服务外包农户的分类，农户的外包选择就转变为一个二元变量。因此，选择二元 Logit 模型来衡量农户参与机械服务外包的可能性，即倾向得分，并将农户某环节的外包选择与否设为 $Outsource_i$，影响农户生产环节服务外包选择的各因素用 X_i 表示，μ 表示误差项。模型具体可表示为：

$$Outsource_i = \sum_{i=1}^{n} \beta_i \cdot X_i + \mu \qquad (7-5)$$

式（7-5）中：i 为农户编号，n 为影响农户服务外包的因素数量，β 为估计参数，X_i 是影响农户服务外包选择的第 i 个影响因素，具体影响因素见表 7-2 和表 7-3。在估计倾向得分后，PSM 会基于倾向得分的相近性匹配采纳机械服务外包的农户与不采纳的农户。在分析处理组农户的平均处理效应时，分别对比核匹配法（KBM）、半径匹配法（RM）和最近距离（NNM）三种匹配方法的结果，从而尽可能保持两组农户外部条件的一致，从而使对比具有实际意义。

根据粮作生产环节外包特性，分别选取劳动密集型的施肥环节和技术密集型的收割环节，对农户服务外包带来的经济效应进行分析。被解释变量选择农户家庭劳均总收入、劳均务工收入、劳均农业收入和小麦单产。为降低变量的异方差性，对以上 4 个变量取对数值作为模型的被解释变量，解释变量的选择如表 7-2 和表 7-3 所示。

表 7-2　　　　　　　　　农户施肥环节服务外包选择的变量特征

变量名称	变量定义及赋值	无外包组均值	外包组均值	差异
被解释变量				
ln 粮食单产	粮食单产（公斤/亩）	5.85	5.89	0.04
ln 劳均农业收入	劳均农业收入（元/年）	8.44	8.07	-0.37 ***
ln 劳均务工收入	劳均务工收入（元/年）	5.18	5.52	0.34
ln 劳均总收入	劳均总收入（元/年）	9.21	9.07	-0.14 **
解释变量				
是否外包	是 =1；否 =0	0	1	1 ***
年龄	农户实际年龄（岁）	54.23	56.05	1.82 **
家庭劳动力	家庭劳动力总数（人）	2.84	2.83	-0.01
小麦播种面积	小麦播种面积（亩）	11.19	8.65	-2.54 ***
总地块数	农户的地块总数（亩）	3.78	2.70	-1.08 ***
土壤肥力	很差 =1 较差 =2 一般 =3 较好 =4 很好 =5	2.82	2.86	0.03 ***

续表

变量名称	变量定义及赋值	无外包组均值	外包组均值	差异
村交通条件	所在村的交通条件，很差＝1；较差＝2；一般＝3；较好＝4；很好＝5	3.05	3.35	0.30 ***
家距县城距离	农户家庭距离县城的距离（千米）	23.30	17.96	−5.34 ***
金融贷款	是否从正规金融机构贷款，是＝1；否＝0	0.28	0.40	0.12
贷款难易	向正规机构贷款是否容易，是＝1；否＝0	0.12	0.17	0.05
小麦施肥环节服务外包价格	农户所在村该环节机械服务外包的平均价格（元/亩）	25.96	25.76	−0.20

注：*、**、*** 分别表示 P 值在10％、5％、1％水平上显著，括号内为标准误。

表7－3　　　　农户收割环节服务外包选择的变量特征

变量名称	变量定义及赋值	无外包组均值	外包组均值	差异
被解释变量				
ln 粮食单产	粮食单产（公斤/亩）	5.58	5.85	0.27 ***
ln 劳均农业收入	劳均农业收入（元/年）	8.51	7.99	−0.52 ***
ln 劳均务工收入	劳均务工收入（元/年）	5.13	5.73	0.60 *
ln 劳均总收入	劳均总收入（元/年）	9.30	9.09	−0.22 **
解释变量				
是否外包	是＝1；否＝0	0	1	1 ***
年龄	农户实际年龄（岁）	52.67	55.86	3.19 ***
家庭劳动力	家庭劳动力总数（人）	2.81	2.88	0.07
小麦播种面积	小麦播种面积（亩）	14.23	8.67	−5.56 ***
总地块数	农户的地块总数（亩）	4.72	3.61	−1.11 ***
土壤肥力	很差＝1 较差＝2 一般＝3 较好＝4 很好＝5	2.82	2.86	0.03
村交通条件	所在村的交通条件，很差＝1；较差＝2；一般＝3；较好＝4；很好＝5	2.86	3.14	0.28 ***

续表

变量名称	变量定义及赋值	无外包组均值	外包组均值	差异
家距县城距离	农户家庭距离县城的距离（千米）	25.83	21.40	-4.43***
金融贷款	是否从正规金融机构贷款，是=1；否=0	0.35	0.31	-0.04
贷款难易	向正规机构贷款是否容易，是=1；否=0	0.13	0.16	0.03
小麦收割环节服务外包价格	农户所在村该环节机械服务外包的平均价格（元/亩）	52.92	56.21	3.29***

注：*、**、***分别表示 P 值在 10%、5%、1%水平上显著，括号内为标准误。

7.1.2　平衡性检验

倾向得分匹配方法需要将处理组与对照组按照 PS 值进行匹配方可进行计算对比，故在分析结果之前需检验匹配效果，确保匹配的合理性。匹配后的两组取值应有共同的范围，以满足平行假设，即共同支撑。只有在此前提下，PSM 得到的平均处理效应才有对比价值。

图 7-1 和图 7-2 分别是按照农户施肥环节是否服务外包而进行分组的核密度图，可以看出，匹配前外包组与无外包组的取值范围差异明显，而匹配后两组取值范围差异减小，有较大部分重合，故匹配效果良好。

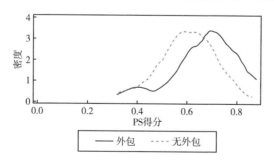

图 7-1　施肥外包组与未外包组匹配前核密度图

图 7-3 和图 7-4 分别是按照农户收割环节是否服务外包而进行分组的核密度图。匹配后，收割外包组与无外包组的取值范围差异明显缩小，表明匹配效果良好。

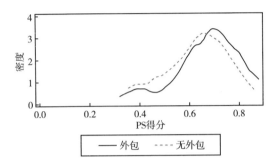

图 7 - 2　施肥外包组与未外包组匹配后核密度图

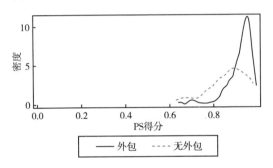

图 7 - 3　收割外包组与未外包组匹配前核密度图

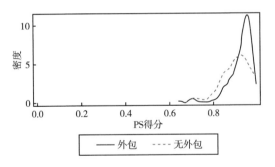

图 7 - 4　收割外包组与未外包组匹配后核密度图

7.1.3　结果分析与讨论

1. 施肥环节服务外包的经济效应

从表 7 - 4 的回归结果看，不同匹配方法得出的平均处理效应（ATT）基本接近，即施肥环节农户是否选择服务外包对其粮食单产和收入影响的方式和程度相同，说明模型具备稳健性。回归结果中，农户施肥环节的服务外包对粮食单产和劳均农业收入的影响不显著，但对劳均务工收入和劳均总收入有显著的正向影响。施肥环节的服务外包减少了外出务工农户返乡务农的机会成本，提升了家庭总收入。

表 7 – 4　　　　　　　　施肥环节服务外包的经济效应估计

经济效应指标	匹配方法	处理组	对照组	平均处理效应	t 值
ln 小麦单产	最小近邻匹配	58	34	0.19	0.88
	半径匹配	40	27	0.15	0.78
	核匹配	58	34	0.18	0.8
	均值	—	—	0.17	—
ln 劳均农业收入	最小近邻匹配	58	34	0.32	1.05
	半径匹配	40	27	0.42	1.28
	核匹配	58	34	0.24	0.82
	均值			0.33	
ln 劳均务工收入	最小近邻匹配	58	34	2.01 *	1.73
	半径匹配	40	27	2.25 *	1.92
	核匹配	58	34	1.82 *	1.77
	均值	—	—	2.03	—
ln 劳均总收入	最小近邻匹配	58	34	0.59 *	1.85
	半径匹配	40	27	0.40	1.26
	核匹配	58	34	0.55 *	1.98
	均值	—	—	0.51	—

注：＊、＊＊、＊＊＊分别表示 P 值在 10%、5%、1%水平上显著，括号内为标准误。

2. 收割环节服务外包的经济效应

从表 7 – 5 可以看出，收割环节服务外包经济效应模型的稳健性同样可以从各指标的平均处理效应（ATT）和显著水平基本接近而得到验证。

表7-5 收割环节服务外包的经济效应估计

经济效应指标	匹配方法	处理组	对照组	平均处理效应	t值
ln 小麦单产	最小近邻匹配	222	20	- 0.19 **	- 2.1
	半径匹配	151	19	- 0.21 **	- 2.11
	核匹配	221	20	- 0.18 **	- 2.03
	均值	—	—	- 0.20	—
ln 劳均农业收入	最小近邻匹配	222	20	- 0.87 **	- 2.83
	半径匹配	151	19	- 0.58 *	- 1.89
	核匹配	221	20	- 0.77 **	- 2.62
	均值	—	—	- 0.74	—
ln 劳均务工收入	最小近邻匹配	222	20	1.33	1.08
	半径匹配	151	19	0.37	0.29
	核匹配	221	20	1.18	1
	均值	—	—	0.96	—
ln 劳均收入	最小近邻匹配	222	20	- 0.23	- 0.79
	半径匹配	151	19	0.06	0.19
	核匹配	221	20	- 0.11	- 0.41
	均值	—	—	- 0.10	—

注: * 、 ** 、 *** 分别表示 P 值在 10%、5%、1% 水平上显著, 括号内为标准误。

结果显示, 农户收割环节的服务外包负向影响粮食单产和劳均农业收入, 且呈显著性。这一结果可能的原因是: 同一地区粮食收割季节相对集中, 一些农户错过了最佳收割时机, 导致谷物自然掉落减产; 或收割环节多使用大型机械而本身固有的损耗, 再加之因抢收赶种而未进行二次收割的不规整田块边角落的收成。选择自购小型机械的农户可能会有效避免类似情况的发生, 进而使得未选择服务外包农户的粮食单产和劳均农业收入高于外包户。

综上, 施肥环节服务外包显著正向影响农户家庭的劳均务工收入和劳均总收入。而收割环节服务外包对农户粮食单产和家庭劳均农业收入产生显著负向影响。作为经济效应受影响的最终结果, 收割环节服务外包节省了农户务工的机会成本, 因而并没有对其家庭劳均总收入造成负向影响。

7.2　生态效应

农户在生产经营过程中选择服务外包,可能会受到土地资源权属感知的影响,也可能会受到农户信任格局的影响,进而产生积极的农业生态效应,如促进农户耕地质量保护和农业绿色技术采纳等行为效应。

7.2.1　耕地保护效应

耕地保护作为一项基本国策,事关经济社会可持续发展的全局和国家粮食安全的根基。伴随中国工业化和城镇化的快速推进,国家提出要实行"最严格的耕地保护制度"、严守"18 亿亩耕地"红线,并制定了《耕地质量保护与提升行动方案》。在政策体系日趋完善、保护机制逐渐完善的情形下,耕地质量提升取得了一定的成效,但并不乐观。据 2019 年第三次全国国土调查结果显示:耕地数量恪守红线,保有量在 19.18 亿亩的水平,但其中优等耕地仅占 31.24% ,"重量轻质"倾向严重。保护与提升耕地质量,最终要落实到农户的生产行为中,而农地确权对农户土地权属感知的影响是否会引致农户对耕地质量保护的影响,这在逻辑上内洽于农户土地资源权属感知是否能产生积极的生态效应上。

农地确权是从契约关系到身份关系、从封闭形态到开放形态、从公共物品到准私人物品、从静态固化成员权到动态成员管理体系构建的深层变革(高强等,2019)。作为一项基础性的制度安排,农地确权强化了农户对耕地的排他能力、交易能力、谈判能力,增加农地的剩余索取权,盘活高效用地激励,减缓耕地抛荒(郑沃林等,2019),但由于受农户家庭风险认知与规避等偏好影响,其生产经营过程中基于"制度理性"的耕地保护行为并未完美显现(钟甫宁等,2009)。这在一定程度上也回应了上述农地确权对农户耕地保护行为影响分异的观点。

事实上,从法律意义上而言,农地确权在第一轮和第二轮农村土地承包期间已基本得到认可(Holden et al.,2009),特别是在二轮土地承包中,"增人不增地,减人不减地"的政策被写入法律。但实际上,很多地方的农户在农业生产经营中耕地都经历了大调整或小调整（钱忠好等，2016；郑志浩等，2017）。在此背景下，2008年中央一号文件首次提出了农村土地承包经营权登记制度，之后在2013中央一号文件中正式提出要到2018年底年基本完成农地确权登记颁证工作，2019年中央一号文件则强调要将确权证书发放到农户手中。新一轮农地确权政策与二轮延包政策相比，更加明确承包地的面积和四至边界位置以及农地经营权抵押贷款等诸多配套政策（李哲等，2018；徐志刚等，2021）。那么，在新一轮农地确权政策实施后，农地确权颁证是否提高了农户耕地保护行为的积极性；农户是否通过农地确权颁证增进了对耕地价值的感知，进而促进农户对耕地的更多保护？现有文献对这一命题的论证，时点多在新一轮确权之前或起步时，一定程度上影响了对新一轮农地确权政策实施效果的评估（徐志刚等，2021）。基于此，本节运用1.3.2中第一部分阐述的数据，将研究时点定位在新一轮农地确权政策实施后期，此阶段农户确权颁证工作尚未全部结束，颁证农户与未颁证农户对耕地价值感知可能存在偏差，这一时点的样本构成正契合本节研究的数据要求。

1. 理论分析与研究假设

耕地质量保护是一种生产性的投资行为，广义上的耕地质量保护包括耕地数量和耕地质量（刘淑云等，2021）。本研究中的农户耕地质量保护仅限于耕地质量，是指农户在农业生产过程中实施的有助于维持和提升耕地质量的投入行为，包括秸秆还田、种植绿肥、施用有机肥等提升土壤有机质的措施，以及提高土壤保水、保肥能力的投资等。

（1）确权颁证与耕地质量保护。自上而下推行的农地确权颁证是保护农户土地剩余控制权的有力背书（刘淑云等，2021），是影响农户对耕地保护性投资的重要决策因素（黄季焜等，2012；钱龙等，2021）。农地产权不稳定等同于向农户征收了随机税，难以避免耕地长期投资的外部化问题，一定程度上降低了农户的投资意愿与收益（李星光等，2019）。农地确权颁证稳定了地权，增加了农户的投资信心，降低了农地被随意调整和征用的风险（Bardhan et al.，2011），从而激发了农户对耕地质量的保护性投资（Deininger et al.，2005；Abdulai et al.，2011；Lovo，2016；黄季焜等，2012）；增强了农户对耕地利用和保护的理性行为，也降低了耕地利用外部性问题的发生（曹慧等，2019），有利于农户进行耕地的生态性保护（Deininger et al.，2005），如减少化肥施用、增加配方肥和有机肥的施用等行为。同时，农地确权赋予了农户耕地经营权抵押和担保权能，有助于形成农地交易市场，增强了地权可交易性和信贷可得性（周南等，2019），进而提升了农户对耕地质量的投入强度与水平（仇焕广等，2017卢华等，2021）。新一轮的农地确权颁证与第一轮农村土地承包期间出现的"五年一大调、三年一小调"频繁调整，以及第二轮的"增人不增地，减人不减地"的政策规定相比，地权稳定性、地权安全性和地权完整性得到提升，理论上制度激励效应会得以提升。由此，提出假设 **H7－1：新一轮的农地确权颁证能够提升农户的耕地质量保护行为**。

（2）确权颁证、权属感知价值与耕地质量保护。权属价值感知是农户对耕地承包权和经营权的权能认知与感受。新一轮农地确权是把农户承包地的权属、位置、面积、等级、类型、地块等信息以物权的形式登记造册，过渡给农户形成新的用益物权（宋才发，2017），避免了农地归属权不清等问题（Ghebru et al.，2015），提升了农户对产权安全性的感知（钱龙等，2021；Ren et al.，2019）和权属价值新感知。农地确权的正式颁证，升华了农户对承包地权属感知价值的新内涵，强化了农户对耕地的中长期投资（高叙文等，2021），破解耕地频繁调整的困局，有效激励农户对耕地质量的保护行为。由此，提出假设 **H7－2：新一轮农地确权颁证通过权属感知价值对农户耕地质量保护行为有显著正向影响**。

（3）确权颁证、社会感知价值与耕地质量保护。社会价值感知是农户对耕地社会保障功能的认知与感受。农地确权不仅提升了地权的稳定性、安全性和完整性，也增强了农户对耕地的情感归属（赵向豪等，2018），进而感知到耕地社会福利效应价值（黄晓慧等，2019）。受传统农耕文化的影响，农户家庭"恋地""惜地"的土地情感偏好依然存在，与农民工"市民化"举步维艰状况叠加，使得农户对耕地社会保障功能的需求不敢放松（吴璟等，2020），保有耕地数量和提升耕地质量成为保障家庭生计的"稳压器"和"兜底宝"。中央一号文件多次强调要夯实农地确权颁证工作，减少了地方政府和村集体对承包地的行政干预（程令国等，2016），新一轮农地确权颁证增强农户对耕地保护的信心（钱龙等，2020）和情感认同。由此，提出假设 **H7－3：新一轮农地确权颁证通过社会感知价值对**

农户耕地质量保护行为有显著正向影响。

（4）确权颁证、经济感知价值与耕地质量保护。经济价值感知是农户对耕地投入产出效率的评判与感受。农地确权颁证是农户地权得到法律认可的体现（钱龙等，2021），能够有效化解地权纠纷，若农户生产经营过程中遭遇利益侵犯，能够从法律层面上得到经济权益的保护（Feder et al.，1987）。在农户小规模经营与快速城市化建设背景下，农户兼业常态化，农业经营性收入下滑，耕地经济产出功能有被弱化趋势（吴璟等，2020）。但随着新一轮农地确权颁证后耕地长期的持有效应和可抵押的金融性功能拓展（Gelder et al.，2015），农户对耕地经济价值的感知将有所改变，预期耕地经济权益"向好"发展，增强农户对其投资收益的稳定性预期（黄季焜等，2012）。新一轮农地确权颁证的落实，也消除了农户对可能失去土地的顾虑（钱龙等，2020），拓展了耕地的经济功能，农户经济理性有助于促使其对耕地采取保护性投资的措施（钱龙等，2019）。由此，提出假设 **H7 - 4：新一轮农地确权颁证通过经济感知价值对农户耕地质量保护行为有显著正向影响。**

2. 模型构建

根据上述理论分析，借鉴温忠麟构建的中介效应模型（温忠麟等，2004），建立如下分析模型：

$$Y_i = \alpha_0 + cX_i + \gamma_0 CV_i + \varepsilon_0 \tag{7-6}$$

$$M_i = \alpha_1 + aX_i + \gamma_1 CV_i + \varepsilon_1 \tag{7-7}$$

$$Y_i = \alpha_2 + c'X_i + b M_i + \gamma_2 CV_i + \varepsilon_2 \tag{7-8}$$

从以上三式中，X_i、Y_i均为二元变量，X_i表示农户是否进行农地确权颁证，Y_i表示农户是否采取耕地质量保护行为，M_i表示权属感知价值（M_1）、社会感知价值（M_2）、经济感知价值（M_3）3 个中介变量，CV_i表示一系列可观测控制变量；c 表示农地确权颁证对农户耕地质量保护行为的总效应；a 表示农地确权颁证对中介变量的影响效应；c' 表示考虑中介变量后，农地确权颁证对农户耕地质量保护行为的直接效应；γ_i 代表一系列控制变量对于耕地质量保护行为的影响效应，α_i 为截距项，ε_i 为随机扰动项。其中，权属感知价值（M_1）、社会感知价值（M_2）、经济感知价值（M_3）3 个指标的权重采用熵值法来确定。

3. 变量选择及说明（见表 7 - 6）

（1）被解释变量是农户耕地质量保护行为。关于耕地质量保护涉及的内容，在 2015 年原农业部印发的《耕地质量保护与提升行动方案》中有明确规定，包括土地利用方式、土地投入方式和废弃物处理方式。对于农户耕地质量保护行为，多集中于新型"水肥药膜"等的投入方式上，大量的补贴资金也用于土壤有机质的提升上（李博等，2022）。结合数据的可获得性，以农户采取土壤有机质提升措施和耕地灌溉设施投资来表征其耕地质量保护行为。其中，土壤有机质提升以农户是否施用有机肥来表征；灌溉设施投资以农户是否对农田灌溉设施进行固定资产投资来表征。只要农户采取其中之一的行为即视为进行了耕地质量保护行为。样本农户中采纳耕地质量保护行为的有 141 户，占比 9.68%；未采纳耕地质量保护行为的有 1316 户，占比 90.32%，这也在一定程度上说明小农户的耕地质量保护意识和行为有待提升。

（2）核心解释变量是农地确权颁证。尽管第一轮和第二轮农村土地承包合同也赋予了农户法律意义上的地权，但与新一轮农地确权相比，颁证后地权的安全性、稳定性和完整性得到进一步提升。在此，以农户在接受调查时是否获得新一轮承包经营权证书为标准来表征。样本中获得新一轮土地承包经营权证书的农户为 410 户，占比 29.29%，未拿到新一轮土地承包经营权证书的农户为 990 户，占比 70.71%。

表 7 - 6 变量及描述性统计

变量类别	变量名称	变量说明	均值	标准差
被解释变量	耕地质量保护行为	是否采取耕地质量保护行为：是 = 1；否 = 0	0.097	0.296
核心解释变量	确权颁证	是否获得农地确权证书：是 = 1；否 = 0	0.281	0.450
中介变量	权属感知价值	熵权法计算值	0.543	0.097
	社会感知价值	熵权法计算值	0.548	0.184
	经济感知价值	熵权法计算值	0.416	0.217

续表

变量类别		变量名称	变量说明	均值	标准差
控制变量	个体特征	年龄	岁	54.034	10.403
		性别	男 =1；女 =0	0.944	0.229
		文化程度	小学 =1；初中 =2；中专或高中 =3；大专及以上 =4	1.551	0.713
		是否党员	是 =1；否 =0	0.071	0.258
		是否村干部	是 =1；否 =0	0.047	0.212
	家庭特征	劳动力数量	受访者家中劳动力总数（人）	2.806	1.366
		农业收入占比	农业收入/总收入（%）	0.585	0.305
		农地细碎化程度	承包地总面积/总地块数（亩/块）	3.164	1.829
	村庄特征	村中有否合作社	是 =1；否 =0	0.071	0.256
		村庄交通	很差 =1；较差 =2；一般 =3；较好 =4；很好 =5	2.929	1.035
		是否经历土地调整	二轮承包地期间是否经历土地调整：是 =1；否 =0	0.399	0.490

（3）中介变量为农户的耕地感知价值。相较于前两轮的农村土地承包政策，新一轮的农地确权颁证是否对农户的耕地价值有新感知，在借鉴相关文献的基础上，结合本研究的理论分析与试算结果，拟从权属感知价值、社会感知价值和经济感知价值三个维度来表征，具体指标的确定依据概念内涵、经济适用以及数据可获得性原则来设计选取。其中，权属感知价值通过土地承包经营权属于您家，承包地是任何人都不可侵犯的，土地承包经营权受到法律保护，土地承包经营权可由子女继承来度量；社会感知价值通过承包地农民可以搞农产开发，承包地可以租赁、入股等方式流转，承包地可以进行抵押贷款来度量；经济感知价值通过承包地改为非农用途后的征地收益都归您家所有，能够以承包地获取合理化流转收益来度量。以上问题的回答均采用 Likert 五级量表（很不同意、不太同意、一般、比较同意、非常同意）进行测量，然后利用上述熵值法确定各指标权重，最后计算不同感知价值得分。权属感知价值、社会感知价值、经济感知价值的综合得分分别为 0.543、0.548、0.416。

（4）控制变量。为保证模型有效性和结果可信性，尽可能减少遗漏变量对模型带来的偏误，借鉴已有研究，选取以下变量作为本文的控制变量：第一，农户的个体特征。包括年龄、性别、文化程度、是否党员、是否村干部；第二，农户的家庭特征。包括劳动力数量、农业收入占比、农地细碎化程度；第三，村庄特征。包括村内是否有农民合作社、村庄交通、是否经历土地调整。

4. 主效应：确权颁证与农户耕地质量保护行为

在进行模型估计之前，考虑到农户个体特征、家庭特征和村庄特征等变量间可能存在某种共同变化趋势而对模型的估计结果产生偏误，对数据进行多重共线性检验，结果显示各变量间不存在共线性问题，可进行下一步的回归分析。

采用 Stata 16.0 对模型 1 进行 Logit 回归，从表 7 - 7 看出：新一轮农地颁证确权对耕地质量保护行为具有正向影响，且在 5% 水平下显著，说明确权颁证能够促使农户实施耕地质量保护行为。可见，确权颁证一方面能够提升农户对土地的长远预期，激励农户进行绿色生产方式转型，加大耕地质量保护力度；另一方面能够稳定土地产权预期，降低土地流转成本，使耕地流转到专业种植大户手中，有利于种植大户通过专业化、规模化的生产经营提升对耕地质量的保护。相较于未拿到土地承包经营权证书的农户，已获证书农户采纳耕地质量保护行为的概率高出 3.629%。为了检验研究结果的稳健性，同时对变量进行 OLS 主效应回归，同样得到确权颁证对耕地质量保护有正向影响，且在 5% 水平下显著。由此验证了假设H7 - 1。

表 7 - 7　　　　　　　　　　Logit 主效应回归结果

变量	Logit			OLS		
	系数	标准误	边际效应	系数	标准误	边际效应
确权颁证	0.427**	0.194	3.629**	0.040**	0.018	4.008**
年龄	-0.025***	0.009	-0.212***	-0.002***	0.001	-0.210***
性别	0.181	0.442	1.541	0.014	0.034	1.446
文化程度	0.180	0.124	1.529	0.017	0.011	1.695
是否党员	-0.810*	0.480	-6.890*	-0.058*	0.034	-5.850*

变量	Logit			OLS		
	系数	标准误	边际效应	系数	标准误	边际效应
是否村干部	0.719	0.443	6.115	0.059	0.041	5.932
劳动力数量	−0.011	0.073	−0.090	−0.002	0.006	−0.205
农业收入占比	0.018	0.311	0155	−0.000	0.026	−0.017
农地细碎化程度	0.086 *	0.048	0.728 *	0.009 *	0.005	0.867 *
村中有村民合作社	0.355	0.303	3.023	0.036	0.030	3.579
村庄交通	0.209 **	0.091	1.781 **	0.017 **	0.008	1.667 **
是否经历土地调整	−0.010	0.189	−0.084	−0.002	0.016	−0.199
常数项	−2.430 ***	0.807	—	0.088	(0.068)	—
样本量	1457		1457	1457		1457
伪 R^2	0.0387	—	—	—	—	—
调整 R^2	—	—	—	0.0168		

注：***、**、*分别表示 1%、5%、10% 的显著性水平，边际效应为样本均值处的边际效应。

5. 中介效应：耕地价值感知的传导

（1）权属感知价值的中介效应。以权属感知价值为因变量，以确权颁证为核心解释变量对样本进行 OLS 回归，得到确权颁证对权属感知具有正向影响，且在 1% 水平下显著。进一步地，以农户耕地质量保护为因变量，权属感知价值为核心解释变量对样本进行 Logit 回归，得到权属感知价值对耕地质量保护具有正向影响，且在 5% 水平下显著，这表明权属感知价值对耕地质量保护行为具有显著的中介效应。对比主效应回归中确权颁证对农户耕地质量保护行为的回归系数 0.427 与回归 2（见表 7-8）中的回归系数 0.397 可以发现，在引入权属感知价值后，农地确权颁证对农户耕地质量保护行为的促进作用有所减弱。可能原因是农户作为农地经营的投资管理者，在新一轮确权颁证后产权意识增强，对土地权属感知价值提高，并且拿到土地承包经营证书后，土地产权在法律上的稳定性、排他性得以强化，农户认为自己未来不会失去土地，因而倾向于向相对收益更高的就业岗位配置劳动力。相比较而言，对耕地质量保护性投资有一定的弱化，但总体上的促进作用仍旧显著。由此验证了假设 H7-2。

表7-8　　　　　　　　　　　　中介效应回归结果

变量	回归1	回归2	回归3	回归4	回归5	回归6
	M1	Y	M2	Y	M3	Y
确权颁证	0.017*** (0.006)	0.397** (0.195)	0.022** (0.011)	0.416** (0.195)	-0.042*** (0.013)	0.426** (0.195)
权属价值感知	—	1.885** (0.858)	—	—	—	—
社会感知价值	—	—	—	0.830* (0.492)	—	—
经济感知价值	—	—	—	—	—	-0.028 (0.420)
年龄	-0.000 (0.000)	-0.025*** (0.009)	-0.000 (0.000)	-0.025*** (0.009)	-0.000 (0.001)	-0.025*** (0.009)
性别	0.014 (0.011)	0.157 (0.443)	-0.026 (0.021)	0.207 (0.444)	-0.042* (0.025)	0.180 (0.443)
文化程度	0.007* (0.004)	0.162 (0.125)	0.012* (0.007)	0.171 (0.124)	0.009 (0.008)	0.180 (0.124)
是否党员	-0.012 (0.011)	-0.766 (0.478)	0.030 (0.021)	-0.840* (0.482)	-0.020 (0.025)	-0.811* (0.480)
是否村干部	0.003 (0.013)	0.699 (0.442)	-0.012 (0.025)	0.721 (0.446)	-0.006 (0.030)	0.719 (0.443)
劳动力数量	0.003 (0.002)	-0.014 (0.073)	-0.004 (0.004)	-0.009 (0.073)	0.000 (0.004)	-0.010 (0.073)
农业收入占比	-0.019** (0.009)	0.074 (0.312)	0.033** (0.016)	-0.019 (0.311)	0.032* (0.019)	0.019 (0.311)
农地细碎化程度	-0.002 (0.001)	0.089* (0.049)	-0.004 (0.003)	0.088* (0.049)	-0.005 (0.003)	0.085* (0.048)
村中有农民 合作社	-0.002 (0.010)	0.361 (0.304)	0.002 (0.019)	0.355 (0.303)	-0.009 (0.022)	0.355 (0.303)

续表

变量	回归1	回归2	回归3	回归4	回归5	回归6
	$M1$	Y	$M2$	Y	$M3$	Y
村庄交通	0.002 (0.002)	0.201 ** (0.091)	0.010 ** (0.005)	0.201 ** (0.091)	0.019 *** (0.006)	0.210 ** (0.091)
是否经历 土地调整	-0.001 (0.005)	-0.016 (0.190)	-0.019 * (0.010)	0.003 (0.190)	0.023 * (0.012)	-0.009 (0.189)
常数项	0.525 *** (0.022)	-3.427 *** (0.926)	0.558 *** (0.042)	-2.888 *** (0.853)	0.389 *** (0.050)	-2.418 *** (0.828)
样本量	1457	1457	1457	1457	1457	1457
伪 R^2	—	0.044		0.042	—	0.039
调整 R^2	0.009		0.009		0.014	

注：***、**、*分别表示1%、5%、10%的显著性水平，括号内数值为标准误。

（2）社会感知价值的中介效应。以社会感知价值为因变量，确权颁证为核心解释变量对样本进行 OLS 回归，得到确权颁证对社会感知具有正向影响，且在 5% 水平下显著。以耕地质量保护为因变量、社会感知价值为核心解释变量对样本进行 Logit 回归，得到社会感知价值对耕地质量保护具有正向影响，且在 10% 水平下显著，这表明社会感知价值对耕地质量保护行为具有显著的中介效应。新一轮确权颁证在强化土地产权权能的基础上优化农村土地资源要素配置，一方面能够降低土地流转的隐性交易成本与社会风险，促进农地租赁市场和抵押贷款市场发育，从而有利于规模化经营和提高农业生产效率；另一方面在市场竞争机制作用下，农户能够洞察到耕地质量保护的潜在收益，如优质耕地能够生产高品质农产品，进而激发农户采纳耕地质量保护行为。由此验证了假设 H7 - 3。

（3）经济价值感知的中介效应。以经济感知价值为因变量，确权颁证为核心解释变量对样本进行 OLS 回归，得到确权颁证对经济感知具有负向影响，且在 1% 水平下显著。以耕地质量保护为因变量、经济感知价值为核心解释变量对样本进行 Logit 回归，结果未通过显著性检验。为此，进一步对经济感知价值是否在确权颁证影响农户耕地质量保护行为中存在中介效应，再进行 Sobel 检验，得到 z = - 0.05，p > 0.05，因而推定经济感知价值不存在中介效应。而有研究认为经济感知价值显著促进农户耕地质量保护行为（王淇韬等，20202），这主要是对经济感知价值衡量指标存在差异所致。对比权属感知价值和社会感知价值，经济感知价值的均值仅为0.416，且标准差最大，说明新一轮农地确权颁证对农户耕地经济价值未有更多的新感知，未能促进其采取积极的耕地质量保护措施。此外，即使考虑到耕地被征用或他用后可能会获得不菲的经济收益，但这是一种不确定极强的政策规划项目，通常不会被农户所预期，因而导致经济感知价值在确权颁证影响农户采纳耕地质量保护行为时并未通过显著性检验。由此推定，假设 H7 - 4 不成立。

6. 稳健性检验

已有研究表明，由于农户缺乏保护非自有耕地的积极性，在转入地上会实施较少的耕地质量保护行为（龙云等，2017）。考虑到农户是否进行土地流转在感知价值上可能存在差异，且这种差异会对农户是否进行耕地质量保护行为产生影响，因而本文剔除样本中有耕地转入行为的 116 个农户（比例仅 7%），保留只耕种自家承包地的 1341 个农户对模型进行稳健性检验。进一步研究确权颁证和不同感知价值对于农户耕地质量保护行为采纳的影响，结果如表 7 - 9 和表 7 - 10 所示。

表 7 - 9　　　　　　　　　　主效应稳健性检验结果

变量	Logit		OLS	
	回归系数	边际效应（%）	回归系数	边际效应（%）
权颁证	0.444 **	3.734 **	0.041 **	4.127 **
	(0.203)	(0.017)	(0.018)	(0.018)
控制变量	控制	控制	控制	控制
常数项	- 2.213 ***	—	0.109	—
	(0.835)	—	(0.070)	—
样本量	0.1341	1341	1341	1341
伪 R^2	0.0467	—	—	—
调整 R^2	—	—	0.0067	—

注：***、**、* 分别表示 1%、5%、10% 的显著性水平，括号内数值为标准误。

对主效应而言，确权颁证对农户采纳耕地质量保护行为有正向影响，且在 5% 水平下显著，与基准回归结果一致，印证假设 H7 - 1。对中介效应而言，权属感知价值通过了显著性检验，说明农地确权颁证正向影响农户的权属感知价值且中介效应存在，从而印证假设 H7 - 2；经济感知价值回归结果与全样本回归结果相似；但社会感知价值的中介效应未通过显著性检验，可能原因是若仅考虑经营自己承包地的农户，农户对于承包地流转方式及抵押贷款等社会功能感知价值会显著降低，因而影响了模型的估计效果。总体而言，社会感知价值与总样本回归结果虽有差异，但却印证了流转户与未流转户间不同社会感知价值对耕地质量保护的异质性，子样本估计中的各个控制变量与全样本基本一致，说明本文估计结果稳健。

表 7 - 10 中介效应稳健性检验结果

变量	回归 7	回归 8	回归 9	回归 10	回归 11	回归 12
	M1	Y	M3	Y	M2	Y
确权颁证	0.015 ** (0.006)	0.422 ** (0.204)	0.020 * (0.012)	0.437 ** (0.204)	- 0.039 *** (0.014)	0.445 ** (0.204)
权属感知价值	—	1.884 ** (0.879)	—	—	—	—
社会价值感知	—	—	—	0.745 (0.519)	—	—
经济价值感知	—	—	—	—	—	0.026 (0.441)
控制变量	控制	控制	控制	控制	控制	控制
常数项	0.521 *** (0.024)	- 3.187 *** (0.949)	0.567 *** (0.044)	- 2.629 *** (0.885)	0.391 *** (0.052)	- 2.225 *** (0.857)
样本量	1341	1341	1341	1341	1341	1341
伪 R^2	—	0.0519	—	0.0491	—	0.0467
调整 R^2	0.0067	—	0.0064	—	0.0130	—

注：***、**、*分别表示 1%、5%、10% 的显著性水平，括号内数值为标准误。

7.2.2　农业绿色技术采纳效应

当前，农户依然是农业技术推广应用的核心主体，也是影响农业绿色生产技术采纳与否的重要决策主体（王雅凤等，2015）。信任是影响农户决策的重要变量（洪名勇，2017），信任关系也是建立合作、达成交易、降低成本的保证（Fukuyama F，1998；Greif A，1989；Grundann S et al.，2015）。农业生产性服务外包作为一种信任合作行为，为农户单个或多个生产环节融入服务外包提供了可行选择。而农户是否融入及融入方式，往往取决于其信任关系基础。已有研究表明：随着社会资本的积累与丰富，农户受信任关系的影响对农业生产环节服务外包的接受程度不断提高（谢琳等，2020）；农业生产性服务外包能够有效促进农户采纳生态友好型农业技术，如测土配方施肥（余威震等，2021）、秸秆还田（张星，颜廷武，2021）以及病虫害统防统治行为等（卢华，周应恒，2021）。但鲜有基于信任，触及农业生产性服务外包中介作用，深层次考量农户农业绿色生产技术采纳的影响因素及作用路径方面的研究。

综上，本节聚焦各类新型商品有机肥和低毒农药等农业绿色生产技术，运用结构方程模型，采用 SmartPLS3.0 进行多层次测算方法，研究信任格局和服务外包对农户农业绿色生产技术采纳的影响作用及其传递机制。

1. 理论分析和研究假设

（1）农户信任与农业绿色生产技术采纳。应用生态友好型绿色技术是绿色农业媲美甚至超越石油农业技术效率和经济效益的必然选择（何秀荣，2018）。当前，受制于家庭劳动力外出务工影响，叠加劳动者素质的瓶颈约束，使得农户层面的农业技术推广普及往往不足，尤其是作为技术密集型的农业绿色生产技术应用滞后。究其原因，农户农业绿色生产技术采纳可能面临投入成本居高、过程不确定性风险较大、最终成效难以预见等抉择难题。在此情形下，农户拥有的社会资本状况（郭铖等，2015），可能通过作用于外部资源的可获得性，成为影响其农业绿色生产技术采纳的重要变量。信任作为社会资本的核心要素（Fukuyama，1998），涵盖特殊信任和普遍信任两种形式（Weber M，2004），前者反映的是凭借血缘亲缘等关系建立起来的较为密切的个体信任，存在于交往密切的同质群体之中，后者反映的是社会成员间的相互依赖程度和对彼此行动的信心，存在于交往次密切的异质性群体之间（Glanville J L，2007）。

已有研究表明，中国人的人际信任，在形式上表现为"关系本位"取向。基于血缘、亲缘、地缘、业缘基础的特殊信任维系，以及建立在一般社会网络关系基础上的普遍信任，均源于在一定关系基础上亲密认同的形成与强化作用，但二者存在"差序格局"。普遍信任较特殊信任而言，渊源关系逐渐减弱，信任程度也在降低（李伟民，梁玉成，2002）。在"差序信任"格局下，建立在特殊信任基础上的农户，通过亲缘的可靠关系有效对接外部资源，降低决策的交易成本，因而采纳农业绿色生产技术的倾向性更大。建立在社会网络基础上的普遍信任，信息和交流构成其重要资源（郭铖，魏枫，2015），农户利用社会网络获取大量相关信息，克服集体行动困境，也有效减少了搜集技术信息的交易费用（佟大建，黄武，2018），进而在一定程度上有助于其对绿色生产技术的采纳。可见，信任关系能够强化彼此间的信任链接，也有助于达成主体交往行为。无论是特殊信任基础上农业绿色生产技术的示范效应，还是普遍信任基础上农业绿色生产技术信息的交流和分享，均不同程度促进供给推动型农业绿色生产技术的采纳（王静等，2018）。基于以上分析，提出如下假设。

H7-5：特殊信任显著正向影响农业绿色生产技术采纳；

H7-6：普遍信任正向影响农业绿色生产技术采纳。

（2）农户信任、服务外包与农业绿色生产技术采纳。由于农业绿色生产技术的"高科技"特性，一定程度上抬高了农户采纳的"技术门槛"。信任关系得以维系或建构，是农户对接农业绿色生产技术资源的必要条件。若缺乏基于适宜路径通道或组织形式上的供给推动，农户层面的农业绿色生产技术采纳仍会受到阻碍。而农业生产性服务外包是将一个或多个环节的作业服务有偿交付给他人独立完成的行为（申红芳，2014），是转变农业生产方式，实现绿色兴农、质量兴农的重要组织形式（张红宇，2019）。通过服务外包，信任关系对农户层面农业绿色生产技术采纳的影响作用表现在以下三方面：一是借助服务外包形式的交往对接，为农业绿色生产技术采纳提供了可能条件与可行选择，二是通过服务外包的交往深化，可稳定基于信任关系的农业绿色生产技术采纳服务的经济效果预期，三是依托服务外包的规模经济优势，可扩展信任关系对农业绿色生产技术采纳的辐射传播效应。

相对于"小、众、弱、散"农户，农业生产性服务组织由于拥有专业技术人员、绿色生产资料和市场竞争优势等，能降低单个农户采纳新技术的风险与成本（Ma W et al.，2017），提高技术采纳效率。同时，服务外包有助于改变农户要素的投入组合，如服务商使用先进的机械设备、测土施肥技术等，为农户提供更科学、更专业的施肥服务，克服农户"绿色生产技术采纳高意愿低行为悖离"难题（陈景帅，韩青，2021）。此外，外包服务商对新型农药化肥的质量辨别能力与肥效信息收集能力也都优于小农户，能够根据农地质量和作物类型，合理选择农业绿色生产技术（谢琳等，2020）。并且服务外包组织通过为农户提供生产资料赊购、技术指导和农产品销售等服务（孔祥智等，2012），降低了农户技术采纳过程中的各种不确定性，从而增加了农户对绿色生产技术采纳的概率。

事实上，无论是生产环节的机械化作业外包还是雇佣劳动力的作业外包，都是一种合作行为，高度信任能够促进有效合作（Fukuyama F，1998）。相对于劳动替代型作业环节的服务外包，技术应用环节的服务外包更依赖于高度信任基础上的交往合作。特殊信任水平较高的农户，通过亲缘内部"互助"或借助亲缘社会网络对接优质技术服务外包的能力较强，更易于实施农业绿色生产技术采纳行为。建立在普遍信任基础上的农户，在跨群体传递新信息和资源方面也具备一定能力，达成低交易成本技术服务外包的优势显现，也有助于推动其农业绿色生产技术采纳。基于以上分析，提出如下假设。

H7 - 7：特殊信任显著正向影响服务外包；

H7 - 8：普遍信任正向影响服务外包；

H7 - 9：服务外包显著正向影响农业绿色生产技术采纳；

H7 - 10：服务外包在特殊信任对农业绿色生产技术采纳作用关系中发挥中介效应；

H7 - 11：服务外包在普遍信任对农业绿色生产技术采纳作用关系中发挥中介效应。

2. 数据来源

数据来源于本课题组 2020 年对河南农户进行的问卷调查。问卷调查主要依据粮食作物种植面积，结合区位条件与人均纯收入等情况，分层抽样选取 6 个县级地区，分别为：驻马店市遂平县、泌阳县，周口市西华县、郸城县，平顶山市鲁山县、舞钢市。在每个样本县，按照粮食作物种植面积由大到小排序，随机起点等距选取 5 个乡，每个乡随机选取 5 个村，在每个村的在家务农户中随机选取 20 户农户，共计 3000 个样本农户接受了问卷调查。此次调查，获得有效问卷 2850 份，样本的有效回收率为 95%。由于户主对服务外包及农业绿色生产技术采纳有较大的决策权，为确保研究的合理性与可靠性，选取了受访者为户主的问卷数据，同时剔除系列关键变量中存在缺失值的问卷，最终获得 1994 份问卷。遵循分层随机抽样原则，保证了样本指标较高的代表性。

3. 变量设置

（1）被解释变量。依据前述界定，将新型化肥与农药的应用倾向及应用比例作为代理变量，以表征农户的农业绿色生产技术采纳行为。其中，新型化肥施用以有机肥以及采用测土配方技术施肥的应用倾向与应用比例表示，新型农药施用以符合农业部颁布的《种植业生产使用低毒低残留农药主要品种名录（2016）》推荐的 110 种农药范围内的农药应用倾向与应用比例表示。与此同时，以新型化肥费用与新型农药费用及各自占比，表征农户层面的农业绿色生产技术采纳情况，能够达成代理变量指标值在统计上可加总与分析上可比性目标。

问卷中设置了 3 个题项：第一，在您村里，您家在农业生产中使用新型化肥与农药的范围，如果受访者回答"先是小部分地块使用，然后扩大范围"则赋值 1、"一旦使用，往往会多数地块使用"赋值 2、"一旦使用，就全部地块使用"赋值 3；第二，在农业生产中您应用新型化肥的费用占比；第三，在农业生产中您应用新型农药的费用占比。以上指标均值与标准差值显示，新型化肥与新型农药应用在农户间存在差异性。

表 7 - 11　　　　　　　　变量定义及描述性统计

变量名称	类别编号	问卷指标	均值	标准差
农业绿色生产技术采纳	AC1	新型化肥与农药的应用倾向	1.786	0.891
	AC2	应用新型化肥的费用占比（%）	65.208	17.540
	AC3	应用新型农药的费用占比（%）	83.099	28.048

续表

变量名称	类别编号	问卷指标	均值	标准差
特殊信任	ST1	亲人	9.561	1.062
	ST2	村集体	7.069	2.385
	ST3	乡县级政府	7.370	2.511
	ST4	中央政府（国家）	9.065	1.711
	ST5	政策法规	8.861	1.806
	ST6	合同	8.088	2.281
	ST7	朋友	8.223	1.865
	ST8	农民专业合作社	5.836	2.632
	ST9	本地企业	5.498	2.418
	ST10	外地企业	4.817	2.352
	ST11	城镇居民（非企业老板）	4.996	2.377
普遍信任	GT1	您觉得与您打交道的人，总体上是很可信的？	3.791	0.805
	GT2	与人打交道时，您一般会认为对方是有可能偷奸要滑的？	2.511	0.932
服务外包	SO1	在农业生产中您雇佣机械的费用（元/季/亩）	112.894	70.665
	SO2	在农业生产中您雇佣人工的费用（元/季/亩）	17.760	5.648

（2）解释变量。通常情况下，信任可分为特殊信任和普遍信任，文中将两个维度的信任作为解释变量。测量特殊信任的题项为"亲人、村集体、乡县级政府、中央政府（国家）、政策法规、合同、朋友、农民专业合作社、本地企业、外地企业、城镇居民（非企业老板）"的信任程度由低到高打分，受访者打分的取值范围是 [1，10] 的连续整数，以此表示主观维度的特殊信任。普遍信任设置了2个题项，分别是"总体来说，您觉得与您打交道的人，总体上是很可信的""与人打交道时，您一般会认为对方是有可能偷奸要滑的"。如果受访者回答"不同意"赋值1、"不太同意"赋值2、"一般赋值"3、"比较同意"赋值4、"非常同意"赋值5，不同赋值代表不同的信任程度。由表7－11可知，特殊信任的各题项指标均值高于普遍信任均值。特殊信任题项中，指标均值从亲人、朋友、

农民专业合作社、本地企业、外地企业、城镇居民顺序递减，信任"差序格局"明显，均值变异度增大。与此同时，对中央政府、政策法规、乡县级政府、村集体、合同的信任均值介于7~9，由中央到地方基层组织、正规政策法规向市场合同规制呈递减格局，均值变异度也在增大。

（3）中介变量。把服务外包作为中介变量，设置了2个题项，分别是"您在农业生产中雇佣机械的费用""您在农业生产中雇佣人工的费用"，只要发生费用，就认为在农业生产环节中购买了外包服务。以上中介变量均值分别为112.894元/季/亩、17.760元/季/亩，前者均值变异度高于后者。

（4）模型设置。结构方程模型是一种验证性的技术，主要包括因果关系模型（结构模型）和验证性因子模型（测量模型），前者是描述各潜变量之间的因果关系的模型，后者是描述潜变量与观测变量之间关系的模型。根据变量性质的不同，结构方程模型将变量分为潜变量（结构变量）和显变量（观测变量）。潜变量表示的是那些不可直接测量的变量，而显变量是用来描述潜变量的可观测变量。故潜变量需通过显变量来对其进行间接测量。按照潜变量在模型中的作用不同，潜变量可以分为两类：外生潜变量和内生潜变量。外生潜变量在模型中只起到解释其他潜变量的作用，不会受到其他潜变量的影响；内生潜变量是指由一个或多个变量决定的变量。

结构方程和测量方程可以表述为：

$$\eta = B\eta + \Gamma\xi + \zeta \qquad (7-9)$$

$$x = \Lambda_x\xi + \varepsilon \qquad (7-10)$$

$$y = \Lambda_y\eta + \delta \qquad (7-11)$$

式（7-9）为结构方程，反映外生潜变量与内生潜变量之间的关系，其中：η 表示内生潜变量所组成的向量；B 为内生潜变量之间的关系矩阵，称之为路径系数矩阵，可以反映出内生潜变量之间关系强弱；Γ 为外生潜变量对内生潜变量的关系矩阵，可以反映出外生潜变量与内生潜变量之间关系强弱；ξ 表示外生潜变量构成的向量；ζ 为内部方程残差项所构成的向量，反映了潜变量在内部模型中不能够被其他潜变量解释的部分。式（7-10）和式（7-11）为测量方程，反映外生潜变量、内生潜变量与可观测变量之间的关系，其中：Λ_x 表示观测变量在外生潜变量上的因子载荷矩阵，反映外生可观测变量与外生潜变量之间的关系，Λ_y 表示观测变量在内生潜变量上的因子载荷矩阵，反映内生可观测变量与内生潜变量的关系，ε 和 δ 为误差项。

依据结构方程模型，根据前述研究假设，构建了农户信任、服务外包与农业绿色生产技术采纳的路径模型（如图 7 – 5 所示）。在模型图中圆形表示各个潜变量，长方形则表示每个潜变量对应的观测变量。在潜变量中，特殊信任、普遍信任为外生潜变量，服务外包、农业绿色生产技术采纳为内生潜变量。

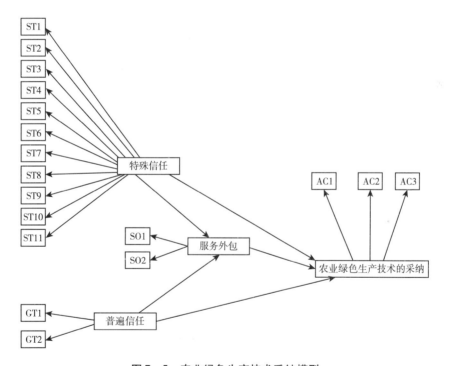

图 7 – 5　农业绿色生产技术采纳模型

注：ST1：亲人；ST2：村集体；ST3：乡县级政府；ST4：中央政府（国家）；ST5：政策法规；ST6：合同；ST7：朋友；ST8：农民专业合作社；ST9：本地企业；ST10：外地企业；ST11：城镇居民（非企业老板）；GT1：您觉得与您打交道的人总体上是很可信的吗；GT2：与人打交道时，您一般会认为对方是有可能偷奸耍滑的吗；SQ1：在农业生产中雇佣机械的费用；SQ2：在农业生产中雇佣人工的费用；AC1：新型化肥与农药的应用倾向；AC2：应用新型化肥的费用占比（%）；AC3：应用新型农药的费用占比（%）。下同。

4. 服务外包的效应

（1）区别效度检验。相比于其他标准，HTMT检验区别效度（Henseler et al.，2015）表现出了更高的灵敏性。使用HTMT标准检验区分效度时，学者们普遍认为当HTMT值小于0.85时，表明变量之间有较好的区分效度。HTMT可达到的最高值为1，越接近1就表示区分效度越不足。

运用SmartPLS3.0对模型进行偏最小二乘法（PLS）运算，获得的HTMT值如表7-12所示，各潜变量间的HTMT值均小于0.85，代表特殊信任、普遍信任、服务外包、农业绿色生产技术采纳之间的区别效度较好。

表 7 – 12 区别效度检验结果

HTMT 值	特殊信任	普遍信任	服务外包	农业绿色生产技术采纳
特殊信任	—	—	—	—
普遍信任	0.314	—	—	—
服务外包	0.239	0.117	—	—
农业绿色生产技术采纳	0.144	0.109	0.711	—

（2）测量模型路径检验。基于上述模型，运用SmartPLS3.0设置抽取样本5000次进行Bootstrap测算，得出各观测变量与潜变量的拟合结果（见表7-13）。特殊信任的11个观测变量ST1至ST11的标准化因子负荷为 – 0.298 ~ 0.705（其中村集体、乡县级政府的因子负荷分别为0.703、0.705），因子负荷系数均在1%水平上统计显著，这表明增强农户对亲人、村集体、乡县级政府、中央政府、政策法规、合同、朋友、农民专业合作社、本地企业、外地企业、城镇居民的信任，均为农户特殊信任中的重要变量，其中，村集体和乡县级政府的因子负荷较大，强化农户与其间的社会联系与合作，能够有效提升农户的特殊信任水平。内在的原因可能是：随着农村社会经济的发展，基于乡土根植性的农民交往圈层在扩张，行为理性化程度逐渐提升，叠加诸多惠农政策对其"制度理性"的强化，赋予了基层政府及组织在农户行为决策中的作用"权重"。

表7-13 测量方程拟合指标

路径	路径系数	T 值	P 值	显著性
ST1←特殊信任	0.298	3.953	0.000	显著
ST2←特殊信任	0.703	12.221	0.000	显著
ST3←特殊信任	0.705	13.518	0.000	显著
ST4←特殊信任	0.563	7.731	0.000	显著
ST5←特殊信任	0.626	9.338	0.000	显著
ST6←特殊信任	0.680	12.931	0.000	显著
ST7←特殊信任	0.359	3.871	0.000	显著
ST8←特殊信任	0.586	6.566	0.000	显著
ST9←特殊信任	0.673	6.745	0.000	显著
ST10←特殊信任	0.592	5.345	0.000	显著
ST11←特殊信任	0.520	4.477	0.000	显著
GT1←普遍信任	-0.529	1.484	0.138	不显著
GT2←普遍信任	0.823	2.349	0.019	显著
SO1←服务外包	0.990	17.682	0.000	显著
SO2←服务外包	-0.143	0.892	0.372	不显著
AC1←农业绿色生产技术采纳	0.530	2.660	0.008	显著
AC2←农业绿色生产技术采纳	0.659	4.849	0.000	显著
AC3←农业绿色生产技术采纳	0.758	4.772	0.000	显著

对于普遍信任，其观测变量 GT2 的加强同样也可以显著提升农户信任水平。与此同时也发现：服务外包的可观测变量 SO1 的加强可以促进农户选择服务外包；农业绿色生产技术采纳的观测变量 AC1、AC2、AC3 的加强也能够促进农户对绿色生产技术的采纳使用，其中"应用新型农药的费用占比"因子负荷最大，作用效果最明显。可能的原因是，"应用新型农药的费用占比"变量反映农户对于新型农药使用频度与强度，相对于稳定性与连续性较高的新型化肥使用而言，新型农药更新迭代较快，使用技术难度及挑战性更大，对农户家庭绿色生产技术采纳总体水平影响更强。

（3）模型的估计与验证。信任是人与人、人与社会间的一种心理契约，对人们的行为决策具有基础性影响（杨哲，王茂福，2016），运用SmartPLS3.0，设置抽取样本5000次，并运行 Bootstrap 得到农户不同信任的路径选择检验结果，如图 7 - 6 和表 7 - 14 所示。特殊信任对农业绿色生产技术采纳的路径系数为 0.068，P 值为 0.007，在 1% 水平上统计显著。这表明特殊信任水平越高，越容易促进农业绿色生产技术采纳，假设 H7 - 5 成立。其中，由农户与村集体、县乡政府建立起来的特殊信任发挥的作用在增强。这一结果表明：在农业高质量发展转型阶段，各级政府部门推行的诸多惠农政策，特别是在基层创新性开展的农业生产性服务与农技示范推广工作，显著提升了基层政府组织在农民心目中的认可度与信任度；相对于凭借亲朋好友关系建立起来的交往圈层，政府在提高农户绿色生产技术技能、降低其因技术应用不当和管理不善等引致的额外损失更具减缓效应（杨兴杰等，2021），能够更有效地加快农业绿色生产技术的推广与应用。

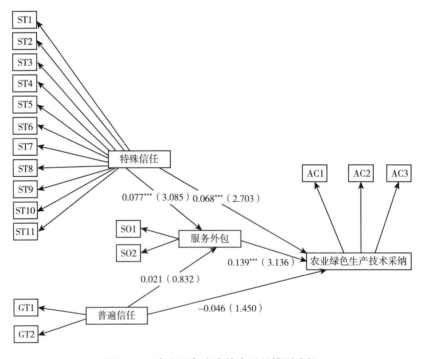

图 7 - 6 农业绿色生产技术采纳模型路径

注：***、** 分别表示在 1% 和 5% 水平上显著，图中的数值均是保留三位小数后的结果。

表 7 - 14　　　　　农业绿色生产技术采纳路径分析结果

假设	路径	路径系数	T 值	P 值	显著性
H7 - 5	特殊信任→农业绿色生产技术采纳	0.068	2.703	0.007	显著
H7 - 6	普遍信任→农业绿色生产技术采纳	- 0.046	1.450	0.147	不显著
H7 - 7	特殊信任→服务外包	0.077	3.085	0.002	显著
H7 - 8	普遍信任→服务外包	0.021	0.832	0.405	不显著
H7 - 9	服务外包→农业绿色生产技术采纳	0.139	3.136	0.002	显著

普遍信任对农业绿色生产技术采纳的 P 值为 0.147，表明普遍信任对农业绿色生产技术采纳的影响不显著。可能的原因是：乡土"情结"偏好的存在，农民对外界事物的认知有一定信任偏差（王飚等，2011），其获取农业绿色生产技术及信息渠道主要建立在特殊信任关系基础上（段巍巍等，2013），一定程度上导致普遍信任未通过显著性检验，假设 H7 - 6 不成立。特殊信任对服务外包的路径系数为 0.077，P 值为 0.002，在 1% 水平上统计显著，这表明农户的特殊信任水平越高，越容易促进农户服务外包，假设 H7 - 7 成立。普遍信任对服务外包的 P 值为 0.405，表明普遍信任对服务外包的影响不显著，可能的原因是：当前农业生产性服务外包市场发育不健全，基于村庄熟人社会关系（特殊信任）建立的内生型小规模农业生产性服务外包市场具有一定普遍性（仇叶，2017），导致跨越"熟人关系"的普遍信任对服务外包的影响未通过显著性检验，假设 H7 - 8 不成立。服务外包对农业绿色生产技术采纳的路径系数为 0.139，P 值为 0.002，在 1% 水平上统计显著，这表明农户在农业生产中选择服务外包，能有效促进和带动其农业绿色生产技术采纳，假设 H7 - 9 成立。

（4）服务外包中介效应检验。在理论推理分析中，农户选择农业生产环节的服务外包具有中介作用。同样运用 SmartPLS3.0 设置抽取样本 5000 次并运行 Bootstrap，得到结构方程模型中介效应路径的检验结果。从表 7 - 15 可以看出，特殊信任对农业绿色生产技术采纳的路径系数为 0.010，P 值为 0.047，其 95% 的偏差修正置信区间为 ［0.002，0.021］，在显著性水平为 5% 的情况下显著，说明服务外包这一传导机制的中介效应成立，假设 H7 - 10 得到验证。普遍信任对农业绿色生产技术采纳的路径系数为

0.003，P 值为 0.404，其 95% 的偏差修正的置信区间为 [- 0.003，0.012]，表明服务外包在普遍信任对农业绿色生产技术采纳的影响中并没有中介效应。可能的原因是：当前农村地区社会信任大部分是以亲缘、地缘、情缘和学缘关系为核心的"强网"（旷浩源，2014），导致普遍信任水平一般低于特殊信任水平，在此情形下会倾向于选择家庭经营方式（谢琳等，2020）。因而服务外包在普遍信任对农业绿色生产技术采纳的影响中未通过验证，假设 H7 - 11 不成立。

表 7 - 15　　　　　　　　　　　　中介效应检验

假设	路径	路径系数	T 值	P 值	偏差修正置信区间	显著性
H7 - 10	特殊信任→服务外包→农业绿色生产技术采纳	0.010	1.991	0.047	[0.002，0.021]	显著
H7 - 11	普遍信任→ 服务外包→农业绿色生产技术采纳	0.003	0.835	0.404	[- 0.003，0.012]	不显著

（5）进一步讨论：多群组分析。已有研究表明，农户是否兼业会对其农业绿色生产技术采纳行为产生重要影响（张安然等，2019；赵文庆等，2020）。据此，本研究把农户兼业作为调节变量进行多群组分析，以此来检验模型在不同群组间的差异。

通过对农户兼业行为分组，并运用 SmartPLS 3.0 设置抽取样本 5000 次，运行 Bootstrap 进行多群组分析，结果如表 7 - 16 所示。可以看出：特殊信任对农业绿色生产技术采纳的影响因农户是否兼业而产生差异，非兼业农户的正向作用显著，而兼业农户则不显著，但特殊信任对服务外包均表现出明显的正向影响，且兼业农户较非兼业农户影响作用更强。对于农户的普通信任，无论是兼业农户还是非兼业农户，其对农业绿色生产技术采纳的影响都与前述分析一致，均未通过显著检验。进一步分析服务外包对农业绿色生产技术采纳的影响可知，无论农户是否兼业，均表现出显著的正向作用，但兼业农户选择服务外包更有助于农业绿色生产技术的扩散与采纳。可见，尽管兼业农户特殊信任水平提高对农业绿色生产技术采纳的路径没有通过检验，但一旦选择了农业生产环节的外包服务，不论信任和水平如何，都会促进专业农业服务组织引导和带动其采纳绿色生产技术。

表 7-16　　　　　　　　　多群组分析

路径	兼业		非兼业	
	路径系数	P 值	路径系数	P 值
特殊信任→农业绿色生产技术采纳	0.037	0.487	0.097	0.004
特殊信任→服务外包	0.153	0.011	0.089	0.052
普遍信任→农业绿色生产技术采纳	0.054	0.701	-0.040	0.206
普遍信任→服务外包	-0.002	0.971	0.024	0.428
服务外包→农业绿色生产技术采纳	0.350	0.000	0.075	0.074

7.2.3　结果分析与讨论

（1）本节从新一轮农地确权颁证切入，考虑确权颁证政策对农户耕地价值感知的异质性，进而采用中介效应模型分析验证了确权颁证对农户耕地质量保护行为具有提升作用。具体而言：第一，确权颁证提升了农户对地权安全性与稳定性的感知，有效促进农户在土壤有机质提升和小型农田基础设施建设上的保护性投资。第二，伴随农地确权颁证政策的实施，农户感知耕地价值的综合得分由高到低依次为社会感知、权属感知和经济感知，且权属和社会感知价值在确权颁证对农户耕地质量保护行为的影响中具有显著的中介效应，而经济感知价值未被证明具有中介作用。第三，若忽视耕地感知价值的影响，新一轮确权颁证对农户耕地质量保护行为的提升作用被高估。第四，进一步的稳健性检验表明，有无进行土地流转的农户对耕地感知价值存在异质性，在只经营承包地的农户中，确权颁证对耕地质量保护行为的总效应得到强化。上述研究结论能够印证理论分析判断与典型案例经验事实，而新一轮农地确权对农户耕地质量保护行为的持续效应，尚待进一步观察与研究。

上述研究结论的政策性意义体现在以下几个方面。第一，巩固新一轮农地确权颁证成效，稳定农户地权预期。随着农地确权颁证的落实，农户对"有恒产者有恒心"的预期效应逐步增强，农地确权不仅有助于强化农地确权的政策效力，更重要的是有利于农户采取多样化的耕地质量保护措施，改善农业生态环境，推进农业高质量发展。第二，提高综合感知价值，优化农户行动方案。借助现阶段农民素质培育工作，提高农户对耕地社会经济文化功能的认知，提升农户耕地感知价值，拓展农户耕地利用和保护方式。同时，鼓励农户适当进行土地流转，结合农地确权颁证保障土地产权稳定性与可交易性的特点，通过土地流转和农地抵押贷款平台，为不同规模农户耕地投入提供经济支持和政策保障，确保耕地质量保护行动方案分类优化实施。第三，完善耕地保护体系，形成农户耕地质量保护行为的自觉性。根据国家出台的耕地保护政策和措施，精准扶持农户采取新型水肥药膜等绿色生产技术，完善耕地生态保护补偿机制，建立政府、市场与农户相协同的耕地质量保护体系。同时通过实时监测耕地质量变化，制定不同行为的奖惩制度，促使农户将被动的耕地保护行为转变为主动的自觉行为，使新一轮农地确权成为真正保护农户土地权益的产权制度。

（2）不同类型农户选择服务外包，有利于促进化肥的减量。进一步分析农户信任、服务外包与农业绿色生产技术采纳之间的路径关系，结果表明：第一，农户信任由特殊信任和普遍信任构成，其中，加强农户与村集体、乡县政府间的信任能够显著提高农户特殊信任水平，且表现出特殊信任对农户绿色生产技术采纳行为的正向作用显著，而农户普遍信任则未被验证有效。第二，农户服务外包对其绿色生产技术采纳产生了直接的正向效应，且在服务外包的作用机制下，特殊信任对农业绿色生产技术采纳的正向影响得到强化，而在农户普遍信任中未显示出服务外包的中介效应。第三，对不同类型农户的多群组分析还显示，农户特殊信任对农业绿色生产技术采纳的影响因其是否兼业而产生差异，但一旦选择了服务外包，不论农户是否兼业，也不论其信任关系和水平如何，"迂回"采纳绿色生产技术的作用效果显著提升。基于此，首先应构建高度信任的农村社区环境。通过和谐农村社区建设，促进农户参与社区事务以拓展其社会交往圈与信任圈。同时，以高素质农民培育为契机，组织开展农业绿色生产技术、现代农业经营管理等技能培训，增进农户之间的沟通协调与交往交流，有效提升农户的总体信任水平。还要重视信任传递中的"头羊"作用。乡土精英是影响农村社会经济发展的重要群体，往往思想观念领先，热心家乡事业，在经营能力、创新精神以及群众威望上均出自一般农户，接受新技术推广应用的倾向性更高，重视其在农业绿色生产技术采纳中示范和引领作用，有助于放大其在信任传递与技术扩散中的"跟随效应"。

7.3　空间溢出效应

农户选择服务外包不仅能产生经济和生态效应，而且能够通过其外包选择促进农业社会化服务市场的发育，对本地区和地理邻近区域的经济和生态产生影响。在此，以中国 30 个省份（未含西藏和港、澳、台地区）为研究样本，以区域农机作业服务对农业生态效率变化产生的本地效应和空间效应来间接反映农户服务外包选择的空间溢出效应。

7.3.1　理论分析与研究假设

随着惠农政策的实施，中国粮食产能逐步提高。国家统计局数据显示，2015～2021 年全国粮食产量连续 7 年超 6.5 亿吨，至 2021 年已达到 6.8 亿吨。但与此同时，过量的农业生产要素投入带来的"逆生态化"累积效应也在不断加剧，土壤肥力下降、面源污染加剧、食品安全危机等生态问题成为中国农业高质量发展道路上的重大阻碍。作为推动农业现代化发展的重要手段，农机作业服务在破除小农发展局限、推动农业适度规模化经营、提高粮食生产效率等方面的作用已得到了学者们的普遍认同（芦千文，2019；姜长云，2020；张恒等，2021），但关于农机作业服务的研究大多忽视了选择该类服务可能对生态环境造成的潜在影响。例如，相较于传统手工劳作而言，耕种、收割类服务机械的使用可能会造成农业生产碳排放量的上升；而无人机植保服务的推广可能对农药化肥减量使用产生正向的促进作用。为全面考察农机作业服务对农业生产的影响，本研究对传统的粮食生产效率进行拓展，将农业生产碳排放引入效率测算框架之中，测算了农业生产整体的生态效率。此外，农机服务的跨区作业特点和生态系统的整体性特征使得仅关注农机作业服务对农业生态效率的本地影响可能会低估农机服务的作用，因此，分别从本地效应与空间溢出视角研究农机作业服务对农业生态效率的影响，从而更为深入地分析该影响的效果。

生态效率是指经济价值增加量与环境影响增加量的比值（诸大建等，2006），即在最大化产出价值的同时，最小化资源消耗、污染和废弃物。农业生态效率是生态效率在农业领域的应用和拓展，本研究采用规模报酬可变型非期望超效率 SBM 模型对 2004～2019 年中国农业生态效率进行测算，并运用双向固定效应模型和双固定空间杜宾模型分析农机作业服务对农业生态效率的作用以及空间溢出影响。

1. 农机作业服务及农业生态效率

分工的不断深化是促进生产率水平提升的动力源泉（Smith A，1927）。农户通过购置农机外包服务被纳入社会化分工网络，突破原有生产经营单元的资源配置、规模报酬约束，实现要素配置优化和规模经济效益（J Yang et al.，2013）。现今中国已迈向农业高质量发展阶段，农机作业服务已然成为生产角色分化背景下降低农户生产成本、提高农业生产效率的重要手段（卢华等，2020）。在生态效益方面，服务外包究竟能提高还是降低农业生态效率学界尚未形成一致结论。部分学者认为农业机械的不合理使用可能造成农业碳排放量上升（Aguilera E et al.，2019）。在不考虑技术进步的前提下，短期内农机服务的采用可能会对生态环境产生负面影响，但着眼于更长的经济发展时期，农机作业服务通过促进管理创新和科技进步提高农业生态效率契合经济发展的客观规律（Alexander M et al.，1996）。

农机作业服务对生态效率的影响主要体现在减少化肥农药使用和降低生产成本两个方面。一方面，农业服务组织无论基于科学作业还是降低成本的原则，均会倾向于少量施用农药化肥，避免了单一品种化肥过量施用导致的土壤富营养化等问题（冯燕等，2018），而无人机植保服务的规模化和统一性特点也避免了小农户随意确定农药施用的时间，从而能够有效减少由于施药时间、施药类型不一致带来的农药多次施用行为（应瑞瑶等，2017）。另一方面，农机作业服务的普及减弱了小农户自行购置农用机械的诉求，减少了小农户过度购置机械造成的闲置浪费，农机作业服务也能够整合部分农业生产环节。例如在河南部分地区，农机作业服务主体的小麦旋耕机兼有施肥功能，收割机也有打碎秸秆翻入地底的功能，这无疑降低了农业的单位生产成本。此外，服务提供主体在市场活动中为取得更强竞争力倾向于选择新型农业机械（孙小燕等，2019），而政府为推进此类农资农机普及化也会给予相应的扶持和补贴，内生力与外推力双重作用共同促进了环境友好型农业机械使用。

综上，提出假设 **H7 - 12：农机作业服务与当地农业生态效率具有正相关关系。**

2. 农机作业服务对农业生态效率的空间效应

生态环境是一个复杂的整体系统，在空间上具有敏感的易扩散特质（欧阳志云等，2000）。在农业生产方面这种扩散效应尤为凸显，如化肥的过量施用导致中下游水体富营养化（全为民等，2002）、农户不合理地增加农药使用剂量和次数致使区域性生物灾害加重（王艳青，2006）、过度开荒致使水土流失加剧从而增加了中下游洪涝灾害风险（吴佩林等，2004）。农机作业服务若能降低一个地区的环境污染水平，不仅能提升当地的生态效益，亦会对邻近的其他区域产生间接的空间溢出影响。农机作业服务的区域流动性对提升空间生态效率的作用则更为直接，跨区的机耕机收作业和无人机跨区植保等能够直接改变接受服务地区的农业生产方式，进而影响当地的农业生态效率。此外，高农业生态效率的地区会对周围区域形成示范效应与竞争效应（侯孟阳等，2021），邻里的互相效仿使得生态效率的空间扩散能力得到增强。

综上，提出假设 **H7 - 13：农机作业服务对农业生态效率的影响具有空间溢出效应。**

7.3.2　模型设计与变量选择

1. 模型设计

（1）农机作业服务对农业生态效率的影响。在计量模型的选择上，首先在不加入控制变量的条件下选择混合 OLS 模型见式（7 - 13），初步分析农机作业服务（AMS）对农业生态效率（AE）的影响；其次，考虑到可能存在其他因素影响生态效率，在式（7 - 13）的基础上加入种植结构

（PS）、复种指数（MCI）等控制变量，见式（7-14）；再次，除纳入模型的解释变量外，可能存在随个体和时间变化的未观测变量影响被解释变量，采用个体固定效应模型［式（7-15）］和时间固定效应模型［式（7-16）］进行进一步分析；最后，随个体和时间变化的未观测变量可能同时对估计结果产生影响，选择双向固定效应模型即式（7-17）进行估计。此外，若式（7-17）中的残差项 ε 与解释变量 Xit 不相关，则应选择随机效应模型而非固定效应模型，在这两种模型的选择上，目前普遍采用 Hausman 检验进行分析，若检验所得 P 值小于 5%，则应使用固定效应模型，否则应采用随机效应模型。

$$AE_{it} = \beta_{10} + \beta_{11}AMS_{it} + \varepsilon_{1it} \tag{7-13}$$

$$AE_{it} = \beta_{20} + \beta_{21}AMS_{it} + \beta_{22}PS_{it} + \beta_{23}MCI_{it} + \beta_{24}EC_{it} + \beta_{25}IS_{it} \\ + \beta_{26}GAE_{it} + \beta_{27}UR_{it} + \beta_{28}HC_{it} + \varepsilon_{2it} \tag{7-14}$$

$$AE_{it} = \beta_{30} + \beta_{31}AMS_{it} + \beta_{32}PS_{it} + \beta_{33}MCI_{it} + \beta_{34}EC_{it} + \beta_{35}IS_{it} + \\ \beta_{36}GAE_{it} + \beta_{37}UR_{it} + \beta_{38}HC_{it} + \eta_{3i} + \varepsilon_{3it} \tag{7-15}$$

$$AE_{it} = \beta_{40} + \beta_{41}AMS_{it} + \beta_{42}PS_{it} + \beta_{43}MCI_{it} + \beta_{44}EC_{it} + \beta_{45}IS_{it} + \\ \beta_{46}GAE_{it} + \beta_{47}UR_{it} + \beta_{48}HC_{it} + \theta_{4t} + \varepsilon_{4it} \tag{7-16}$$

$$AE_{it} = \beta_{50} + \beta_{51}AMS_{it} + \beta_{52}PS_{it} + \beta_{53}MCI_{it} + \beta_{54}EC_{it} + \beta_{55}IS_{it} + \\ \beta_{56}GAE_{it} + \beta_{57}UR_{it} + \beta_{58}HC_{it} + \eta_{5i} + \theta_{5t} + \varepsilon_{5it} \tag{7-17}$$

上述模型中，η 为个体效应；θ 为时间效应；ε 为误差项；下角标 i 和 t 分别表示不同的省份与年份，其中 $i = 1, \cdots, N(N = 30)$，$t = 1, \cdots, T(T = 16)$。

（2）空间计量模型的建立。在构建空间计量模型之前，首先须搭建能够反映各地区间空间相关性的权重矩阵，一个地区的经济现象往往与其附近其他地区的经济活动存在关联，较近的地理距离能够带来较强的地区间联系（Anselin L et al.，1988）。因此，本研究借鉴韩峰等（2019），余泳泽（2017），白俊红等（2017）的研究，构建反距离空间权重矩阵 W_{xy}［式（7-18）］，其中 d_{xy} 为通过经纬度计算的省份间距离，并将主对角线各元素（$x = y$）赋值为 0。

$$W_{xy} = \frac{1}{|d_{xy}|}(x \neq y) \tag{7-18}$$

此外，还需逐年计算全局莫兰指数（Moran's I），用以检验变量是否存在空间相关性，Moran's I 的取值区间为［-1，1］。在 P 值小于 0.05 条件下，若取值为（0，1]，说明存在空间正相关；若取值为 [-1，0)，则说明存在空间负相关；若取值为 0 则说明不存在空间相关性。Moran's I 的计算方式如下：

$$\text{Moran's } I = \frac{\sum_{x=1}^{n} \sum_{y=1}^{n} W_{xy}(a_x - \overline{a})(a_y - \overline{a})}{S^2 \sum_{x=1}^{n} \sum_{y=1}^{n} W_{xy}} \tag{7-19}$$

$$S^2 = \frac{1}{n} \sum_{x=1}^{n} (a_x - \overline{a})^2 \tag{7-20}$$

式中：W_{xy} 为空间权重矩阵；n 表示地区数量；a_x 和 a_y 分别表示变量 a 在第 x 个和第 y 个地区上的观测值；$\overline{a}$ 为变量 a 在 n 个地区观测值的平均数。

在空间计量模型的构建上，第一步，构建地区固定效应模型 [式（7-22）] 和时间固定效应模型 [式（7-23）]，分别与双固定空间杜宾模型 [式（7-21）] 进行 LR 检验，若两个检验均显著，则选择双固定空间杜宾模型；第二步，构建双固定空间杜宾模型 [式（7-21）] 和空间随机效应模型并进行 Hausman 检验，若拒绝原假设则使用固定效应模型，若不能拒绝原假设则选择随机效应模型；第三步，当式（7-21）满足 $\lambda_{11} = 0$ 时，空间杜宾模型会退化为空间滞后模型，当式（7-20）满足 $\lambda_{11} + \delta_1 \gamma_{11} = 0$ 时，空间杜宾模型会退化为空间误差模型。判断空间杜宾模型是否会退化需要进行 Wald 检验和 LR 检验，当拒绝 $\lambda_{11} = 0$ 和 $\lambda_{11} + \delta_1 \gamma_{11} = 0$ 的原假设时，说明模型不会退化，空间杜宾模型是最优选择。式中，τ 表示个体效应；φ 表示时间效应；ξ 为误差项。

$$
\begin{aligned}
AE_{it} = {} & \gamma_{10} + \delta_1 W_{xy} \times AE_{it} + \gamma_{11} AMS_{it} + \gamma_{12} PS_{it} + \gamma_{13} MCI_{it} + \gamma_{14} EC_{it} + \\
& \gamma_{15} IS_{it} + \gamma_{16} GAE_{it} + \gamma_{17} UR_{it} + \gamma_{18} HC_{it} + \lambda_{11} W_{xy} \times AMS_{it} + \lambda_{12} W_{xy} \times \\
& PS_{it} + \lambda_{13} W_{xy} \times MCI_{it} + \lambda_{14} W_{xy} \times EC_{it} + \lambda_{15} W_{xy} \times IS_{it} + \lambda_{16} W_{xy} \times \\
& GAE_{it} + \lambda_{17} W_{xy} \times UR_{it} + \lambda_{18} W_{xy} \times HC_{it} + \tau_{1i} + \varphi_{1t} + \xi_{1it}
\end{aligned} \tag{7-21}
$$

$$
\begin{aligned}
AE_{it} = {} & \gamma_{20} + \delta_2 W_{xy} \times AE_{it} + \gamma_{21} AMS_{it} + \gamma_{22} PS_{it} + \gamma_{23} MCI_{it} + \gamma_{24} EC_{it} + \gamma_{25} IS_{it} + \\
& \gamma_{26} GAE_{it} + \gamma_{27} UR_{it} + \gamma_{28} HC_{it} + \lambda_{21} W_{xy} \times AMS_{it} + \lambda_{22} W_{xy} \times PS_{it} + \\
& \lambda_{23} W_{xy} \times MCI_{it} + \lambda_{24} W_{xy} \times EC_{it} + \lambda_{25} W_{xy} \times IS_{it} + \lambda_{26} W_{xy} \times GAE_{it} + \\
& \lambda_{27} W_{xy} \times UR_{it} + \lambda_{28} W_{xy} \times HC_{it} + \tau_{2i} + \xi_{2it}
\end{aligned} \tag{7-22}
$$

$$
\begin{aligned}
AE_{it} = {} & \gamma_{30} + \delta_3 W_{xy} \times AE_{it} + \gamma_{31} AMS_{it} + \gamma_{32} PS_{it} + \gamma_{33} MCI_{it} + \gamma_{34} EC_{it} + \\
& \gamma_{35} IS_{it} + \gamma_{36} GAE_{it} + \gamma_{37} UR_{it} + \gamma_{38} HC_{it} + \lambda_{31} W_{xy} \times AMS_{it} + \lambda_{32} W_{xy} \times
\end{aligned}
$$

$$PS_{it} + \lambda_{33} W_{xy} \times MCI_{it} + \lambda_{34} W_{xy} \times EC_{it} + \lambda_{35} W_{xy} \times IS_{it} + \lambda_{36} W_{xy} \times$$
$$GAE_{it} + \lambda_{37} W_{xy} \times UR_{it} + \lambda_{38} W_{xy} \times HC_{it} + \varphi_{3t} + \xi_{3it} \qquad (7-23)$$

（3）直接效应、空间溢出效应和总效应的测算。根据自变量对因变量影响范围的不同，将空间效应分为直接效应、空间溢出效应和总效应（J P LeSage et al.，2008）。其中，直接效应为自变量对本地区因变量的平均影响，空间溢出效应表示自变量对其他地区因变量的平均影响，总效应则表示自变量对全部地区因变量的平均影响。由于在包含空间滞后项的空间计量模型中，自变量对因变量的影响不能简单通过回归系数表征，因此需要采用偏微分方法对空间计量模型中的直接效应、空间溢出效应和总效应展开测算（崔叶辰等，2020）。

首先，需要将空间杜宾模型的一般形式转化为：

$$(I_n - \delta W) Y = \omega_n \gamma_0' + \gamma X + \lambda WX + \xi \qquad (7-24)$$

令 $P(W) = (I_n - \delta W)^{-1}$，$Q_m(W) = P(W) \times (I_n \beta_m + \lambda_m W)$，则可将式（7-24）转化为：

$$Y = \sum_{m=1}^{k} Q_m(W) X_m + P(W)(\omega_n \gamma_0' + \xi) \qquad (7-25)$$

式（7-25）中：$m = 1，2，\cdots，k$ 表示第 m 个解释变量；$Q_m(W)$ 为估计空间效应中直接效应和间接效应大小的偏微分矩阵。对角线上的元素反映了自变量对因变量的直接影响，而非对角线元素则反映了自变量对因变量的空间溢出影响。具体的计算方法为：直接效应 $= \dfrac{\partial Y_i}{\partial X_{im}} = Q_m(W)_{ii}$，空间溢出效应 $= \dfrac{\partial Y_i}{\partial X_{jm}} = Q_m(W)_{ij}$，总效应 $= Q_m(W)_{ii} + Q_m(W)_{ij}$。

2. 变量选择

在被解释变量生态效率（AE）的测算上，选择规模报酬可变型非期望超效率 SBM 模型对其进行测算。在投入、产出的选择上，借鉴侯孟阳等（2021）、王宝义等（2016）、孙学涛（2021）的研究方法，选择农业劳动力投入、农作物总播种面积、有效灌溉面积、农用机械总动力、农用化肥使用量、农用塑料薄膜使用量、农药使用量、农用柴油使用量作为投入指标，选择农业总产值作为产出指标，并借鉴李波等（2011）的研究，对农业生产的碳排放进行测算并作为非期望产出指标。为避免变量单位差异影响测算结果，对各投入产出以及非期望产出变量进行标准化处理。

　　本书的核心解释变量为农机作业服务（AMS），该指标需要反映各省农机作业服务的市场发育状况。目前已有研究大多采用农林牧渔服务业产值进行度量（张恒等，2021；张荐华等，2019），但该产值 2010～2017 年数据根据第三次全国农业普查结果进行了修订，2010 年以前数据的可得性和准确性受限。此外，农林牧渔服务业不仅包括农机作业服务，亦包括机械维修、种苗繁育、农产品加工以及林业、畜牧业、渔业等其他农业服务，难以准确度量农机作业服务的市场发育情况。而市场发育程度的提高更直接体现在从业人员数量的增加上（姚先国等，2008），相比之下，农机作业服务市场尚未发育成熟，在此条件下，行业从业人员的数量能够更为准确度量服务市场的发育情况。因此，本研究采用农业机械化作业服务专业户数量表示农机作业服务的市场发育程度。

　　在控制变量的选择上，经济作物生长特性决定了其与粮食作物相比往往需要更高的水、肥、药投入，而农户对经济作物生产的产量需求相对更高，这就造成了农户倾向于过量施用化肥农药以保障产量，因而产生负面生态效益。过高的土地使用频率会导致水土流失、土壤板结等生态问题，因此加入了种植结构（PS）和复种指数（MCI）变量。农村居民恩格尔系数（EC）表现了农户家庭的富裕程度，家庭条件越优越的农户越有能力选择环境友好型的生产方式。产业结构（IS）和财政涉农支出（GAE）体现了农业在全省经济中的地位，也能够从侧面反映各省所处的经济发展阶段，农业重要性越强则拥有的农业基础设施越完备，新型农业技术的应用也更为广泛，进而对生态效率产生影响。此外，本研究还加入了城镇化率（UR）和高速公路覆盖率（HC）等其他控制变量。变量说明和描述性统计见表 7－17。

3. 数据来源

　　本研究以中国 30 个省份为研究样本（统计数据未含西藏和港、澳、台地区，下同），选取 2004～2019 年为研究时期。其中，农机服务专业户数量来自 2005～2020 年《中国农业机械工业年鉴》，2009～2017 年耕地面积数据来自 2010～2018 年《中国国土资源统计年鉴》，农业劳动力投入指标来自中国经济社会大数据研究平台，2004~2008 年各省耕地面积、第一产业产值和国内生产总值出自 CSMAR 数据库，其余数据均来源于国家统计局与 2005~2020 年的《中国统计年鉴》和《中国农村统计年鉴》。部分缺失数据采用插值法进行补齐，总计获取有效样本数 480 个，变量说明和描述性统计见表 7-17。

表 7-17　　　　　　　　　　变量说明与描述性统计

变量	变量说明	均值	标准差
农业生态效率（AE）	SBM 模型测算	0.654	0.280
农机作业服务（AMS）	农业机械化作业服务专业户（万户）	15.323	13.952
种植结构（PS）	粮食作物播种面积/农作物播种总面积（%）	89.037	17.599
复种指数（MCI）	农作物播种面积/耕地总面积（%）	125.094	36.556
恩格尔系数（EC）	农村居民食物消费支出/总消费支出（%）	38.126	7.665
产业结构（IS）	第一产业产值/国内生产总值（%）	11.020	5.918
财政涉农支出（GAE）	百亿元	3.434	2.867
城镇化率（UR）	城镇常住人口/总人口数（%）	53.472	14.05
高速公路覆盖率（HC）	高速公路里程/土地面积（%）	0.024	0.022

7.3.3　结果分析与讨论

1. 农机作业服务对农业生态效率影响的本地效应

（1）农业生态效率的测度分析。本研究采用规模报酬可变型非期望超效率 SBM 模型对 2004~2019 年中国各省（自治区、直辖市）农业生态效率（AE）进行测算，图 7-7 为 2004~2019 年中国农业生态效率。可见，在此期间中国农业生态效率整体呈现波动式下降特征，2004 年中国生态效率均值为 0.697，2006 年降至 0.603 之后缓慢回升并于 2014 年达到最大值 0.712，但开始再次下跌，2019 年跌至 0.600。为进一步刻画生态效率的时空变动趋势和特征，根据国家发改委的解释，将中国 30 个省（自治区、直辖市）按照 11：10：9 的分布特征划分为东部、中部和西部三大区域，逐年计算各区域生态效率均值。具体而言，东、中、西三大区域的农业生态效率变动趋势与全国整体大致趋同，但不同区域的生态效率水平存在着较大差异。东部地区的生态效率在 16 年中一直保持领先地位，然而中部地区的生态效率则相对滞后，特别是在 2007 年以后，在三大区域中持续排名末位。西部地区的生态效率波动则较为剧烈，虽然 2006 年西部区域的生态效率均值低至 0.479，但随后便开始快速上升，并于 2014 年达到 0.754 的历史性高值。

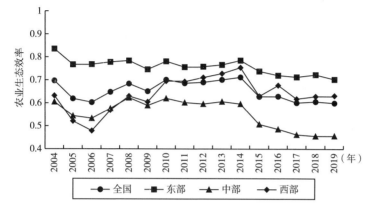

图 7 - 7   2004 ~ 2019 年中国农业生态效率

注：统计数据未含西藏和香港、澳门、台湾地区。

表 7 - 18 为 2004 ~ 2019 年中国 30 个省份农业生态效率的描述性统计。在此期间，北京农业生态效率均值最高，为 1.450，山东、四川、河南、广东、贵州省农业生态效率也相对较高，均超过了 0.800。与之相对，甘肃、宁夏、安徽、山西农业生态效率则相对较低，均低于 0.400。各省份农业生态效率既受气候、地形等自然条件影响，亦与农业发展模式间的关系密不可分。北京市作为政治经济文化中心，在生产方式、新技术推广应用和基础设施建设等方面具有突出优势，因而具有最高的农业生态效率，而甘肃、宁夏等省份的农业生产条件相对较差，叠加劣势自然环境，造成生态效率居于落后地位。

表 7 - 18   2004 ~ 2019 年中国 30 个省份农业生态效率

省份	均值	标准差	最小值	最大值	省份	均值	标准差	最小值	最大值
北京	1.450	0.402	1.052	2.150	河南	0.967	0.065	0.846	1.048
天津	0.453	0.056	0.375	0.562	湖北	0.614	0.069	0.493	0.707

续表

省份	均值	标准差	最小值	最大值	省份	均值	标准差	最小值	最大值
河北	0.500	0.094	0.367	0.731	湖南	0.605	0.124	0.405	0.803
山西	0.398	0.082	0.298	0.526	广东	0.910	0.141	0.723	1.141
内蒙古	0.439	0.103	0.249	0.543	广西	0.683	0.076	0.597	0.825
辽宁	0.590	0.112	0.407	0.773	海南	0.707	0.117	0.590	1.047
吉林	0.433	0.157	0.184	0.631	重庆	0.724	0.075	0.547	0.808
黑龙江	0.571	0.112	0.437	0.824	四川	1.008	0.151	0.631	1.116
上海	0.610	0.134	0.404	0.783	贵州	0.812	0.317	0.454	1.253
江苏	0.898	0.125	0.647	1.038	云南	0.482	0.056	0.380	0.556
浙江	0.527	0.075	0.390	0.630	陕西	0.778	0.184	0.560	1.044
安徽	0.389	0.075	0.259	0.492	甘肃	0.350	0.081	0.243	0.476
福建	0.679	0.069	0.575	0.763	青海	0.696	0.253	0.356	1.070
江西	0.436	0.048	0.367	0.558	宁夏	0.360	0.042	0.298	0.416
山东	1.008	0.090	0.766	1.084	新疆	0.529	0.121	0.329	0.790

资料来源：农机服务专业户数量来自 2005～2020 年《中国农业机械工业年鉴》，2009～2017 年耕地面积数据来自 2010～2018 年《中国国土资源统计年鉴》，农业劳动力投入指标来自中国经济社会大数据研究平台，2004～2008 年各省耕地面积、第一产业产值和国内生产总值出自 CS-MAR 数据库，其余数据均来源于国家统计局与 2005～2020 年的《中国统计年鉴》和《中国农村统计年鉴》。部分缺失数据采用插值法进行补齐。

（2）本地效应分析。表 7-19 为农机作业服务对农业生态效率影响的模型估计结果，模型（1）至模型（6）分别对应不加入控制变量的 OLS 模型、加入控制变量的 OLS 模型、个体固定效应模型、时间固定效应模型、双向固定效应模型和随机效应模型。在不同估计模型中，核心解释变量农机作业服务（AMS）的估计系数均为正值且在 5% 的显著性水平下显著，说明农机作业服务对当地农业生态效率具有正向影响，并且估计结果是较为稳健的，假设 H7-12 得证。

在固定效应和随机效应模型的选择上，本研究针对模型（5）和模型（6）进行了 Hausman 检验。经检验，P 值为 0，显著拒绝残差项与解释变量不相关的原假设，应选择双向固定效应模型。在双向固定效应模型即模型（6）中，核心解释变量农机作业服务（AMS）的估计系数为 0.004 并在 5% 水平下显著，说明农机作业服务对农业生态效率具有显著正向影响，农业机械化作业服务专业户数量每增加 1 万个，农业生态效率便会提高

0.004。此外，种植结构（PS）、产业结构（IS）、城镇化率（UR）和高速公路覆盖率（HC）也对生态效率提高产生了正向促进作用。粮食作物耕种比重越高、农业重要性越强、城镇化水平越高、高速路网覆盖越完善，农业生态效率也越高。具体来说，粮食作物播种比重每提高1%，生态效率会提高0.003；第一产业产值比重每增加1%，生态效率会提高0.031；城镇化率每上升1%，生态效率会提高0.007；高速公路覆盖率每增加1%，生态效率会提高3.563。与之相对，复种指数（MCI）和恩格尔系数（EC）则会抑制生态效率的提高。同年多季种植、食物支出比重较高会造成农业生态效率的下降。复种指数每增加1%，生态效率下降0.003；农村居民食物消费支出每提高1%，生态效率降低0.016。

表 7 - 19　　　　　　　农机作业服务对农业生态效率的影响

变量	模型（1）最小二乘 OLS	模型（2）最小二乘 OLS	模型（3）固定效应 FE	模型（4）固定效应 FE	模型（5）随机效应 RE	模型（6）固定效应 FE
农机作业服务	0.003 *** (3.62)	0.005 *** (4.46)	0.006 *** (3.34)	0.004 *** (2.64)	0.006 *** (3.63)	0.004 ** (1.97)
种植结构 PS		- 0.001 * (- 1.65)	0.002 *** (2.95)	0.002 ** (2.11)	0.001 ** (2.17)	0.003 *** (2.63)
复种指数 MCI		0.000 (0.48)	- 0.002 *** (- 3.18)	- 0.003 *** (- 5.12)	- 0.001 ** (- 2.57)	- 0.003 *** (- 6.11)
恩格尔系数 EC		0.008 *** (2.89)	- 0.004 (- 1.46)	- 0.013 *** (- 4.68)	- 0.001 (- 0.40)	- 0.016 *** (- 5.37)
产业结构 IS		0.002 (0.60)	0.025 *** (5.77)	0.027 *** (6.65)	0.022 *** (5.29)	0.031 *** (7.18)
财政涉农支出 GAE		0.012 * (1.70)	- 0.015 ** (- 2.47)	0.005 (0.77)	- 0.016 *** (- 3.04)	0.003 (0.50)
城镇化率 UR		0.010 *** (5.21)	0.003 (0.80)	0.007 ** (2.50)	0.006 ** (2.10)	0.007 * (1.87)
高速覆盖率 HC		- 1.434 (- 1.38)	0.717 (0.58)	4.066 *** (3.40)	1.317 (1.14)	3.563 *** (2.75)
常数项	0.603 *** (32.22)	- 0.162 (- 0.91)	0.364 (1.36)	0.105 (0.46)	0.804 *** (2.94)	0.603 *** (32.22)

续表

变量	模型（1）最小二乘 OLS	模型（2）最小二乘 OLS	模型（3）固定效应 FE	模型（4）固定效应 FE	模型（5）随机效应 RE	模型（6）固定效应 FE
地区固定效应			YES			YES
年度固定效应				YES		YES

注：＊、＊＊和＊＊＊分别表示10%、5%和1%的显著性水平，括号中为t值。

为验证估计结果的稳健性，在采用逐步回归、多种计量模型的基础上，考虑更换核心解释变量进行重新估计。在替代变量的选择上，本研究使用农业机械化作业服务人数（AMS_N）替代农业机械化作业服务专业户（AMS），运用多种模型对生态效率进行重复估计，估计结果见表7-20。可以看出，在更换核心解释变量后，农机作业服务对农业生态效率的正向影响在多模型下均在10%以上显著性水平下显著，说明本研究的估计结果是十分稳健的。

表7-20　　　　　　　　　　稳健性检验

变量	模型（7）最小二乘 OLS	模型（8）最小二乘 OLS	模型（9）固定效应 FE	模型（10）固定效应 FE	模型（11）随机效应 RE	模型（12）固定效应 FE
农机服务人数	0.000＊＊＊ (3.53)	0.001＊＊＊ (5.99)	0.002＊＊＊ (4.37)	0.001＊＊＊ (4.09)	0.001＊＊＊ (4.49)	0.001＊ (1.88)
控制变量		YES	YES	YES	YES	YES
常数项	0.608＊＊＊ (0.018)	-0.395＊＊ (0.185)	-0.092 (0.282)	-0.045 (0.223)	-0.263 (0.247)	1.203＊＊＊ (0.362)
地区固定效应			YES			YES
年度固定效应				YES		YES

注：＊、＊＊和＊＊＊分别表示10%、5%和1%的显著性水平，括号中为t值。

2. 农机作业服务对农业生态效率影响的空间溢出效应

（1）生态效率的空间特征分析。为验证农机作业服务是否对农业生态效率提升具有空间扩散影响，首先需要对农业生态效率的空间相关性进行检验，表 7-21 为中国 2004~2019 年生态效率的莫兰指数。经计算，2004~2019 年中国生态效率的莫兰指数均大于 0 且基本通过了显著性检验，说明生态效率在空间上存在明显的正向溢出效应，即一个地区生态效率的提升或下降将会引致附近的其他地区生态效率产生同方向的变动趋势。

表 7-21　　　　　2004~2019 年中国农业生态效率的莫兰指数

年份	莫兰指数	年份	莫兰指数
2004	0.090 ***	2012	0.013 *
2005	0.104 ***	2013	0.013 *
2006	0.119 ***	2014	0.028 **
2007	0.087 ***	2015	0.046 ***
2008	0.044 ***	2016	0.034 **
2009	0.039 **	2017	0.034 ***
2010	0.024 **	2018	0.038 ***
2011	0.006	2019	0.044 ***

注：***、**、*分别表示 1%、5%、10% 的显著性水平。

在测算整体生态效率莫兰指数的基础上，对该指数进行分解，计算出中国 30 个省份农业生态效率的莫兰指数，图 7-8 为 2004 年和 2019 年的莫兰指数图。其中，横轴表示该区域的农业生态效率水平（标准化后），纵轴表示该区域周边区域的农业生态效率水平（标准化后），一、二、三、四象限分别表示高高聚集区、低高聚集区、低低聚集区和高低聚集区。可以看出，2004 年和 2019 年第一三象限的省份数量明显多于第二四象限，说明农业生态效率的空间差异性较小，高（低）农业生态效率省份其周边省份农业生态效率也相对较高（低）。此外，相较于 2004 年，2019 年的农业生态效率省份聚集程度较高，说明省域间的农业生态效率正在逐步趋同。

（2）空间溢出分析。表 7-22 为农机作业服务对农业生态效率的空间计量模型估计结果，模型（13）至模型（18）分别表示地区空间杜宾模型、时间空间杜宾模型、空间随机效应模型、双固定空间杜宾模型、空间滞后模型和空间误差模型。可以看出，各估计模型中农机作业服务（AMS）的水平项和空间交互项系数均为正值且通过了显著性检验，说明

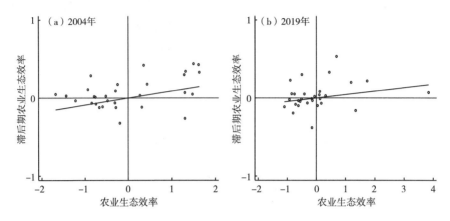

图7-8　农业生态效率局部莫兰指数

模型的估计结果是稳健的，农机作业服务对农业生态效率提升具有正向空间溢出效应，即农机作业服务不仅能够提高本地区的农业生态效率，亦对邻近其他地区生态效率的提升具有促进作用，假设 H7-13 得证。但由于空间计量模型的估计系数仅能反映解释变量与被解释变量间的相关关系，不能直接用以判断影响方式和影响程度。因此需要在模型中选择最优拟合模型，并计算出农机作业服务对农业生态效率影响的直接效应、间接效应和总效应。

表7-22　　　　农机作业服务对农业生态效率的空间效应

变量	模型（13）地区空间杜宾模型 SDM_FE	模型（14）时间空间杜宾模型 SDM_FE	模型（15）空间随机效应模型 RE	模型（16）双固定空间杜宾模型 SDM_FE	模型（17）空间滞后模型 SAR	模型（18）空间误差模型 SEM
农机作业服务 AMS	0.005 *** (2.85)	0.004 ** (2.57)	0.005 *** (3.36)	0.007 *** (4.10)	0.005 *** (2.92)	0.004 ** (2.12)
种植结构 PS	0.002 ** (2.17)	-0.001 (-0.79)	0.002 * (1.78)	0.003 *** (2.74)	0.001 ** (2.35)	0.001 (1.39)
复种指数 MCI	-0.003 *** (-6.17)	-0.001 ** (-2.55)	-0.003 *** (-5.06)	-0.004 *** (-7.77)	-0.002 *** (-3.50)	-0.002 *** (-4.11)
恩格尔系数 EC	-0.015 *** (-5.59)	0.003 (1.16)	-0.013 *** (-4.85)	-0.017 *** (-6.23)	-0.005 * (-1.92)	-0.009 *** (-2.77)

续表

变量	模型（13） 地区空间 杜宾模型 SDM_FE	模型（14） 时间空间 杜宾模型 SDM_FE	模型（15） 空间随机 效应模型 RE	模型（16） 双固定空间 杜宾模型 SDM_FE	模型（17） 空间滞 后模型 SAR	模型（18） 空间误 差模型 SEM
产业结构 IS	0.028 *** （6.70）	0.014 *** （3.32）	0.027 *** （6.45）	0.035 *** （8.09）	0.026 *** （5.95）	0.027 *** （6.29）
财政涉农支出 GAE	0.000 （0.02）	0.037 *** （4.87）	0.000 （0.02）	0.008 （1.19）	− 0.015 ** （− 2.56）	− 0.015 ** （− 2.51）
城镇化率 UR	0.006 （1.51）	0.009 *** （5.46）	0.006 * （1.82）	0.008 * （1.86）	0.004 （0.98）	0.004 （1.06）
高速覆盖率 HC	3.657 *** （2.97）	0.788 （0.80）	3.865 *** （3.27）	4.201 *** （3.64）	0.834 （0.69）	0.781 （0.62）
农机作业服务 × 空间权重矩阵 AMS × W	0.016 ** （2.10）	0.061 *** （5.28）	0.014 * （1.90）	0.037 *** （2.62）		
种植结构 × 空间权重矩阵 PS × W	− 0.003 ** （− 2.07）	− 0.006 （− 0.51）	− 0.003 * （− 1.83）	0.011 （1.25）		
复种指数 × 空间权重矩阵 MCI × W	0.005 ** （2.12）	− 0.020 *** （− 4.94）	0.004 * （1.74）	− 0.008 ** （− 1.97）		
恩格尔系数 × 空间权重矩阵 EC × W	0.024 *** （4.16）	0.107 *** （4.58）	0.024 *** （4.06）	− 0.004 （− 0.17）		
产业结构 × 空间权重矩阵 IS × W	− 0.024 （− 1.26）	0.035 （0.99）	− 0.011 （− 0.61）	0.153 *** （3.86）		
财政涉农支出 × 空间权重矩阵 GAE × W	0.068 ** （2.32）	0.239 *** （3.76）	0.040 （1.35）	0.251 *** （4.97）		
城镇化率 × 空间权重矩阵 UR × W	− 0.045 ** （− 2.46）	0.077 *** （4.69）	− 0.036 * （− 1.95）	− 0.039 （− 1.09）		
高速覆盖率 × 空间权重矩阵 HC × W	7.293 （0.76）	43.876 *** （3.87）	13.486 （1.41）	8.423 （0.81）		

续表

变量	模型（13） 地区空间 杜宾模型 SDM_FE	模型（14） 时间空间 杜宾模型 SDM_FE	模型（15） 空间随机 效应模型 RE	模型（16） 双固定空间 杜宾模型 SDM_FE	模型（17） 空间滞 后模型 SAR	模型（18） 空间误 差模型 SEM
地区固定效应 Region FE	YES			YES	YES	YES
年度固定效应 Year FE	—	YES		YES	YES	YES

注：*、** 和 *** 分别表示 10%、5% 和 1% 的显著性水平，括号内为 t 值。

在模型选择上，为判断双固定空间杜宾模型即模型（16）是否为最优拟合模型，首先需要对其与地区空间杜宾模型、时间空间杜宾模型进行 LR 检验；其次，与随机效应模型进行 Hausman 检验；最后，需进行 Wald 检验和 LR 检验，判断是否应退化为空间滞后模型和空间误差模型。通过对上述模型分别进行检验，各检验的 P 值均在 1% 的水平下显著为 0（见表 7 – 23），说明双固定空间杜宾模型具有最优的拟合效果。因此，本研究针对双固定空间杜宾模型进行效应分解，展开进一步的分析。

表7 – 23   各检验相关统计量

原假设模型	检验名称	Chi^2	P 值
地区空间杜宾模型	LRtest	73.45	0.0000
时间空间杜宾模型	LRtest	584.13	0.0000
随机效应模型	Hausman test	1127.05	0.0000
空间滞后模型	Waldtest	69.3	0.0000
空间滞后模型	LRtest	65.39	0.0000
空间误差模型	Wald test	39.9	0.0000
空间误差模型	LR test	61.21	0.0000

从表 7 – 24 可以看出，农机作业服务对农业生态效率的直接效应、间接效应和总效应均在 5% 水平下显著为正，分别为 0.006、0.017 和 0.024，表明农机作业服务不仅能够直接影响本地区的农业生态效率，也会带来空间上的溢出影响，间接改变其邻近区域的农业生态效率。

表 7 – 24　　　　基于双固定空间杜宾模型的农机作业服务效应分解

效应	系数	标准误	t 值	P 值
直接效应	0.006 ***	0.002	3.66	0.000
间接效应	0.017 **	0.007	2.29	0.022
总效应	0.024 ***	0.008	2.99	0.003

注：* 、** 和 *** 分别表示 10%、5% 和 1% 的显著性水平。

通过对比直接效应、间接效应和总效应系数可以发现，在农机作业服务对农业生态效率的影响中，间接效应占总效应的比重约为 75%，约为直接效应的 3 倍，这进一步说明农机作业服务对农业生态效率影响具有较强的空间溢出作用，生态系统的整体性特征决定了农机作业服务对优化中国农业生态发展格局、推动农业高质量发展具有十分重要的意义和作用。此外，双固定空间杜宾模型的估计系数明显高于普通的双向固定效应模型，说明在未考虑农业生态效率的空间效应时，农机作业服务对农业生态效率的改进效果将会被低估。

基于中国 30 省（自治区、直辖市）2004 ~ 2019 年数据，采用双向固定效应模型和双固定空间杜宾模型，分析了农机作业服务对农业生态效率的作用以及空间溢出影响，研究结果表明，农机作业服务能够有效提高农业生态效率且对生态效率的提升具有空间扩散影响，具体研究结论有三个。其一，2004 ~ 2019 年中国农业生态效率由 0.697 降至 0.600，整体呈现波动式下降特征，东、中、西部地区生态效率的波动趋势与全国整体相仿，但存在明显的区域差异。经济发展程度较高的东部区域具有较高的农业生态效率，中部地区的生态效率相对较低，西部地区的生态效率波动则最为剧烈。其二，农机作业服务与农业生态效率间存在正向相关关系。粮食作物耕种比重、农业产值比重、城镇化水平和高速路网覆盖也会对农业生态效率提高产生正向促进作用，但较高的复种指数和较差的农户生活水平则会抑制生态效率的提高。其三，中国的生态效率在空间上具有明显正向相关关系，且农机作业服务对农业生态效率的提升具有空间溢出效应。农机作业服务对农业生态效率的直接效应、间接效应和总效应分别为 0.006、0.017 和 0.024，间接效应约占总效应的 75%，表明农机作业服务带来的农业生态效率改进是系统性的，这对推动中国农业高质量发展具有重要作用。综上，农机作业服务的空间溢出效应明显。

第8章 服务外包化解农户三重资源约束的对策建议

8.1 建立健全农业服务外包市场与体系

随着粮食生产机械化程度的提高，农机服务市场体系的建立健全对缓解土地和劳动资源约束有重要作用。为此，首先应加大农机补贴覆盖范围，继续推进农业服务减税降费政策。通过财政支农推进农业先进技术的普及和应用，健全面向小农户的农机服务市场体系，推动小农户与现代农业的有机衔接。其次，要大力发展土地托管、代耕代种、全环节服务外包等多种服务形式，对不同区域、不同规模、不同种植结构的农户进行差异化农机服务，构建生产服务信息平台，扩展农机服务的广度与深度。例如单环节农机外包、多环节农机外包、关键环节综合外包和全过程农机外包，需要根据各地区自然、社会与经济状况，发展不同类型的农机服务，不宜"一刀切"。同时要降低农机服务获取门槛，对农机覆盖率偏低区域给予一定的政策支持，降低农业劳动力向非农产业转移的机会成本并兼顾粮食产量稳定增收。

当前，农户生产环节外包的服务主体较为单一，供给服务不完善，一定程度上影响其不同生产环节的有效需求。为此，亟须培育和扶持农民专业合作社、家庭农场、专业大户以及农业企业等专门机构发展农机服务，并完善农机配套补贴政策，同时鼓励农户在农业生产中采用多种形式的农机服务模式。在发展外生型农机服务组织的同时，以村级服务组织为中介，充分利用农村精英、闲置劳动力以及农村熟人社会关系发展内生型农机服务组织，激活农村闲置资本（包括人力资本），形成"自我"服务与"他我"服务相结合的服务生态，保障与农户资源配置相匹配的农机服务组织的可持续发展。

8.2　以农地有序流转和稳定地权
完善农户服务外包方式

土地细碎化增加了农户生产环节服务外包的成本，是农业生产环节服务外包的阻碍，也制约了粮食生产适度规模经营。推进生产环节服务外包与适度规模化经营是相辅相成的。为此，要进一步推动农村土地承包经营权的有序流转，吸引或培育更多的新型农业经营主体适度扩大农地规模，因地制宜推进本地区粮食生产的服务规模化，如土地托管经营方式。同时，由于不同作物、不同生产环节的特性不同，农户选择服务外包的方式要分类推进，切忌"一刀切"。另外，各地在促进和引导农户选择生产环节服务外包中，要充分考虑农户的认知水平，区别帮扶，因事而化，因时而新，促进农户服务外包。

新一轮的农地确权颁证政策能够有效保障了农户的土地权益。首先，各级政府需充分理解政策意蕴，扩大政策宣传力度，坚定农户对土地承包权长期稳定和土地经营权有效激活的制度信心，以农机社会化服务推进农户土地适度规模经营，提高农业机械化水平。其次，提高农户感知政策的能力，挖掘农地确权颁证的经济功能。有序有效开展农民高素质培育工作，提高农民对农业政策的敏锐度和认知力，引导农民理性就地就近选择农机服务。同时，充分利用农地确权颁证后地权安全性和可交易性的特点，采取农地托管、代耕代种、返租倒包等方式来扩大连片服务的规模，降低农户采纳农机社会化服务的成本，优化农户家庭土地、劳动等生产要素的配置结构。再次，增强农地确权制度可信度，完善农业社会化服务体系。尽管农地确权是国家出台的正式制度，但仍需顺应乡土社会农地承包权流转的"差序格局"，协调好制度"公信力"与乡土"亲信力"的关系，提升确权颁证的效力。根据农地确权对不同生产环节农机服务选择的差异，分类倾斜农机购置补贴和作业补贴，理性匹配农机自购与外包的比重，自发培育各地区适宜的农机服务市场，推进小农户与现代农业的有机衔接，保障粮食安全。

8.3　以合理配置家庭劳动资源扩大农户服务外包规模

农户家庭劳动力非农就业转移带来要素价格的相对变化是其生成农机服务需求的基础条件。基于此，首先，应加大技术创新力度，突破农户"小而全"型的同质化经营路径依赖，合理引导其在农户经营分化基础上实现分工分业。其次，通过分类指导及差别化扶持政策，促进农户家庭生产要素的合理流动，通过主体间的异质型互补发展模式，在更大范围与更大程度上实现其生产要素的优化配置。最后，通过户籍制度改革与农地权益保障措施，构建劳动要素优化配置的良好生态，优化劳动力非农就业的制度环境，推进农户家庭劳动力非农就业转移的持续有序，破解劳动资源约束。

立足农业劳动力转移与稳定粮食生产，还需要针对不同区域发展规划布局，通过土地资源要素调配，对不同农户进行差异化引导，加速其向新型职业农民和市民化转移；降低农机服务获取门槛，对农机覆盖率偏低区域给予一定的政策支持，降低农业劳动力向非农产业转移的机会成本并兼顾粮食产量稳定增收；实现土地适度规模化经营是实现中国农业现代化的关键，随着农业收入可替代性的增强，农机服务必要性凸显，以农户收入分化为杠杆，推进农业现代化服务体系建设，是实现中国农民增收、农地稳产、农资优化配置的有效途径。

8.4　以缓解三重资源交互约束提升农户服务外包质量

土地、劳动与生态资源联立作用于农户生产环节的外包选择，因而要从以下几个方面提升其服务外包质量。第一，农户土地流转和农机社会化服务同步推进。通过土地流转，扩大农户连片的农地经营规模，降低土地资源细碎化对农机服务外包行为的约束作用，为土地集中型规模经营和社会服务型规模经营协同推进粮食生产高质量发展提供基础和保障。此外，考虑到生产环节异质性下农机服务外包水平受农户三重资源的约束程度不同，应引导施肥、喷药等劳动密集型环节服务外包市场的发展，促进农户整体农机服务外包水平的提升。第二，农户家庭资源配置与农机生产环节服务异质性适配。根据不同地区资源禀赋情况，加强农业机械社会服务的适配性，引导农户在自购农机和外包农机服务中做出理性决策，充分发挥农机装备的作业能力和服务效率，降低粮作人力成本和作业成本，优化农户家庭劳动力资源配置。第三，将现代生产要素融入农机社会化服务，减缓生态环境约束对农户粮作经营的影响。通过农业社会化服务，将生物技术、信息技术、数字技术注入农业生产的不同环节，在农户选择生产环节服务外包的过程中实现粮食绿色低碳生产。

目前中国农业生产性服务外包处于一个较低的水平，大多数农户生产服务外包集中在整地、播种和收割环节，对施肥、喷药和烘干环节的需求较少，很大程度上是因为相关生产服务外包环节配套设施不齐全，服务水平低，服务质量差。对此，要在生产服务外包供给方面入手，提升其服务质量和水平，刺激生产服务外包需求。首先，合理引导多类服务主体共同发展，鼓励服务主体开展全程式、跨区域的外包服务，通过市场制度实现优胜劣汰，提高服务质量。其次，要制定行业的服务标准，促进农业生产性服务外包行业规范发展。想要促进农业生产性服务外包的发展，政府必须发挥好宏观指导作用，尽快落实统一的服务指南，例如对农业生产性服务外包中各个环节的服务内容、服务价格以及标准等做出明确的规定，使得服务外包有一个良好的发展环境。最后，可以利用财政补贴政策促进农业机械的更新换代。对购买先进机械的给予财政补贴，鼓励服务外包公司或组织购买先进的生产设备和技术，提高粮食生产效率。

8.5　多方合力助推农户服务外包的正向效应

农业生产性服务是处理好适度规模经营和扶持小农户关系的引擎，通过农业生产环节服务外包，可促进农业分工分业分流，缓解"老人农业"

"妇女农业""兼业农业"对农业绿色生产技术需求不足的窘境，加强服务外包对农户绿色生产技术采纳的促进和带动作用。此外，还应完善农业技术推广模式。农户常常面临的问题是绿色生产技术应用知识的缺乏，因此，要积极发挥农业技术推广部门的作用，做好传授与引导者的工作，通过培训、现场指导等方式减少农户使用农业绿色生产技术的盲区和技术障碍，加快技术推广，助推农业高质量发展。

要拓展农机作业服务覆盖的广度和深度，改善农业生态环境。

发挥农机作业服务的规模化和组织化优势，加快环境友好型农业科技在农业生产中的普及应用，提高农业的生态效率。首先，政府应引导农业生产方式转型升级，加大环保型农机农资的扶持力度并对高污染农业生产方式进行处罚，通过补贴、减税等手段，将绿色生产的正向外部效应内化于农业服务组织，降低新型农业科技的采纳成本，同时强化对农业服务主体的监管引导，增加对过量施肥施药的处罚力度，防止"劣币驱逐良币"现象发生；其次，农业服务主体应积极承担社会责任，减少高能耗农机、单一品种化肥、剧毒有害农药的使用，采用测土配方、统防统治、水肥一体化等技术手段，避免不合理的农业生产要素投入造成环境污染。此外，还应提高服务人员的作业能力，增加服务效率、减少服务次数，避免单一生产环节的重复作业并提高化肥农药施用的精度和准度。最后，鼓励科研机构、高等院校、创新团体等组织机构加强与农业服务主体的合作，增加节能高效农机和环保无害农资的应用推广，创新农业生产的管理模式，加快实现生产和管理方式的转型升级，形成良性的产学研互馈机理。

鼓励多类型农机服务的跨区作业，增加农业生态效率的区域溢出效果。目前，中国在部分农产品种的部分生产环节已基本形成规模化跨区作业趋势，但农机作业服务覆盖的地区、作物、环节仍相对较少。政府应针对不同农业生产主体进行差异化引导，加大对大中型跨区作业机械的补贴力度，并增加农业基础设施投入，加快形成较为完备的农业跨区服务市场。

中国农业生态效率存在明显区域发展不平衡的问题，提升中西部地区生态效率是缩小区域差距、实现全国农业整体协调发展的关键。东部经济发达地区应发挥示范带动作用，加强与落后地区的农业技术交流和管理合作，统一制定农业生态发展规划，利用生态效率的正向溢出效应，推动欠发达地区的农业高质量发展，保障国家粮食安全。

参 考 文 献

［1］2019 年全国耕地质量等级情况公报［J］. 中国农业综合开发，2020（6）.

［2］2019 年全国耕地质量等级情况公报［J］. 中华人民共和国农业农村部公报，2020（4）.

［3］安晓宁，辛岭. 中国农业现代化发展的时空特征与区域非均衡性［J］. 资源科学，2020，42（9）.

［4］白芳芳，齐学斌，乔冬梅等. 黄河流域九省份农业水资源利用效率评价和障碍因子分析［J］. 水土保持学报，2022，36（3）.

［5］白俊红，王钺，蒋伏心，李婧. 研发要素流动、空间知识溢出与经济增长［J］. 经济研究，2017，52（7）.

［6］蔡昉. 劳动力迁移的两个过程及其制度障碍［J］. 社会学研究，2001（4）.

［7］蔡键，刘文勇. 农业机械化发展及其服务外包的原因分析——源自冀豫鲁 3 省问卷调查数据的证明［J］. 中国农业资源与区划，2018，39（2）.

［8］蔡键，刘文勇. 农业社会化服务与机会主义行为：以农机手作业服务为例［J］. 改革，2019（3）.

［9］蔡键，唐忠，朱勇. 要素相对价格、土地资源条件与农户农业机械服务外包需求［J］. 中国农村经济，2017（8）.

［10］蔡键，唐忠. 华北平原农业机械化发展及其服务市场形成［J］. 改革，2016（10）.

［11］蔡荣，蔡书凯. 农业生产环节外包实证研究——基于安徽省水稻主产区的调查［J］. 农业技术经济，2014（4）.

［12］蔡荣，汪紫钰，钱龙，杜志雄. 加入合作社促进了家庭农场选择环境友好型生产方式吗：以化肥、农药减量施用为例［J］. 中国农村观察，2019（1）.

［13］曹慧，赵凯．耕地经营规模对农户亲环境行为的影响［J］．资源科学，2019，41（4）．

［14］曹峥林，姜松，王钊．行为能力、交易成本与农户生产环节外包——基于 Logit 回归与 csQCA 的双重验证［J］．农业技术经济，2017（3）．

［15］曹峥林，王钊．中国农业服务外包的演进逻辑与未来取向［J］．宏观经济研究，2018（11）．

［16］曹峥林．农业生产环节服务外包对规模经济的实现机理研究［D］．重庆：西南大学，2019．

［17］曾福生，史芳．农业社会化服务如何促进小农户与现代农业有机衔接——一个理论分析框架［J］．吉首大学学报（社会科学版），2021，42（3）．

［18］常艳花，张红利，师博等．中国农业现代化发展水平的动态演进及趋势预测［J］．经济问题，2022（5）．

［19］陈爱萍．中国城市居民人际信任的现状与成因分析［D］．武汉：华中科技大学，2006．

［20］陈超，黄宏伟．基于角色分化视角的稻农生产环节外包行为研究——来自江苏省三县（市）的调查［J］．经济问题，2019（9）．

［21］陈超，李寅秋，廖西元．水稻生产环节外包的生产率效应分析——基于江苏省三县的面板数据［J］．中国农村经济，2012（2）．

［22］陈传兴，季舒琳．服务外包的经济福利效应及发展对策［J］．国际经济合作，2010（10）．

［23］陈航英．小农户与现代农业发展有机衔接——基于组织化的小农户与具有社会基础的现代农业［J］．南京农业大学学报（社会科学版），2019，19（2）．

［24］陈惠钦．关于农业大县劳动力资源开发问题的探讨［J］．现代经济信息，2019（19）．

［25］陈吉平，刘宇荧，傅新红．合作社社会化服务能促进农户病虫害综合防治技术的采纳吗——来自四川的经验证据［J］．中国农业大学学报，2022，27（6）．

［26］陈江华，罗明忠，黄晓彤．水稻劳动密集型生产环节外包方式选择的影响因素——基于土地资源禀赋视角［J］．农业经济与管理，2019（1）．

［27］陈江华，罗明忠，罗琦．农地确权对农户参与农机服务供给的影响

分析——基于水稻种植户的考察［J］. 农林经济管理学报, 2018, 17 (5).

［28］陈江华, 罗明忠. 农地确权对水稻劳动密集型生产环节外包的影响——基于农机投资的中介效应［J］. 广东财经大学学报, 2018, 33 (4).

［29］陈江涛, 张巧惠, 吕建秋. 中国省域农业现代化水平评价及其影响因素的空间计量分析［J］. 中国农业资源与区划, 2018, 39 (2).

［30］陈菁, 孔祥智. 土地经营规模对粮食生产的影响——基于我国十三个粮食主产区农户调查数据的分析［J］. 河北学刊, 2016, 36 (3).

［31］陈景帅, 韩青. 农业生产性服务对农地抛荒的抑制效应［J］. 华南农业大学学报, 2021 (6).

［32］陈丽, 郝晋珉, 艾东, 朱传民, 李牧, 袁凌波. 华北平原粮食均衡增产潜力及空间分异［J］. 农业工程学报, 2015, 31 (2).

［33］陈齐畅, 吕杰, 韩晓燕. 规模差异视角下盘山县稻田经营行为及生产效率研究［J］. 农业经济, 2015 (4).

［34］陈强强, 孙小花, 吕剑平等. 甘肃省农业现代化水平测度及制约因子研究［J］. 农业现代化研究, 2018, 39 (3).

［35］陈巧敏, 李斯华, 王利民, 凌小燕. 主要农作物生产全程机械化水平评价研究［J］. 农机化研究, 2017, 39 (1).

［36］陈思. 粮食技术扩散中合作社采纳意愿的研究: 以滑县为例［D］. 郑州: 河南农业大学, 2018.

［37］陈思羽, 李尚蒲. 农户生产环节外包的影响因素——基于威廉姆森分析范式的实证研究［J］. 南方经济, 2014 (12).

［38］陈同斌, 曾希柏, 胡清秀. 我国化肥利用率的区域分异［J］. 地理学报, 2002 (5).

［39］陈文浩, 谢琳. 农业纵向分工: 服务外包的影响因子测度——基于专家问卷的定量评估［J］. 华中农业大学学报 (社会科学版), 2015 (2).

［40］陈艺琼. 农户家庭劳动力资源配置方式选择及效率评价［D］. 重庆: 西南大学, 2017.

［41］陈颖, 李继志. 我国粮食生产支持政策的历史演变、现实迷失及政策优化［J］. 农业经济, 2021 (5).

［42］陈彧. 湖北省土地生态服务价值时空分异及驱动因素研究［D］. 武汉: 中国地质大学, 2015.

［43］陈跃. 人力资源管理视角下探究发掘乡贤人才参与农村基层治

理路径 [J]. 中国集体经济, 2021 (5).

[44] 陈云飞, 冯中朝. 新我国成立以来农户土地经营规模大小: 演变历程、现实逻辑与未来展望 [J]. 华中农业大学学报 (社会科学版), 2020 (6).

[45] 陈昭玖, 胡雯. 农地确权、交易装置与农户生产环节外包——基于"斯密—杨格"定理的分工演化逻辑 [J]. 农业经济问题, 2016, 37 (8).

[46] 陈哲, 李晓静, 夏显力. 参与环节外包对农户生产效率的影响研究: 基于陕西省关中平原 887 份农户调研数据 [J]. 农业技术经济, 2021, 38 (2).

[47] 程静怡, 孔祥斌, 刘鑫, 雷鸣. 基于不同地下水下降速度分区的华北平原农户土地利用模式分析 [J]. 中国农业大学学报, 2020, 25 (4).

[48] 程令国, 张晔, 刘志彪. 农地确权促进了中国农村土地的流转吗? [J]. 管理世界, 2016 (1).

[49] 程名望, 史清华, 徐剑侠. 我国农村劳动力转移动因与障碍的一种解释 [J]. 经济研究, 2006 (4).

[50] 程名望, 张家平, 李礼连. 互联网发展、劳动力转移和劳动生产率提升 [J]. 世界经济文汇, 2020 (5).

[51] 仇焕广, 刘乐, 李登旺等. 经营规模、地权稳定性与土地生产率: 基于全国 4 省地块层面调查数据的实证分析 [J]. 中国农村经济, 2017 (6).

[52] 仇童伟. 农地产权、要素配置与家庭农业收入 [J]. 华南农业大学学报 (社会科学版), 2017, 16 (4).

[53] 仇童伟. 自给服务与外包服务的关联性: 对农业纵向分工的一个理论探讨 [J]. 华中农业大学学报 (社会科学版), 2019 (1).

[54] 仇叶. 小规模土地农业机械化的道路选择与实现机制——对基层内生机械服务市场的分析 [J]. 农业经济问题, 2017, 38 (2).

[55] 褚彩虹, 冯淑怡, 张蔚文. 农户采用环境友好型农业技术行为的实证分析: 以有机肥与测土配方施肥技术为例 [J]. 中国农村经济, 2012 (3).

[56] 崔宝玉, 谢煜, 徐英婷. 土地征用的农户收入效应——基于倾向得分匹配 (PSM) 的反事实估计 [J]. 中国人口·资源与环境, 2016,

26（2）.

　　[57] 崔叶辰，韩亚丽，吕宁，祝宏辉. 基于超效率 SBM 模型的农业生态效率测度 [J]. 统计与决策，2020，36（21）.

　　[58] 邓国清. 农业供给侧结构性改革背景下农地流转影响因素及对策研究 [J]. 齐齐哈尔大学学报（哲学社会科学版），2020（5）.

　　[59] 邓坤枚，石培礼，谢高地. 长江上游森林生态系统水源涵养量与价值的研究 [J]. 资源科学，2002（6）.

　　[60] 邓兰生，涂攀峰，张立丹，薛鑫海，喻建刚，姬静华. 乡村振兴背景下农业应用型人才培养路径的探索与实践 [J]. 安徽农学通报，2022，28（3）.

　　[61] 邸帅，高飞，纪月清. 规模、服务质量风险与农户植保机械作业外包——以新疆玛河流域为例 [J]. 农业现代化研究，2020，41（2）.

　　[62] 董欢. 水稻生产环节外包服务行为研究 [J]. 华南农业大学学报（社会科学版），2017，16（2）.

　　[63] 董会忠，李旋，张仁杰. 粤港澳大湾区绿色创新效率时空特征及驱动因素分析 [J]. 经济地理，2021，41（5）.

　　[64] 杜三峡，罗小锋，黄炎忠，唐林，余威震. 风险感知、农业社会化服务与稻农生物农药技术采纳行为 [J]. 长江流域资源与环境，2021，30（7）.

　　[65] 杜宇能，潘驰宇，宋淑芳. 中国分地区农业现代化发展程度评价——基于各省份农业统计数据 [J]. 农业技术经济，2018（3）.

　　[66] 杜志雄，陈文胜，陆福兴等. 全面推进乡村振兴：解读中央一号文件（笔谈）[J]. 湖南师范大学社会科学学报，2022，51（3）.

　　[67] 杜志雄，肖卫东. 农业规模化经营：现状、问题和政策选择 [J]. 江淮论坛，2019（4）.

　　[68] 段培，王礼力，陈绳栋等. 粮食种植户生产环节外包选择行为分析 [J]. 西北农林科技大学学报（社会科学版），2017，17（5）.

　　[69] 段培. 农业生产环节外包行为响应与经济效应研究 [D]. 咸阳：西北农林科技大学，2018.

　　[70] 段培. 农业生产环节外包行为响应与经济效应研究——以河南、山西小麦种植户为例 [D]. 咸阳：西北农林科技大学，2018.

　　[71] 段巍巍，陶佩君，周大迈. 社会资本视角下社区农业技术创新

扩散研究 [J]．河南农业科学，2013，42（4）．

[72] 方师乐，卫龙宝，伍骏骞．农业机械化的空间溢出效应及其分布规律——农机跨区服务的视角 [J]．管理世界，2017（11）．

[73] 方兴义．宁夏农业产业集群效应测度的研究 [J]．东北农业科学，2021，46（2）．

[74] 冯燕，吴金芳．合作社组织、种植规模与农户测土配方施肥技术采纳行为：基于太湖、巢湖流域水稻种植户的调查 [J]．南京工业大学学报：社会科学版，2018，17（6）．

[75] 弗兰西斯·福山．信任：社会道德与繁荣的创造 [M]．李宛蓉译．呼和浩特：远方出版社，1998．

[76] 傅泽强，蔡运龙，杨友孝，戴尔阜．我国粮食安全与耕地资源变化的相关分析 [J]．自然资源学报，2001（4）．

[77] 盖豪，颜廷武，张俊飚．感知价值、政府规制与农户秸秆机械化持续还田行为：基于冀、皖、鄂三省1288份农户调查数据的实证分析 [J]．中国农村经济，2020（8）．

[78] 甘小立，汪前元．互联网使用能提高农村居民幸福感吗？——基于信息获取视角的一个实证检验 [J]．产经评论，2021，12（4）．

[79] 高晗，李宏波．农户行为对农产品安全影响的实证分析——以德州市为例 [J]．企业技术开发，2018，37（9）．

[80] 高晶晶，史清华．农户生产性特征对农药施用的影响：机制与证据 [J]．中国农村经济，2019（11）．

[81] 高鸣，宋洪远．粮食生产技术效率的空间收敛及功能区差异——兼论技术扩散的空间涟漪效应 [J]．管理世界，2014（7）．

[82] 高强，孔祥智．新中国70年的农村产权制度：演进脉络与改革思路 [J]．理论探索，2019（6）．

[83] 高强，赵贞．我国农户兼业化八大特征 [J]．调研世界，2000（4）．

[84] 高维龙，李士梅．农业服务化对粮食产业高质量发展的驱动机制研究 [J]．湖南农业大学学报（社会科学版），2021，22（5）．

[85] 高维龙．农业服务化对粮食产业高质量发展的影响效应及作用机制 [J]．广东财经大学学报，2021（3）．

[86] 高叙文，方师乐，史新杰等．农地产权稳定性与农地生产率：基于新一轮农地确权的研究 [J]．中国农村经济，2021（10）．

[87] 戈大专，龙花楼，李裕瑞，张英男，屠爽爽．城镇化进程中我国粮食生产系统多功能转型时空格局研究——以黄淮海地区为例 [J]．经济地理，2018，38（4）．

[88] 苟露峰，高强．农户采用农业技术的行为选择与决定因素实证研究 [J]．中国农业资源与区划，2016，37（1）．

[89] 郭铖，魏枫．社会资本对农户技术采纳行为的影响 [J]．管理学刊，2015，28（6）．

[90] 郭熙保，龚广祥．新技术采用能够提高家庭农场经营效率吗：基于新技术需求实现度视角 [J]．华中农业大学学报：社会科学版，2021（1）．

[91] 国家统计局农村社会经济调查司．中国农村统计年鉴 [M]．北京：中国统计出版社，2005—2020．

[92] 国涓，刘丰，王维国．中国区域环境绩效动态差异及影响因素：考虑可变规模报酬和技术异质性的研究 [J]．资源科学，2013，35（12）．

[93] 国务院发展研究中心农村经济研究部课题组．新发展阶段农业农村现代化的内涵特征和评价体系 [J]．改革，2021（9）．

[94] 韩帆．风险视角下寻甸县农户农业生产行为研究 [D]．昆明：云南大学，2019．

[95] 韩峰，李玉双．产业集聚、公共服务供给与城市规模扩张 [J]．经济研究，2019，54（11）．

[96] 韩家彬，刘淑云，张书凤．农地确权、土地流转与农村劳动力非农就业——基于不完全契约理论的视角 [J]．西北人口，2019，40（3）．

[97] 韩俊．关于农村集体经济与合作经济的若干理论与政策问题 [J]．中国农村经济，1998（12）．

[98] 韩俊．我国农村土地制度建设三题 [J]．管理世界，1999（3）．

[99] 韩旭东，杨慧莲，王若男，郑风田．土地规模化经营能否促进农业社会化服务获取？——基于我国 3 类农户样本的实证分析 [J]．农业现代化研究，2020，41（2）．

[100] 郝爱民．农业生产性服务对农业技术进步贡献的影响 [J]．华南农业大学学报：社会科学版，2015，14（1）．

[101] 何凌云，黄季焜．土地使用权的稳定性与肥料使用——广东省实证研究 [J]．中国农村观察，2001（5）．

[102] 何秀荣．关于我国农业经营规模的思考 [J]．农业经济问题，

2016, 37 (9).

[103] 何秀荣. 技术、制度与绿色农业 [J]. 河北学刊, 2018, 38 (4).

[104] 何一鸣, 张苇锟, 罗必良. 农业分工的制度逻辑——来自广东田野调查的验证 [J]. 农村经济, 2020 (7).

[105] 洪名勇. 信任、空间距离与农地流转契约选择研究 [J]. 江西财经大学学报, 2017 (1).

[106] 洪舒蔓, 郝晋珉, 周宁, 陈丽, 吕振宇. 华北平原耕地变化及对粮食生产格局变化的影响 [J]. 农业工程学报, 2014, 30 (21).

[107] 洪舒蔓. 城镇化背景下黄淮海平原人地关系研究 [D]. 北京: 中国农业大学, 2014.

[108] 洪舒蔓. 黄淮海平原人地关系研究——基于综合承载力方法 [D]. 北京: 中国农业大学, 2014.

[109] 洪炜杰, 罗必良. 地权稳定能激励农户对农地的长期投资吗 [J]. 学术研究, 2018, (9).

[110] 洪炜杰, 罗必良. 农地调整、跨期约束与劳动力非农转移 [J]. 学术研究, 2020 (10).

[111] 洪炜杰. 农业外包服务市场的发育与均衡: 一个演化博弈的理论模型 [J]. 华中农业大学学报 (社会科学版), 2022, 36 (4).

[112] 洪炜杰. 外包服务市场的发育如何影响农地流转: 以水稻收割环节为例 [J]. 南京农业大学学报 (社会科学版), 2019, 19 (4).

[113] 侯美亭, 毛任钊, 吴素霞. 华北平原不同生态类型区农业可持续发展策略研究 [J]. 干旱地区农业研究, 2006 (3).

[114] 侯孟阳, 邓元杰, 姚顺波. 农村劳动力转移、化肥施用强度与农业生态效率: 交互影响与空间溢出 [J]. 农业技术经济, 2021 (10).

[115] 胡雯, 严静娴, 陈昭玖. 农户生产环节外包行为及其影响因素分析——基于要素供给视角和 1134 份农户调查数据 [J]. 湖南农业大学学报 (社会科学版), 2016, 17 (4).

[116] 胡雯, 张锦华, 陈昭玖. 小农户与大生产: 农地规模与农业资本化——以农机作业服务为例 [J]. 农业技术经济, 2019 (6).

[117] 胡新艳, 陈小知, 王梦婷. 农地确权如何影响投资激励 [J]. 财贸研究, 2017, 28 (12).

[118] 胡新艳, 罗必良. 新一轮农地确权与促进流转: 粤赣证据

[J]. 改革, 2016 (4).

[119] 胡新艳, 米薪宇. 产权稳定性对农机服务外包的影响与作用机制 [J]. 华中农业大学学报 (社会科学版), 2020 (3).

[120] 胡新艳, 许金海, 陈文晖. 农地确权方式与农户农业服务外包行为——来自 PSM – DID 准实验的证据 [J]. 南京农业大学学报 (社会科学版), 2022, 22 (1).

[121] 胡新艳, 杨晓莹, 吕佳. 劳动投入、土地规模与农户机械技术选择——观点解析及其政策含义 [J]. 农村经济, 2016 (6).

[122] 胡新艳, 张雄, 罗必良. 服务外包、农业投资及其替代效应——兼论农户是否必然是农业的投资主体 [J]. 南方经济, 2020 (9).

[123] 胡新艳, 朱文珏, 刘恺. 交易特性、生产特性与农业生产环节可分工性——基于专家问卷的分析 [J]. 农业技术经济, 2015 (11).

[124] 胡新艳, 朱文珏, 罗锦涛. 农业规模经营方式创新: 从土地逻辑到分工逻辑 [J]. 江海学刊, 2015 (2).

[125] 胡新艳, 朱文珏, 王晓海等. 生计资本对农户分工模式的影响: 来自广东的调查分析 [J]. 农业现代化研究, 2015 (3).

[126] 胡祎, 张正河. 农机服务对小麦生产技术效率有影响吗? [J]. 中国农村经济, 2018 (5).

[127] 黄季焜, 冀县卿. 农地使用权确权与农户对农地的长期投资 [J]. 管理世界, 2012 (9).

[128] 黄杰龙, 王旭, 王立群, 彭秋原. 城市造林工程农户行为意向影响因素研究——以北京市平原造林工程为例 [J]. 林业经济问题, 2019, 39 (2).

[129] 黄丽, 王武林. 中亚五国粮食生产水足迹及水消耗量预测 [J]. 经济地理, 2021, 41 (4).

[130] 黄佩红, 李琴, 李大胜. 新一轮确权对农户农地转出的影响机理 [J]. 农村经济, 2019 (5).

[131] 黄晓慧, 王礼力, 陆迁. 农户水土保持技术采用行为研究: 基于黄土高原1152户农户的调查数据 [J]. 西北农林科技大学学报 (社会科学版), 2019, 19 (2).

[132] 黄宗智. 华北的小农经济与社会变迁 [M]. 北京: 中华书局, 1986.

[133] 黄祖辉，高钰玲.农民专业合作社服务功能的实现程度及其影响因素 [J].中国农村经济，2012 (7).

[134] 黄祖辉，杨进，彭超等.我国农户家庭的劳动供给演变：人口、土地和工资 [J].中国人口科学，2012 (6).

[135] 霍明悦.互联网金融理财产品投资行为的影响因素研究 [D].哈尔滨：哈尔滨工程大学，2017.

[136] 纪月清，王亚楠，钟甫宁.我国农户农机需求及其结构研究——基于省级层面数据的探讨 [J].农业技术经济，2013 (7).

[137] 纪月清，钟甫宁.农业经营户农机持有决策研究 [J].农业技术经济，2014，32 (4).

[138] 冀名峰，李琳.农业生产托管：农业服务规模经营的主要形式 [J].农业经济问题，2020 (1).

[139] 江小国，张婷婷.环境规制、技术创新与制造业结构升级——基于动态空间杜宾模型和门槛效应的检验 [J].兰州财经大学学报，2021，37 (3).

[140] 江雪萍，李大伟.农业生产环节外包驱动因素研究——来自广东省的问卷 [J].广东农业科学，2017，44 (1).

[141] 江雪萍.农业分工：生产环节的可外包性——基于专家问卷的测度模型 [J].南方经济，2014 (12).

[142] 姜长云.关于发展农业生产性服务业的思考 [J].农业经济问题，2016，37 (5).

[143] 姜长云.科学把握农业生产性服务业发展的历史方位 [J].南京农业大学学报：社会科学版，2020，20 (3).

[144] 姜长云.乡村振兴战略：理论、政策和规划研究 [J].宏观经济研究，2018 (7).

[145] 姜长云.中国农业发展的问题、趋势与加快农业发展方式转变的方向 [J].江淮论坛，2015 (5).

[146] 蒋乃华，卞智勇.社会资本对农村劳动力非农就业的影响——来自江苏的实证 [J].管理世界，2007 (12).

[147] 蒋永穆，刘虔.新时代乡村振兴战略下的小农户发展 [J].求索，2018 (2).

[148] 金贵，邓祥征，陈冬冬，董寅，陈坤.黄淮海平原县域农地流

转推算数据集 [J]. 全球变化数据学报（中英文），2018, 2 (2).

[149] 金丽馥，吴震东. 以农业科技现代化促进农业现代化的实践路径 [J]. 排灌机械工程学报，2022, 40 (10).

[150] 句芳，高明华，张正河. 中原地区农户非农劳动时间影响因素分析——基于河南省298个农户的调查 [J]. 中国农村经济，2008 (3).

[151] 孔祥智，楼栋，何安华. 建立新型农业社会化服务体系：必要性、模式选择和对策建议 [J]. 教学与研究，2012 (1).

[152] 孔祥智，徐珍源. 转出土地农户选择流转对象的影响因素分析——基于综合视角的实证分析 [J]. 中国农村经济，2010 (12).

[153] 匡远配，张容. 农地流转对粮食生产生态效率的影响 [J]. 中国人口·资源与环境，2021, 31 (4).

[154] 李斌，吴书胜，朱业. 农业技术进步、新型城镇化与农村剩余劳动力转移——基于"推拉理论"和省际动态面板数据的实证研究 [J]. 财经论丛，2015 (10).

[155] 李波，张俊飚，李海鹏. 中国农业碳排放时空特征及影响因素分解 [J]. 中国人口·资源与环境，2011, 21 (8).

[156] 李博，王瑞梅，卢泉. 经营权不稳定是否阻碍了农户耕地质量保护投资 [J]. 农业技术经济，2022 (5).

[157] 李成龙，周宏. 农户会关心租来的土地吗？——农地流转与耕地保护行为研究 [J]. 农村经济，2020 (6).

[158] 李福夺，张康洁，郝艾波，尹昌斌. 生态补偿对农户绿肥种植行为惯性产生的激励机制：基于倾向得分匹配的估计 [J]. 生态与农村环境学报，2021, 37 (7).

[159] 李富强，王立勇. 人力资本、农村劳动力迁移与城镇化模式——来自基于面板矫正型标准误的多期混合多项Logit模型的经验证据 [J]. 经济学动态，2014 (10).

[160] 李谷成，冯中朝，范丽霞. 农业部门劳动力再配置、农村非农化与中国农村经济增长 [J]. 南方经济，2007 (4).

[161] 李谷成，李崇光. 十字路口的农户家庭经营：何去何从 [J]. 经济学家，2012 (1).

[162] 李虹韦，钟涨宝. 农地经营规模对农户农机服务需求的影响——基于资产专用性差异的农机服务类型比较 [J]. 农村经济，2020 (2).

[163] 李佳芳，杨俊孝. 农机社会化服务对土地规模经营的影响——基于服务外包和供给的双重视角 [J]. 中国农机化学报，2022，43（8）.

[164] 李建伟. 我国劳动力供求格局、技术进步与经济潜在增长率 [J]. 管理世界，2020，36（4）.

[165] 李晶，任志远. 陕北黄土高原土地利用生态服务价值时空研究 [J]. 中国农业科学，2006（12）.

[166] 李林. 生态资源可持续利用的制度分析——基于我国"环保风暴"的实证分析 [J]. 价格理论与实践，2005，4（14）.

[167] 李录堂，薛继亮. 我国农业生产率与农业现代化的关系研究 [J]. 东南大学学报（哲学社会科学版），2009，11（6）.

[168] 李露，徐维祥. 农村人口老龄化效应下农业生态效率的变化 [J]. 华南农业大学学报：社会科学版，2021，20（2）.

[169] 李梦洁，张亭好，侯敬等. 山东省农业现代化发展水平时空演变及障碍因子研究 [J/OL]. 中国农业资源与区划. https://kns.cnki.net/kcms/detail/11.3513.S.20220722.0841.002.html.

[170] 李梦桃. 农业生态系统复合服务的权衡关系及管理对策研究 [D]. 西安：陕西师范大学，2017.

[171] 李宁，汪险生，王舒娟等. 自购还是外包：农地确权如何影响农户的农业机械化选择？[J]. 中国农村经济，2019（6）.

[172] 李欠男，李谷成. 互联网发展对农业全要素生产率增长的影响 [J]. 华中农业大学学报（社会科学版），2020（4）.

[173] 李俏，张波. 农业社会化服务需求的影响因素分析——基于陕西省74个村214户农户的抽样调查 [J]. 农村经济，2011（6）.

[174] 李庆舒. 湖北汉江生态经济带土地生态安全评价研究 [D]. 武汉：湖北大学，2021.

[175] 李思勉，何蒲明. 我国粮食绿色生产效率及影响因素研究——基于粮食功能区的比较分析 [J]. 生态经济，2020，36（9）.

[176] 李思勉. 我国粮食绿色生产效率及影响因素分析 [D]. 荆州：长江大学，2021.

[177] 李婷婷，李艳军. 不同信任导向下的农资品牌传播模式的案例研究 [J]. 管理学报，2015，12（10）.

[178] 李伟民，梁玉成. 特殊信任与普遍信任：我国人信任的结构与

特征［J］. 社会学研究, 2002 (3).

［179］李文明, 罗丹, 陈洁, 谢颜. 农业适度规模经营: 规模效益、产出水平与生产成本——基于 1552 个水稻种植户的调查数据［J］. 中国农村经济, 2015 (3).

［180］李向平, 杨杨. 谁值得最信任? ——基于关帝崇拜中的"名分信任"［J］. 河北学刊, 2021, 41 (6).

［181］李星光, 刘军弟, 霍学喜. 新一轮农地确权对农户生计策略选择的影响: 以苹果种植户为例［J］. 资源科学, 2019, 41 (10).

［182］李寅秋, 陈超. 细碎化、规模效应与稻农投入产出效率［J］. 华南农业大学学报 (社会科学版), 2011, 10 (3).

［183］李英杰, 韩平. 中国数字经济发展综合评价与预测［J］. 统计与决策, 2022, 38 (2).

［184］李玉平. 河南省粮食生产与耕地变化的分析及预测［J］. 地域研究与开发, 2007 (3).

［185］李哲, 李梦娜. 新一轮农地确权影响农户收入吗? ——基于CHARLS 的实证分析［J］. 经济问题探索, 2018 (8).

［186］栗滢超, 杜如宇, 李鸣慧等. 农业生产投入要素与农业增长关系研究［J］. 地域研究与开发, 2019, 38 (3).

［187］梁虎, 罗剑朝, 张珩. 农地抵押贷款借贷行为对农户收入的影响——基于 PSM 模型的计量分析［J］. 农业技术经济, 2017 (10).

［188］梁杰, 高堃, 高强. 交易成本、生产成本与农业生产环节外包——基于农地禀赋效应调节视角［J］. 资源科学, 2021, 43 (8).

［189］梁流涛, 曲福田, 冯淑怡. 农村生态资源的生态服务价值评估及时空特征分析［J］. 中国人口·资源与环境, 2011, 21 (7).

［190］廖洪乐. 农户兼业及其对农地承包经营权流转的影响［J］. 管理世界, 2012, 12 (5).

［191］廖佳佳, 赵耀, 陈甜倩, 冯喆, 赵华甫, 吴克宁. 基于生态系统服务改进的中国各地农业生态效率研究［J］. 中国农业资源与区划, 2021, 42 (7).

［192］廖西元, 陈庆根. 优质水稻生产投入与产出的经济效益评价［J］. 农业技术经济, 2001 (3).

［193］廖西元, 申红芳, 王志刚. 我国特色农业规模经营"三步走"

战略——从"生产环节流转"到"经营权流转"再到"承包权流转"[J]. 农业经济问题，2011（12）.

[194] 林坚，李德洗. 非农就业与粮食生产：替代抑或互补——基于粮食主产区农户视角的分析 [J]. 中国农村经济，2013，27（9）.

[195] 林文声，王志刚，王美阳. 农地确权、要素配置与农业生产效率——基于我国劳动力动态调查的实证分析 [J]. 中国农村经济，2018（8）.

[196] 林毅夫，蔡颖义，吴庆堂. 外包与不确定环境的最优资本投资 [J]. 经济学（季刊），2004（4）.

[197] 刘飞翔，钟平英，张文明. 我国山区县农业生态效率综合评价：以福建省武平县为例 [J]. 西北农林科技大学学报：社会科学版，2015，15（3）.

[198] 刘晗，王燕，王钊. 社会化分工能否提高农户经营效益——来自种植业农户的多维检验 [J]. 农业技术经济，2018（12）.

[199] 刘晗. 农户生产分工差别化影响研究 [D]. 重庆：西南大学，2017.

[200] 刘怀宇，曹诗男，邓晶，薛桂霞. 农户家庭劳动力配置决策机制探讨——一个多主体模型的视角 [J]. 农业技术经济，2015（2）.

[201] 刘家成，钟甫宁，徐志刚，仇焕广. 劳动分工视角下农户生产环节外包行为异质性与成因 [J]. 农业技术经济，2019（7）.

[202] 刘静，李容. 我国农业生产环节外包研究进展与展望 [J]. 农林经济管理学报，2019，18（1）.

[203] 刘洛，徐新良，刘纪远，陈曦，宁佳. 1990-2010年我国耕地变化对粮食生产潜力的影响 [J]. 地理学报，2014，69（12）.

[204] 刘钦普，林振山，濮励杰. 中哈德3国化肥施用生态经济合理性动态比较与启示 [J]. 中国土壤与肥料，2019（6）.

[205] 刘庆林，陈景华. 服务业外包的福利效应分析 [J]. 山东大学学报（哲学社会科学版），2006（4）.

[206] 刘锐，李涛，邓辉. 甘肃省农业现代化水平时空格局与影响因素 [J]. 中国农业大学学报，2020，25（3）.

[207] 刘守英，王瑞民. 农业工业化与服务规模化：理论与经验 [J]. 国际经济评论，2019（6）.

[208] 刘书营. 河南省粮食核心产区生态重建研究 [J]. 中国农业资

源与区划，2017，30（10）.

[209] 刘淑云，韩家彬，刘玉丰. 农地确权对农户耕地质量保护投资的影响研究［J］. 农业经济与管理，2021（6）.

[210] 刘同山，吴刚. 农地资源错配的收益损失——基于农户农地经营规模调整意愿的计量分析［J］. 南京农业大学学报（社会科学版），2019，19（6）.

[211] 刘同山. 农户承包地退出意愿影响粮食产量吗？——基于处理效应模型的计量分析［J］. 中国农村经济，2017（1）.

[212] 刘魏，张应良，王燕. 农村劳动力流动与水稻种植户生产环节外包——基于农户自有机械和农地经营规模的替代效应视角［J］. 贵州大学学报（社会科学版），2021，39（3）.

[213] 刘晓丽. 非农收入、劳动力流转与种植业结构调整——基于省际面板数据的实证研究［J］. 经济问题，2017（3）.

[214] 刘永强，龙花楼. 黄淮海平原农区土地利用转型及其动力机制［J］. 地理学报，2016，71（4）.

[215] 刘玉，高秉博，潘瑜春，任旭红. 基于LMDI模型的黄淮海地区县域粮食生产影响因素分解［J］. 农业工程学报，2013，29（21）.

[216] 刘玉洁，吕硕，陈洁等. 青藏高原农业现代化时空分异及其驱动机制［J］. 地理学报，2022，77（1）.

[217] 刘云菲，李红梅，马宏阳. 中国农垦农业现代化水平评价研究——基于熵值法与TOPSIS方法［J］. 农业经济问题，2021（2）.

[218] 龙云，任力. 农地流转制度对农户耕地质量保护行为的影响：基于湖南省田野调查的实证研究［J］. 资源科学，2017，39（11）.

[219] 楼江，祝华军. 中部粮食产区农户承包地经营与流转状况研究——以湖北省D市为例［J］. 农业经济问题，2011，32（3）.

[220] 卢华，胡浩，耿献辉. 农业社会化服务对农业技术效率的影响［J］. 中南财经政法大学学报，2020（6）.

[221] 卢华，周应恒. 效益预期对农户耕地质量保护行为的影响研究：来自江苏的经验证据［J］. 江西财经大学学报，2021（2）.

[222] 芦千文，崔红志. 农业专业化社会化服务体系建设的历程、问题和对策［J］. 山西农业大学学报（社会科学版），2021，20（4）.

[223] 芦千文，高鸣. 中国农业生产性服务业支持政策的演变轨迹、

框架与调整思路 [J]. 南京农业大学学报 (社会科学版)，2020，20 (5).

[224] 芦千文，姜长云. 农业生产性服务业发展模式和产业属性 [J]. 江淮论坛，2017 (2).

[225] 芦千文，姜长云. 我国农业生产性服务业的发展历程与经验启示 [J]. 南京农业大学学报 (社会科学版)，2016，16 (5).

[226] 芦千文，文洪星. 农业服务户分化与小农户衔接现代农业的路径设计 [J]. 农林经济管理学报，2018，17 (6).

[227] 芦千文，苑鹏. 农业生产托管与稳固我国粮食安全战略根基 [J]. 南京农业大学学报 (社会科学版)，2021，21 (3).

[228] 芦千文. 中国农业生产性服务业：70 年发展回顾、演变逻辑与未来展望 [J]. 经济学家，2019 (11).

[229] 鲁庆尧，张旭青，孟祥海. 我国粮食种植生态效率的空间相关性及影响因素研究 [J]. 经济问题，2021 (8).

[230] 鲁庆尧. 我国粮食种植生态效率的动态演进及影响因素研究 [D]. 南京：南京农业大学，2018.

[231] 罗必良，胡新艳，张露. 为小农户服务：我国现代农业发展的"第三条道路" [J]. 农村经济，2021 (1).

[232] 罗必良，李玉勤. 农业经营制度：制度底线、性质辨识与创新空间——基于"农村家庭经营制度研讨会"的思考 [J]. 农业经济问题，2014，35 (1).

[233] 罗必良，刘茜. 农地流转纠纷：基于合约视角的分析——来自广东省的农户问卷 [J]. 广东社会科学，2013 (1).

[234] 罗必良，万燕兰，洪炜杰，钟文晶. 土地细碎化、服务外包与农地撂荒——基于 9 省份 2704 份农户问卷的实证分析 [J]. 经济纵横，2019 (7).

[235] 罗必良. 从产权界定到产权实施——中国农地经营制度变革的过去与未来. 农业经济问题，2019 (1).

[236] 罗必良. 合约短期化与空合约假说：基于农地租约的经验证据 [J]. 财经问题研究，2017 (1).

[237] 罗必良. 论服务规模经营——从纵向分工到横向分工及连片专业化 [J]. 中国农村经济，2017 (11).

[238] 罗必良. 明确发展思路，实施乡村振兴战略 [J]. 南方经济，

2017 (10).

[239] 罗必良. 农地流转的市场逻辑——"产权强度—禀赋效应—交易装置"的分析线索及案例研究 [J]. 南方经济, 2014 (5).

[240] 罗必良. 农地确权、交易含义与农业经营方式转型——科斯定理拓展与案例研究 [J]. 中国农村经济, 2016 (11).

[241] 罗必良. 农户分工及专业化专题研究 [J]. 华中农业大学学报 (社会科学版), 2015 (2).

[242] 罗必良. 农业经营制度的理论轨迹及其方向创新: 川省个案 [J]. 改革, 2014 (2).

[243] 罗必良. 小农经营、功能转换与策略选择: 兼论小农户与现代农业融合发展的"第三条道路" [J]. 农业经济问题, 2020 (1).

[244] 罗富民. 农业地理集聚对农业机械化技术进步的影响——基于丘陵山区的实证分析 [J]. 中国农业资源与区划, 2018, 39 (3).

[245] 罗明忠, 邓海莹. 风险偏好何以影响农机社会化服务契约选择: 以小麦收割环节为例 [J]. 农林经济管理学报, 2020, 19 (1).

[246] 罗明忠, 邱海兰, 陈江华. 农业社会化服务的现实约束、路径与生成逻辑——江西绿能公司例证 [J]. 学术研究, 2019 (5).

[247] 罗明忠, 邱海兰, 陈小知. 农机投资对农村女性劳动力非农就业转移影响及其异质性 [J]. 经济与管理评论, 2021, 37 (2).

[248] 罗明忠, 唐超, 邓海莹. 从业经历与农业经营方式选择: 生产环节外包的视角 [J]. 南方经济, 2019 (12).

[249] 罗明忠, 唐超, 吴小立. 培训参与有助于缓解农户相对贫困吗?——源自河南省3278份农户问卷调查的实证分析 [J]. 华南师范大学学报 (社会科学版), 2020 (6).

[250] 罗士喜. 论我国在世界经济动荡中对几大关系的把握和处理 [J]. 中州学刊, 2009 (1).

[251] 罗屹, 李轩复, 黄东等. 粮食损失研究进展和展望 [J]. 自然资源学报, 2020, 35 (5).

[252] 骆永民, 骆熙, 汪卢俊. 农村基础设施、工农业劳动生产率差距与非农就业 [J]. 管理世界, 2020, 36 (12).

[253] 吕建兴, 张少华. 自由贸易协定真的提高出口二元边际了吗 [J]. 当代财经, 2021 (4).

［254］马兴栋，霍学喜．制度信任对果农遵从标准化生产技术规范的影响——以苹果无公害生产为例［J］．湖南农业大学学报（社会科学版），2019，20（3）.

［255］马轶群，孔婷婷．农业技术进步、劳动力转移与农民收入差距［J］．华南农业大学学报（社会科学版），2019，18（6）.

［256］聂弯，于法稳．农业生态效率研究进展分析［J］．中国生态农业学报，2017，25（9）.

［257］牛志伟，邹昭晞．农业生态补偿的理论与方法——基于生态系统与生态价值一致性补偿标准模型［J］．管理世界，2019，35（11）.

［258］欧阳志云，王效科，苗鸿．中国生态环境敏感性及其区域差异规律研究［J］．生态学报，2000（1）.

［259］潘丹，应瑞瑶．中国农业生态效率评价方法与实证：基于非期望产出的 SBM 模型分析［J］．生态学报，2013，33（12）.

［260］潘世磊．农业生态资本投资效应研究［D］．武汉：中南财经政法大学，2019.

［261］潘烜．转型时期劳动力资源再配置研究［D］．上海：复旦大学，2006（3）.

［262］庞春．服务经济的微观分析——基于生产与交易的分工均衡［J］．经济学（季刊），2010，9（3）.

［263］庞春．一体化、外包与经济演进：超边际－新兴古典一般均衡分析［J］．经济研究，2010，45（3）.

［264］彭继权，吴海涛．土地流转对农户农业机械使用的影响［J］．中国土地科学，2019，33（7）.

［265］彭新宇．农业服务规模经营的利益机制——基于产业组织视角的分析［J］．农业经济问题，2019（9）.

［266］彭杨贺，潘伟光，李林．水稻规模农户生产环节对机械化服务外包的选择［J］．浙江农林大学学报，2019，36（5）.

［267］戚湧，王嘉雯，周星．双创政策促进经济增长的机理分析［J］．科技进步与对策，2019，36（18）.

［268］钱静斐，陈志钢，Filipski Mateusz，王建英．耕地经营规模及其质量禀赋对农户生产环节外包行为的影响——基于我国广西水稻种植农户的调研数据［J］．中国农业大学学报，2017，22（9）.

[269] 钱龙，冯永辉，陆华良等．产权安全性感知对农户耕地质量保护行为的影响——以广西为例 [J]．中国土地科学，2019，33（10）.

[270] 钱龙，冯永辉，钱文荣．农地确权、调整经历与农户耕地质量保护行为：来自广西的经验证据 [J]．农业技术经济，2021（1）.

[271] 钱龙，缪书超，陆华良．新一轮确权对农户耕地质量保护行为的影响：来自广西的经验证据 [J]．华中农业大学学报（社会科学版），2020（1）.

[272] 钱忠好，冀县卿．中国农地流转现状及其政策改进：基于江苏、广西、湖北、黑龙四省（区）调查数据的分析 [J]．管理世界，2016（2）.

[273] 钱忠好．非农就业是否必然导致农地流转——基于家庭内部分工的理论分析及其对我国农户兼业化的解释 [J]．中国农村经济，2008（10）.

[274] 秦天，彭珏，邓宗兵．生产性服务业发展与农业全要素生产率增长 [J]．现代经济探讨，2017（12）.

[275] 邱海兰，唐超．农业生产性服务能否促进农民收入增长 [J]．广东财经大学学报，2019，34（5）.

[276] 邱俊杰，任倩，余劲．农业劳动力老龄化、农业资本投入与土地利用效率——基于鲁豫皖三省固定农户跟踪调查 [J]．资源科学，2019，41（10）.

[277] 曲朦，赵凯，周升强．耕地流转对小麦生产效率的影响：基于农户生计分化的调节效应分析 [J]．资源科学，2019，41（10）.

[278] 曲朦，赵凯．不同土地转入情景下经营规模扩张对农户农业社会化服务投入行为的影响 [J]．中国土地科学，2021，35（5）.

[279] 曲朦，赵凯．粮食主产区农户农业社会化服务采用：增收效应及要素贡献分解 [J]．农村经济，2021（5）.

[280] 全为民，严力蛟．农业面源污染对水体富营养化的影响及其防治措施 [J]．生态学报，2002（3）.

[281] 阮珺．农业综合开发投资对农业绿色生产效率的影响研究 [D]．武汉：中南财经政法大学，2020.

[282] 桑佳旻．粮食生产因何发生——农业起源动因研究述评 [J]．广西民族大学学报（哲学社会科学版），2021，43（2）.

[283] 邵薇薇，黄昊，王建华，曹麟．黄淮海流域水资源现状分析与问题探讨 [J]．中国水利水电科学研究院学报，2012，10（4）.

[284] 邵子帆. 中美贸易战对中国农业上市企业股价的影响研究 [D]. 南昌：江西师范大学，2021.

[285] 申红芳，陈超，廖西元等. 稻农生产环节外包行为分析——基于7省21县的调查 [J]. 中国农村经济，2015（5）.

[286] 申红芳. 水稻生产环节服务外包实证研究 [D]. 南京：南京农业大学. 2014.

[287] 沈伟腾，胡求光，李加林，陈琦. 中国区域生态效率的时空演变及空间互动特征 [J]. 自然资源学报，2020，35（9）.

[288] 盛来运. 我国农村劳动力外出的影响因素分析 [J]. 中国农村观察，2007（3）.

[289] 施维. 预计到2025年，中国城镇化率将达到65.5% [N]. 农民日报，2020 - 8 - 19.

[290] 石志恒，符越. 农业社会化服务组织、土地规模和农户绿色生产意愿与行为的悖离 [J]. 中国农业大学学报，2022，27（3）.

[291] 史清华，卓建伟. 农户家庭粮食经营行为研究 [J]. 农业经济问题，2005（4）.

[292] 司瑞石，陆迁，张强强，梁虎. 土地流转对农户生产社会化服务需求的影响——基于PSM模型的实证分析 [J]. 资源科学，2018，40（9）.

[293] 宋才发. 农村集体土地确权登记颁证的法治问题探讨 [J]. 中南民族大学学报（人文社会科学版），2017，37（1）.

[294] 宋洪远，张恒春，李婕等. 中国粮食产后损失问题研究——以河南省小麦为例 [J]. 华中农业大学学报：社会科学版，2015（4）.

[295] 宋晓媚. 城市化影响下农业多功能价值演变及其驱动力研究 [D]. 西安：陕西师范大学，2016.

[296] 宋秀杰，陈博. 北京市农药化肥非点源污染防治的技术措施 [J]. 环境保护，2001（9）.

[297] 苏柯雨，魏滨辉，胡新艳. 农业劳动成本、市场容量与农户农机服务外包行为——以稻农为例 [J]. 农村经济，2020（2）.

[298] 苏岚岚，孔荣. 互联网使用促进农户创业增益了吗？——基于内生转换回归模型的实证分析 [J]. 中国农村经济，2020（2）.

[299] 苏卫良，刘承芳，张林秀. 非农就业对农户家庭农业机械化服务影响研究 [J]. 农业技术经济，2016（10）.

［300］苏喜军，纪德红，何慧爽．华北平原农业水资源绿色效率时空差异与影响因素研究［J］．生态经济，2021，37（3）．

［301］孙滨．土地生产率与规模化经营——基于苏皖两省农户的调查［J］．中国林业经济，2020（4）．

［302］孙顶强，Misgina Asmelash，卢宇桐，刘明轩．作业质量监督、风险偏好与农户生产外包服务需求的环节异质性［J］．农业技术经济，2019（4）．

［303］孙顶强，卢宇桐，田旭．生产性服务对我国水稻生产技术效率的影响：基于吉、浙、湘、川4省微观调查数据的实证分析［J］．中国农村经济，2016（8）．

［304］孙鹏飞，高原，赵凯．宅基地退出对农户收入的影响——基于倾向得分匹配（PSM）的反事实估计［J］．西北农林科技大学学报（社会科学版），2020，20（2）．

［305］孙鹏飞，张仁慧，赵凯．宅基地退出加剧了农村劳动力非农转移吗？——来自安徽省金寨县农户的证据［J］．干旱区资源与环境，2021，35（2）．

［306］孙小燕，刘雍．土地托管能否带动农户绿色生产？［J］．中国农村经济，2019（10）．

［307］孙学涛．非均衡视角下的农村劳动力转移与农地效率提升［J］．经济经纬，2021，38（5）．

［308］谈存峰，李双奎，陈强强．欠发达地区农业社会化服务的供给、需求及农户意愿——基于甘肃样本农户的调查分析［J］．华南农业大学学报（社会科学版），2010，9（3）．

［309］谭朝阳，李容．土地细碎化影响农户购买农机作业社会化服务吗？——基于11省1223户农户的调查分析［J］．农林经济管理学报，2017，16（5）．

［310］檀竹平，洪炜杰，罗必良．农业劳动力转移与种植结构"趋粮化"［J］．改革，2019（7）．

［311］汤瑛芳，张东伟，乔德华等．甘肃市州农业现代化发展综合评价［J］．中国农业资源与区划，2020，41（9）．

［312］唐超，罗明忠，张苇锟．农地确权方式如何影响农村劳动力农内转移？——基于农业分工的调节效应［J］．华中农业大学学报（社会科

学版），2019（5）.

[313] 唐超，邱海兰. 农地整合确权对农村劳动力农内转移的影响评估——基于农地流转的中介效应 [J]. 农村经济，2020（8）.

[314] 唐轲，王建英，陈志钢. 农户耕地经营规模对粮食单产和生产成本的影响——基于跨时期和地区的实证研究 [J]. 管理世界，2017（5）.

[315] 唐林，罗小锋，张俊飚. 购买农业机械服务增加了农户收入吗——基于老龄化视角的检验 [J]. 农业技术经济，2021（1）.

[316] 田红宇，付玮琼. 农户务农劳动力质量与水稻生产技术效率——基于土地流转和农业社会化服务调节视角 [J]. 商业研究，2021（2）.

[317] 田伟，杨璐嘉，姜静. 低碳视角下中国农业环境效率的测算与分析——基于非期望产出的 SBM 模型 [J]. 中国农村观察，2014（5）.

[318] 田旭，王善高. 中国粮食生产环境效率及其影响因素分析 [J]. 资源科学，2016，38（11）.

[319] 田野，黄进，安敏. 乡村振兴战略下农业现代化发展效率评价——基于超效率 DEA 与综合熵值法的联合分析 [J]. 农业经济问题，2021（3）.

[320] 佟大建，黄武. 社会资本视角下稻农节水控制灌溉技术采纳研究 [J]. 节水灌溉，2018（9）.

[321] 汪建丰，刘俊威. 中国农业生产性服务业发展差距研究——基于投入产出表的实证分析. 经济学家，2011（11）.

[322] 汪为，吴海涛. 家庭生命周期视角下农村劳动力非农转移的影响因素分析——基于湖北省的调查数据 [J]. 中国农村观察，2017（6）.

[323] 王宝义，张卫国. 中国农业生态效率测度及时空差异研究 [J]. 中国人口·资源与环境，2016，26（6）.

[324] 王宝义，张卫国. 我国农业生态效率的省际差异和影响因素——基于1996~2015年31个省份的面板数据分析 [J]. 中国农村经济，2018（1）.

[325] 王飚，陈洪义，王楠，吕后中. 农村创新社会管理急需解决的问题：来自黑龙江的调查报告 [J]. 调研世界，2011（11）.

[326] 王常伟，顾海英. 市场 VS 政府，什么力量影响了我国菜农农药用量的选择？[J]. 管理世界，2013（11）.

[327] 王定祥，李虹. 新型农业社会化服务体系的构建与配套政策研究 [J]. 上海经济研究，2016（6）.

[328] 王菲菲. 农业生产性服务对粮食生产效率的影响——基于小农户和规模户的对比分析 [D]. 北京：中国农业科学院. 2021.

[329] 王海娟, 胡守庚. 土地细碎化与农地制度的一个分析框架 [J]. 社会科学, 2018 (11).

[330] 王继权, 姚寿福. 专业化、市场结构与农民收入 [J]. 农业技术经济, 2005 (5).

[331] 王建英, 黄祖辉, 陈志钢, 托马斯·里尔登, 金铃. 水稻生产环节外包决策实证研究——基于江西省稻农水稻种植数据的研究 [J]. 浙江大学学报（人文社会科学版）, 2018, 48 (2).

[332] 王静, 王礼力, 王雅楠. 社会资本对农户参与农民用水协会意愿的影响研究 [J]. 农业现代化研究, 2018, 39 (2).

[333] 王军, 朱杰, 罗茜. 中国数字经济发展水平及演变测度 [J]. 数量经济技术经济研究, 2021, 38 (7).

[334] 王淇韬, 郭翔宇. 感知利益、社会网络与农户耕地质量保护行为：基于河南省滑县 410 个粮食种植户调查数据 [J]. 中国土地科学, 2020, 34 (7).

[335] 王倩, 余劲. 农地流转背景下地块规模对农户种粮投入影响分析 [J]. 中国人口·资源与环境, 2017, 27 (5).

[336] 王圣云, 林玉娟. 中国区域农业生态效率空间演化及其驱动因素：水足迹与灰水足迹视角 [J]. 地理科学, 2021, 41 (2).

[337] 王雅凤, 郑逸芳, 许佳贤, 林沙. 农户农业新技术采纳意愿的影响因素分析：基于福建省 241 个农户的调查 [J]. 资源开发与市场, 2015, 31 (10).

[338] 王艳青. 近年来中国水稻病虫害发生及趋势分析 [J]. 中国农学通报, 2006 (2).

[339] 王钊, 刘晗, 曹峥林. 农业社会化服务需求分析——基于重庆市 191 户农户的样本调查 [J]. 农业技术经济, 2015 (9).

[340] 王志刚, 申红芳, 廖西元. 农业规模经营：从生产环节外包开始：以水稻为例 [J]. 中国农村经济, 2011 (9).

[341] 卫平, 杨宏呈, 潘明韬. 外包的资源配置效应：理论与实证——基于行业要素密度差异视角的研究 [J]. 国际贸易问题, 2013 (1).

[342] 温小林, 马媛媛. 镇江市农业科技服务体系创新研究——基于

农业科技服务供需均衡分析 [J]．农业科技管理，2015，34（2）．

[343] 温忠麟．张雷，侯杰泰，等．中介效应检验程序及其应用 [J]．心理学报，2004（5）

[344] 文丰安．乡村振兴战略背景下我国农业现代化治理的重要性及推动进路 [J]．重庆大学学报（社会科学版），2022，28（1）．

[345] 文高辉．耕地细碎化对农户耕地利用效率的影响研究 [D]．武汉：华中农业大学．2017．

[346] 翁贞林，高雪萍，檀竹平．农户禀赋、区域环境与粮农兼业化：基于9省份1647个粮食种植户的问卷调研 [J]．农业技术经济，2017，34（2）．

[347] 翁贞林，高雪萍，檀竹平．农户禀赋、区域环境与粮农兼业化——基于9省份1647个粮食种植户的问卷调研 [J]．农业技术经济，2017（2）．

[348] 吴璟，王天宇，王征兵．社会网络和感知价值对农户耕地质量保护行为选择的影响 [J]．西北农林科技大学学报（社会科学版），2021，21（6）．

[349] 吴璟，昝梦莹，王征兵．感知价值对农户参与耕地质量保护意愿的影响：以陕西省为例 [J]．中国土地科学，2020，34（6）．

[350] 吴敬琏．农村剩余劳动力转移与"三农"问题 [J]．宏观经济研究，2002（6）．

[351] 吴凯，黄荣金．华北平原水土资源利用的可持续性评价、开发潜力及对策 [J]．地理科学，2001（5）．

[352] 吴佩林，鲁奇．我国水土流失发生的原因、危害和防治途径 [J]．山东师大学报：自然科学版，2004（3）．

[353] 吴清华，周晓时，李俊鹏．非农经营收入与家庭农业劳动供给——基于家庭农场调查数据的实证分析 [J]．华中农业大学学报（社会科学版），2019（3）．

[354] 吴雪莲．农户绿色农业技术采用行为及政策激励研究：以湖北水稻为例 [D]．武汉：华中农业大学．2016．

[355] 吴昭雄．农业机械化投资行为与效益研究 [D]．武汉：华中农业大学，2013．

[356] 武舜臣，宦梅丽，马婕．服务外包程度与粮食生产效率提升：

农机作业外包更具优势吗 [J]. 当代经济管理, 2021, 43 (3).

[357] 武增海, 李涛. 高新技术开发区综合绩效空间分布研究——基于自然断点法的分析 [J]. 统计与信息论坛, 2013, 28 (3).

[358] 向国成, 韩绍凤. 农户兼业化: 基于分工视角的分析 [J]. 中国农村经济, 2005 (8).

[359] 肖露, 张榆琴, 李新然, 等. 欠发达地区农业农村现代化发展与阻碍因素分析——以云南省为例 [J]. 农业现代化研究, 2022, 43 (5).

[360] 肖钰, 齐振宏, 杨彩艳, 刘哲. 社会资本、生态认知与农户合理施肥行为——基于结构方程模型的实证分析 [J]. 中国农业大学学报, 2021, 26 (3).

[361] 谢琳, 胡新艳, 罗必良. 技术进步、信任与农业生产环节外包 [J]. 农业技术经济, 2020 (11).

[362] 谢琳, 廖佳华, 李尚蒲. 服务外包有助于化肥减量吗？——来自荟萃分析的证据 [J]. 南方经济, 2020 (9).

[363] 谢琳, 钟文晶, 罗必良. 农业生产性服务的自主供给与市场供给: 相互关系与政策思路 [J]. 江海学刊, 2017 (3).

[364] 谢文宝, 陈彤, 刘国勇乡村振兴背景下农户耕地质量保护技术采纳差异分析 [J]. 改革, 2018 (11).

[365] 谢学东. 服务规模经营农业规模经济的有效实现形式 [J]. 江苏农村经济, 2008 (1).

[366] 辛岭, 郝汉. 我国农业现代化发展水平评价方法研究 [J]. 农业现代化研究, 2022, 43 (5).

[367] 辛岭, 蒋和平. 我国农业现代化发展水平评价指标体系的构建和测算 [J]. 农业现代化研究, 2010, 31 (6).

[368] 徐世艳, 李仕宝. 现阶段我国农民的农业技术需求影响因素分析 [J]. 农业技术经济, 2009 (4).

[369] 徐志刚, 崔美龄. 农地产权稳定一定会增加农户农业长期投资吗？——基于合约约束力的视角 [J]. 中国农村观察, 2021 (2).

[370] 徐志刚, 高群, 刘静, 等. 农地确权影响的再审视: 理论逻辑与经验证据 [J]. 农业经济与管理, 2021 (2).

[371] 徐志刚, 谭鑫, 郑旭媛, 陆五一. 农地流转市场发育对粮食生

产的影响与约束条件 [J]. 中国农村经济, 2017 (9).

[372] 薛亮. 从农业规模经营看中国特色农业现代化道路 [J]. 农业经济问题, 2008 (6).

[373] 严立冬, 陈胜. 农户投资结构非农化程度的影响因素分析: 基于面板动态自选择百分数因变量模型 [J]. 暨南学报 (哲学社会科学版), 2016, 38 (1).

[374] 颜燕, 刘涛, 满燕云. 基于土地出让行为的地方政府竞争与经济增长 [J]. 城市发展研究, 2013, 20 (3).

[375] 杨高第, 张露. 农业生产性服务对农户耕地质量保护行为的影响: 来自江汉平原水稻主产区的证据 [J]. 自然资源学报, 2022, 37 (7).

[376] 杨汉兵. 我国生态资源低效利用的地方政府行为分 [J]. 西南民族大学学报 (人文社会科学版), 2013, 34 (5).

[377] 杨华, 芮旸, 李炬霖等. 陕西省农业现代化水平时空特征及障碍因素 [J]. 资源科学, 2020, 42 (1).

[378] 杨进, 向春华, 张晓波. 中国农业的劳动分工——基于生产服务外包的视角 [J]. 华中科技大学学报 (社会科学版), 2019, 33 (2).

[379] 杨娟. 基于网络经营和业务外包的商业银行虚拟经营研究 [D]. 武汉: 华中科技大学. 2006.

[380] 杨奇峰, 张平宇, 李静等. 东北地区农业现代化发展水平测度与时空演变分析 [J]. 地理科学, 2022, 42 (9).

[381] 杨胜利, 高向东. 我国劳动力资源配置水平综合评价与分析——兼论区域差异与经济发展 [J]. 人口学刊, 2015, 37 (5).

[382] 杨婷, 靳小怡. 资源禀赋、社会保障对农民工土地处置意愿的影响——基于理性选择视角的分析 [J]. 中国农村观察, 2015 (4).

[383] 杨唯一. 农户技术创新采纳决策行为研究 [D]. 哈尔滨: 哈尔滨工业大学, 2015.

[384] 杨兴杰, 齐振宏, 陈雪婷, 杨彩艳. 政府培训、技术认知与农户生态农业技术采纳行为: 以稻虾共养技术为例 [J]. 中国农业资源与区划, 2021, 42 (5).

[385] 杨义武, 林万龙. 农机具购置补贴、农机社会化服务与农民增收 [J]. 农业技术经济, 2021 (9).

[386] 杨宇. 气候变化对华北平原粮食生产力影响的实证研究 [J].

干旱区资源与环境，2017，31（6）.

[387] 杨哲，王茂福．农民"新农保"参与意愿：基于制度信任分析范式 [J]．湖北大学学报：哲学社会科学版，2016，43（1）.

[388] 杨志海．老龄化、社会网络与农户绿色生产技术采纳行为：来自长江流域六省农户数据的验证 [J]．中国农村观察，2018（4）.

[389] 杨志海．生产环节外包改善了农户福利吗？——来自长江流域水稻种植农户的证据 [J]．中国农村经济，2019（4）.

[390] 杨志良．中国式农业现代化的百年探索、理论内涵与未来进路 [J]．经济学家，2021（12）.

[391] 杨志武，钟甫宁．农户种植业决策中的外部性研究 [J]．农业技术经济，2010（1）.

[392] 杨志新，郑大玮，文化．北京郊区农田生态系统服务功能价值的评估研究 [J]．自然资源学报，2005（4）.

[393] 杨子，饶芳萍，诸培新．农业社会化服务对土地规模经营的影响——基于农户土地转入视角的实证分析 [J]．中国农村经济，2019（3）.

[394] 杨子，张建，诸培新．农业社会化服务能推动小农对接农业现代化吗？——基于技术效率的视角 [J]．农业技术经济，2019（9）.

[395] 姚先国，张海峰．教育、人力资本与地区经济差异 [J]．经济研究，2008（5）.

[396] 应瑞瑶，徐斌．农作物病虫害专业化防治服务对农药施用强度的影响 [J]．中国人口·资源与环境，2017，27（8）.

[397] 应瑞瑶，何在中，周南等．农地确权、产权状态与农业长期投资：基于新一轮确权改革的再检验 [J]．中国农村观察，2018（3）.

[398] 应瑞瑶，徐斌．农户采纳农业社会化服务的示范效应分析——以病虫害统防统治为例 [J]．中国农村经济，2014（8）.

[399] 余威震，罗小锋，黄炎忠，唐林．服务供给对稻农测土配方施肥技术采纳行为的影响研究 [J]．长江流域资源与环境，2021，30（2）.

[400] 余泳泽．异质性视角下中国省际全要素生产率再估算：1978—2012 [J]．经济学（季刊），2017，16（3）.

[401] 俞海，黄季焜，Scott Rozelle，Loren Brandt，张林秀．地权稳定性、土地流转与农地资源持续利用 [J]．经济研究，2003（9）.

[402] 俞文政．青海湖地区土地资源可持续利用研究 [D]．西安：

西北农林科技大学，2005.

[403] 臧俊梅，郑捷航，农殿璇等. 耕地保护及其必要性：不同兼业程度农户的认知与意愿：基于珠三角的调查与实证 [J]. 中国农业资源与区划，2020，41（2）.

[404] 展进涛，黄宏伟. 农村劳动力外出务工及其工资水平的决定：正规教育还是技能培训？——基于江苏金湖农户微观数据的实证分析 [J]. 中国农村观察，2016（2）.

[405] 展进涛，张燕媛，张忠军. 土地细碎化是否阻碍了水稻生产性环节外包服务的发展？[J]. 南京农业大学学报（社会科学版），2016，16（2）.

[406] 张改清，卢紫冰，张昆扬. 农地确权对农户农业机械化作业选择的影响——基于河南的调查实证 [J]. 农业经济与管理，2021（6）.

[407] 张恒，郭翔宇. 农业生产性服务业发展与农业全要素生产率提升：地区差异性与空间效应 [J]. 农业技术经济，2021（5）.

[408] 张红宇. 农业生产性服务业的历史机遇 [J]. 农业经济问题，2019（6）.

[409] 张宏斌. "十四五"：进一步夯实农业农村现代化基础 [N]. 金融时报，2020.

[410] 张建，诸培新，南光耀. 不同类型农地流转对农户农业生产长期投资影响研究——以江苏省四县为例 [J]. 南京农业大学学报（社会科学版），2019，19（3）.

[411] 张荐华，高军. 发展农业生产性服务业会缩小城乡居民收入差距吗：基于空间溢出和门槛特征的实证检验 [J]. 西部论坛，2019，29（1）.

[412] 张洁瑕，陈佑启，冯建中，朱祯安，赵军. 乡村振兴战略下区域农业人口预测研究——以黄淮海平原典型农业区为例 [J]. 中国农业资源与区划，2021，42（12）.

[413] 张昆扬，张改清. 自购还是外包：不同外出务工户农机选择方式比较研究 [J]. 中国农机化学报，2020，41（12）.

[414] 张昆扬. 河南农户劳动力外出务工对其农机服务外包的影响研究 [D]. 郑州：河南财经政法大学，2021.

[415] 张露，罗必良. 农业减量化：农户经营的规模逻辑及其证据 [J]. 中国农村经济，2020（2）.

[416] 张露，罗必良. 小农生产如何融入现代农业发展轨道？——来自我国小麦主产区的经验证据 [J]. 经济研究，2018，53（12）.

[417] 张倩月，吕开宇，张怀志. 农地流转会导致土壤肥力下降吗？——基于4省种粮大户测土结果的实证研究 [J]. 中国农业资源与区划，2019，40（2）.

[418] 张童朝，颜廷武，何可等. 资本禀赋对农户绿色生产投资意愿的影响：以秸秆还田为例 [J]. 中国人口·资源与环境，2017，27（8）.

[419] 张香玲，李小建，朱纪广等. 河南省农业现代化发展水平空间分异研究 [J]. 地域研究与开发，2017，36（3）.

[420] 张星月. 河南农户农业生产环节服务外包行为及经济效应研究 [D]. 郑州：河南财经政法大学，2021.

[421] 张燕媛，张忠军. 农户生产环节外包需求意愿与选择行为的偏差分析——基于江苏、江西两省水稻生产数据的实证 [J]. 华中农业大学学报（社会科学版），2016（2）.

[422] 张永丽，郭世慧. 农户家庭禀赋、结构制约与劳动力资源配置 [J]. 华南农业大学学报（社会科学版），2019，18（3）.

[423] 张永丽，魏雷. 农户劳动力资源配置的微观决策 [J]. 华南农业大学学报（社会科学版），2016，15（4）.

[424] 张永丽，徐腊梅. 互联网使用对西部贫困地区农户家庭生活消费的影响——基于甘肃省1735个农户的调查 [J]. 中国农村经济，2019（2）.

[425] 张忠军，易中懿. 农业生产性服务外包对水稻生产率的影响研究——基于358个农户的实证分析 [J]. 农业经济问题，2015，36（10）.

[426] 张宗毅，杜志雄. 农业生产性服务决策的经济分析——以农机作业服务为例 [J]. 财贸经济，2018，39（4）.

[427] 赵梦园. 舞阳县农户农地经营规模及对其农机外包选择的影响研究 [D]. 郑州：河南财经政法大学，2021.

[428] 赵培芳，王玉斌. 农户兼业对农业生产环节外包行为的影响——基于湘皖两省水稻种植户的实证研究 [J]. 华中农业大学学报（社会科学版），2020（1）.

[429] 赵向豪，陈彤，姚娟. 认知视角下农户安全农产品生产意愿的形成机理及实证检验：基于计划行为理论的分析框架 [J]. 农村经济，2018（11）.

[430] 赵晓峰，赵祥云. 新型农业经营主体社会化服务能力建设与小农经济的发展前景 [J]. 农业经济问题，2018 (4).

[431] 赵鑫，张正河，任金政. 农业生产性服务对农户收入有影响吗——基于 800 个行政村的倾向得分匹配模型实证分析 [J]. 农业技术经济，2021 (1).

[432] 赵玉姝，焦源，高强. 农业技术外包服务的利益机制研究 [J]. 农业技术经济，2013 (5).

[433] 郑沃林，罗必良. 农地确权颁证对农地抛荒的影响：基于产权激励的视角 [J]. 上海财经大学学报，2019 (4).

[434] 郑云，黄杰. 中国农业生态效率空间关联网络特征及其驱动因素研究 [J]. 经济经纬，2021.

[435] 郑志浩，高杨. 中央"不得调地"政策：农民的态度与村庄的土地调整决策：基于对黑龙江、安徽、山东、四川、陕西 5 省农户的调查 [J]. 中国农村观察，2017 (4).

[436] 中国机械工业年鉴编辑委员会，中国农业机械工业协会. 中国农业机械工业年鉴 [M]. 北京：机械工业出版社，2005—2020.

[437] 中华人民共和国国家统计局. 中国统计年鉴 [M]. 北京：中国统计出版社，2005—2020.

[438] 中华人民共和国国土资源部. 中国国土资源统计年鉴 [M]. 北京：地质出版社，2010—2018.

[439] 中华人民共和国农业农村部. 2020、2019 年全国耕地质量等级情况公报发布 [DB/OL]. 中华人民共和国农业农村部，http：//www. moa. gov. cn/xw/zwdt/202005/t20200512_6343750. htm.

[440] 钟甫宁，纪月清. 土地产权、非农就业机会与农户农业生产投资 [J]. 经济研究，2009，44 (12).

[441] 钟甫宁. 正确认识粮食安全和农业劳动力成本问题 [J]. 农业经济问题，2016，37 (1).

[442] 钟文晶，廖挺. 社会网络、分工网络与农户行为——以河南麦农新种子采纳时间为例 [J]. 南方经济，2020 (9).

[443] 钟涨宝，寇永丽，韦宏耀. 劳动力配置与保障替代：兼业农户的农地转出意愿研究——基于五省微观数据的实证分析 [J]. 南京农业大学学报 (社会科学版)，2016，16 (2).

［444］钟真，蒋维扬，李丁. 社会化服务能推动农业高质量发展吗？——来自第三次我国农业普查中粮食生产的证据［J］. 中国农村经济，2021（12）.

［445］钟真，施臻韬，曹世祥. 小农户农业生产环节外包的主观意愿与客观程度的差异研究［J］. 华中农业大学学报（社会科学版），2021（1）.

［446］钟真，谭玥琳，穆娜娜. 新型农业经营主体的社会化服务功能研究——基于京郊农村的调查［J］. 中国软科学，2014（8）.

［447］周力，冯建铭，应瑞瑶等. 农户精准施肥两阶段异质性及采纳行为研究：基于劳动偏向型特征的再考察［J］. 农业技术经济，2021，37（8）.

［448］周利平，昝祺祺，翁贞林. 农户兼业、生产环节外包与农业种植结构"趋粮化"［J］. 农业现代化研究，2021，42（1）.

［449］周南，许玉韫，刘俊杰等. 农地确权、农地抵押与农户信贷可得性：来自农村改革试验区准实验的研究［J］. 中国农村经济，2019（11）.

［450］周小虎，马莉. 企业社会资本、文化取向与离职意愿——基于本土化心理学视角的实证研究［J］. 管理世界，2008（6）.

［451］周晓时. 劳动力转移与农业机械化进程［J］. 华南农业大学学报（社会科学版），2017，16（3）.

［452］朱丽娟，顾冬冬，张扬，张改清. 服务外包、契约选择对小麦生产技术效率的影响——基于河南省100个村3305个农户的实证分析［J］. 中国农业大学学报，2021，26（9）.

［453］朱丽娟，顾冬冬. 劳动力流动、服务外包与粮食技术效率——基于河南省2058个农户的实证［J］. 中国农业大学学报，2021，26（9）.

［454］诸大建，邱寿丰. 生态效率是循环经济的合适测度［J］. 中国人口·资源与环境，2006（5）.

［455］Abdulai A，Owusu V，Goetz G. Land tenure differences and investment in land improvement measures：Theoretical and empirical analyses［J］. Journal of development economics，2011，96（1）.

［456］Adams E，Ashworth V，Raikes P L. Agricultural supporting services for land reform［J］. The Land and Agriculture Policy Centure，2011（5）.

［457］Aguilera E，Guzmán G I，González De Molina M，Soto D，Infante-Amate J. From animals to machines：The impact of mechanization on the carbon footprint of traction in Spanish agriculture：1900－2014［J］. Journal of

Cleaner Production, 2019, 221.

[458] Alexander M, Young D. Outsourcing: Where's the Value [J]. Long Range Planning, 1996, 29 (5).

[459] Alston J M, Andersen M A et al. Persistence pays: US agricultural productivity growth and the benefits from public R&D Spending [M]. New York: Springer, 2010.

[460] Anselin L. Spatial Econometrics [M]. Dordrecht: Kluwer Academic Publishers, 1988.

[461] Baker, George et al. Relational contracts and the theory of the firm [J]. Quarterly Journal of Economics, 2002, 117 (1).

[462] Bardhan P, Mookherjee D. Subsidized farm input programs and agricultural performance: a farm-level analysis of West Bengal's Green Revolution, 1982 – 1995 [J]. American Economic Journal: Applied Economics, 2011, 3 (4).

[463] ClarkL A, Watson D. Constructing validity: Basic issues in objective scale development [J]. Psychological Assessment, 1995, 7 (3).

[464] Costanza R, d'Arge R, de Groot R et al. The value of the world's ecosystem services and natural capital [J]. Nature, 1997, 25 (1).

[465] Deininge K, Jin S. Tenure security and land-related investment: Evidence from Ethiopia [J]. European economic review, 2005, 50 (5).

[466] Dong X M, Hao H. Would income inequality affect electricity consumption? Evidence from China [J]. Energy, 2018, 142.

[467] Feder G, Onchan T. Land ownership security and farm investment in Thailand [J]. American journal of agricultural economics, 1987, 69 (2).

[468] Fort R. The Homogenization effect of land titling on investment incentives: Evidence from Peru [J]. NJAS-wageningen journal of life sciences, 2008, 55 (4).

[469] Gelder J L, Luciano E C. Tenure security as a predictor of housing investment in low-income settlements: Testing a tripartite model [J]. Environment and planning A, 2015, 47 (2).

[470] Genius M P, Koundouri C, Nauges. Information transmission in irrigation technology adoption and diffusion: Social learning, extension services

and spatial effects [J]. American Journal of Agricultural Economics, 2014, 96 (1).

[471] Gherbru H, Holden S T. Technical efficiency and productivity differential effects of land right certification: A quasi-experimental evidence [J]. Quarterly journal of international agriculture, 2015, 54 (1).

[472] Gianessi L, Reigner N. The Outsourcing of Organic Crop Production [J]. Crop Life Foundation, 2005 (7).

[473] Gillespie J, Nehring R, Sandretto C, Hallahan C. Forage outsourcing in the dairy sector: the extent of use and impact on farm profitability [J]. Agricultural and Resource Economics Review, 2010, 39 (3).

[474] Glanville J L, Paxton P. How do we learn to trust: A confirmatory tetrad analysis of the sources of generalized trust [J]. Social Psychology Quarterly, 2007, 70 (3).

[475] Goldstein M, Houngbedji K, Kondylis F. Formalization without certification? Experimental evidence on property rights and investment [J]. Journal of development economics, 2018, 132.

[476] Greif A. Reputation and coalitions in medieval trade: Evidence on the maghribi traders [J]. Journal of Economic History, 1989, 49 (4).

[477] Grundmann S, Moslein F, Riesenhuber K. Contract Governance: Dimensions in Law and Interdisciplinary [M]. New York: Oxford University Press, 2015.

[478] Haghjou M, Hayati B, Choleki D M. Identification of factors affecting adoption of soil conservation practices by some rainfed farmers in Iran [J]. Journal of Agricultural Science and Technology, 2014, 16 (4).

[479] Haiqiang Li, Hansong Zhu, Xiaorong Wei et al. Soil erosion leads to degradation of hydraulic properties in the agricultural region of Northeast China [J]. Agriculture, Ecosystems & Environment, 2021, 314 (7).

[480] Hamilton J, Sidebottom J. Mountain pesticide education and safety outreach program: A model for community collaboration to enhance on-farm safety health [J]. North Carolina Medical Journal, 2011, 72 (6).

[481] Henseler J, Ringle C M, Sarstedt M. A new criterion for assessing discriminant validity in variance-based structural equation modeling [J]. Jour-

nal of the Academy of Marketing Science, 2015, 43 (1).

[482] Hiroyuki Takeshima, Patrick L. Hatzenbuehler, Hyacinth O. Edeh. Effects of agricultural mechanization on economies of scope in crop production in Nigeria [J]. Agricultural Systems, 2020, 117.

[483] Holden S T, Denininger K, Ggebru H. Impacts of low-cost land certification on investment and productivity [J]. American journal of agricultural economics, 2009, 91 (2).

[484] Hua Lu, Hualin Xie, Yafen He et al. Assessing the impacts of land fragmentation and plot size on yields and costs: A translog production model and cost function approach [J]. Agricultural Systems, 2018, 161 (3).

[485] Igata Masayo, Astrid Hendriksen, Wim Heijman. Agricultural outsourcing: A comparison between the Netherlands and Japan. Applied Studiesin Agribusiness and Commerce, 2008.

[486] Jacquet F, Butault J P, Guichard L. An economic analysis of the possibility of reducing pesticides in French field crops [J]. Ecological Economics, 2017 (9).

[487] James Boyd, Spencer Banzhaf. What are ecosystem services? The need for standardized environmental accounting units [J], Ecological Economics, 2007, 63 (2).

[488] Jeffrey Gillespie, Seon Ae Kim, Krishna Paudel. Why don't producers adopt best management practices? An analysis of the beef cattle industry [J]. Agricultural Economics, 2010, 36 (1).

[489] Keller T, Sandin M, Colombi T, Horn R, Or D, Sveriges L. Historical increase in agricultural machinery weights enhanced soil stress levels and adversely affected soil functioning [J]. Soil & Tillage Research, 2019, 194.

[490] Khanna M. Sequential adoption of site-specific technologies and its implication for nitrogen productivity: A double selectivity model [J]. American Journal of Agricultural Economics, 2001, 83 (1).

[491] Kwaku Appiah-Adu, Bernard K. Okpattah, Justice G. Djokoto. Technology transfer, outsourcing, capability and performance: A comparison of foreign and local firms in Ghana [J]. Technology in Society, 2016, 47.

［492］Lacity M C, Leslie W, David F. The value of selective IT sourcing ［J］. Journal of Solan Management Review, 1996, 37 （9）.

［493］LeSage J P, Pace R K. Spatial econometric modeling of origin-destination flows ［J］. Journal of Regional Science, 2008, 48 （5）.

［494］Liu G D. Methods and Applications to Evaluate the Environmental Impacts of Regional Agriculture A Case Study on High-Yielding County, Huantai, North China ［D］. Beijing: China Agricultural University, 2004.

［495］LOVO S. Tenure insecurity and investment in soil conservation: evidence from Malawi ［J］. World Development, 2016, 78.

［496］MA （Millennium Ecosystem Assessment）. Ecosystems and Human Well-Being ［M］. Washington, DC: Island Press, 2005.

［497］Ma W, Abdulai A, Goetz R. Agricultural cooperative sand invest mention organic soil amendment sand chemical fertilizer in China ［J］. American Journal of Agricultural Economical, 2017, 100 （2）.

［498］Mandal, M. A. S. Agricultural mechanization in Bangladesh: role of policies and emerging private sector ［J］ // Paper Presented at the NSD-IF-PRI Workshop on "Mechanization and Agricultural Transformation in Asia and Africa: Sharing Development Experiences", 2014 （6）.

［499］Misangyi V F, Greckhamer S, Furnari P, Fiss D Crilly, R Aguilera. Embracing Causal Complexity: The Emergence of a Neo-Configurational Perspective ［J］. Journal of Management, 2017, 43.

［500］Picazo-Tadeo A, Reig-Martinez E. Outsourcing and Efficiency: The Case of Spanish Citrus Farming ［J］. Agricultural Economics, 2006, 35 （3）.

［501］Picazo-Tadeo, J Andrés, Reigmartinez et al. Directional distance functions and environmental regulation ［J］. Resource & Energy Economics, 2004, 27 （2）.

［502］Ragin C C. The Comparative Method: Moving Beyond Qualitative and Quantitative Strategies ［M］. University of California Press, 2014.

［503］Ren Zhu G, Heerink X et al. Perceptions of land tenure security in rural China: the impact of land reallocation and certification ［J］. Society & Natural Resources, 2019, 32 （12）.

［504］Richard Damania, Claudia Berg, Jason Russ, Federico Barra,

John Nash, Rubaba Ali. Agricultural Technology Choice and Transport [J]. American Journal of Agricultural Economics, 2017, 99 (1).

[505] Ringle C M, Sarstedt M, Mitchell R. Partial least squares structural equation modeling in HRM research [J]. The International Journal of Human Resource Management, 2020, 31 (12).

[506] Smith A. An inquiry into the nature and causes of the wealth of nations [M]. London: J M Dent & Sons Ltd, 1927.

[507] Tim Chamen W C, Moxey A P, Towers W, Balana B, Hallett P D. Mitigating arable soil compaction: A review and analysis of available cost and benefit data [J]. Soil & Tillage Research, 2015, 146.

[508] Tone K. A slacks-based measure of efficiency in data envelopment analysis [J]. Eur J Oper Res, 2001, 130 (3).

[509] Wang Y. A Case Study on Agricultural Eco-service Function-Foshan Guangdong as an Example [D]. Guangzhou: South China Agricultural University, 2008.

[510] West T O, Marland G. A synthesis of carbon sequestration, carbon emissions, and net carbon flux in agriculture: comparing tillage practices in the United States [J]. Agriculture, Ecosystems & Environment, 2002, 91 (1).

[511] Wolf C A. Custom dairy heifer grower industry characteristics and contract terms [J]. Journal of Dairy Science, 2003, 86 (9).

[512] Yang J, Huang Z, Zhang X, Reardon T. The rapid rise of cross-regional agricultural mechanization services in China [J]. American Journal of Agricultural Economics, 2013, 95 (5).

后　记

从谋篇布局到落笔成稿，本书历时三年有余。其间疫情起起落落，无论是获取信息资料、一线农情调研，还是计量分析论证，都平添了几分不易。幸得本团队成员始终保持了乐观向上的精神斗志，迎难而上，撸起袖子，甩开膀子，写成了稿子。付梓面世之时，难以掩饰借落笔留痕以抒肺腑之情。

历时三年的笔墨躬耕，又近三月的勘正修色，新作即将问世之时，自己内心深处的欣喜之情油然而生。完成阶段性工作任务，既是对团队成员辛勤付出的肯定，也是下一目标的加油接力驿站。驻足回眸，新作历经画圈聚焦、描红彩绘、雕琢打磨等环节，已升华为涵盖分析土地、劳动和生态资源（三重资源）对农户经济发展的羁绊，触及农户决策的内在因素与外在条件综合作用，竭尽所能阐释了三重资源约束下农户服务外包行为选择的曲折原委，姑且算是阶段性的小斩获。掩卷深思，拙作距离探索"三农"问题的真谛相距甚远，今后理应笔耕不怠，继续跋涉求真。

回顾自己的学子之路，又是何其幸运。在"三农"求索路上，遇到了最最敬佩的老师与可爱的同学。乡土生活经历在赋予我农家感性经历的同时，也促使我毅然报考山西农业大学农经系（后命名为农业经济管理学院）。姚贵库书记、张四海书记（团委）、冉卫龙主任、杜建林老师、董彩娥老师、潘素梅老师等在行政一线为我们营造了和谐优雅的学习环境，开启了丰富多彩的课外生活，策划了令人至今难忘的实习经历。刘蓉芬、王河魁、陈凯、宗颖生、兰徐民、李玉萍、王广斌、刘永兰、赵春秀、李茜、解晓悦以及张建华等诸位老师，通过系统讲授农业经济管理专业理论知识，启迪了我对"三农"问题的基本思考，点燃了我对本专业的浓烈兴趣及孜孜求索欲望。特别是尊敬的李玉萍老师，给予我亦师亦友的超 VIP 待遇，使我备感幸福幸运。在我青涩懵懂之时，尽情浇灌知识养分；在我小有成就之时，鞭策我再度扬帆起航；在我失落失意之时，形塑我百折不挠的坚韧……在此真诚道一声，感谢我"娘家人"李老师！与此同时，常代友、王林、李万良、张文伟、陈静、薛向华等同学的同窗共读，让我度过了充实而愉快的大学生活。在山西农业大学任教期间，有幸在陈凯教授门下研读了农业经济管理硕士学位。陈老师严谨治学的态度堪称楷模，学术造诣令人叹服，对学生的谆谆教诲绵延至今。在此，真诚地向曾经手把手教我著文习作、逐字逐句批阅初作文稿的陈老师道一声谢谢。

沿着农业经济管理专业轨迹，我有幸师从浙江大学袁飞先生攻读管理学博士学位。在浙江大学华家池校区，聆听过黄祖辉、林坚、卫龙宝、钱文龙、潘伟光等老师的传道授业，各位老师严谨治学、勤勉工作、求实创新的专业精神，始终是我砥砺前行的坐标指南与熠熠灯塔。之后，在农经的各类学术交流中聆听到黄祖辉教授、卫龙宝教授、钱文龙教授等恩师的科研成果分享，如同沐浴阳光雨露。也感谢樊丽淑、朱茵、安翔、李冬梅、李勇、彭毅等博士生同学的共勉互鉴。期间经历了亲如兄弟姐妹般的携手历练与点滴成功分享，练就并增强了专业研究的基本能力和底气。

特别荣幸的是在浙大华家池遇到了同时期深造博士后的史清华教授。曾经的山西农业大学农经系学长，穿越时空成为老师，他乡遇故知的亲近感油然而生，自此史老师作为严师、学者、辩手以及长兄的多重角色潜移默化，再造了我的三观。作为严师，大到论文选题构架、理论推演、方法应用，小到文献引用与文字表述，都会直指痛点所及与要害，魔鬼训练营的历练使我养成了严谨治学之风。寻根溯源，田野采风，史教授旁征博引，独树一帜，指导我立足小农户探寻解决"三农"问题的大方略。史教授既有不为一己私利披甲出征、荡涤眼见不公不平之事的侠义之风，也有学术观点上的针锋相对与直言不讳，还有作为孩提"兔兔"本色出镜的言谈喜乐，兴致所及还会剧透自己打小就偏爱动口动脑而不偏爱体力的特性，能脑力解决之事尽可能不劳烦双手。作为兄长，史教授善于洞察秋毫，知人识心，急人所急，倾力相助。我何其有幸在攻读博士期间遇到了融汇练达的史老师，一路风雨兼程，助力我走过了从生根发芽、枝繁叶茂、到果实初见的研学之旅。

博士毕业之后的机缘巧合，加入河南财经政法大学农经战队。随之领略中原大地文化厚重与民风淳朴的同时，也深切感悟到了把论文写在祖国大地上的紧迫与不易。这一路有先辈张履鹏教授风清气正与成果斐然的顶模垂范，有李晓峰教授雷厉风行与缜密细致的作风沐浴，有丁林波副院长细致入微与亲情备至的滋润滋养，有刘社教授重调务实与博学风趣的熏陶浸染，有关付新教授躬行躬耕与所向披靡的斗士精神鼓舞，有赵楠教授满腹经纶与运筹帷幄的助力加持，有张扬教授雷厉风行与久久为功的榜样引领，有马勇教授和祥睿智与通透超然的精神洗礼，有郭春显副教授精辟独到与卓尔不群的风范感召，有高明国副教授博洽通达与才学并济的光耀涓滴，有叶立赞老师聪慧过人与博学多才的魅力奉献，也有不才同事老公张建杰教授默默奉献与甘为人梯的真诚陪伴，相信遇到的都是最好的！特别庆幸，潜心科研的路上遇到了敬爱的关付新老师，读万卷书的同时，用脚步丈量祖国大地，立足实地调研体察民众心声，凭三尺讲台培育莘莘学子，假笔墨耕耘求索"三农"问题本质。在我眼中，关付新老师是当之无愧的农"学"拓疆人、农"业"布道师、农"情"了然者，在身体力行中诠释了作为师者与学者，应有的本色本分、奉献担当和执着坚守。

诸多老师的坚守与努力，涓滴成河，聚沙成塔，将昔日不足10人的农经小团队，打造成了涵盖农经本科、农经学术硕士以及专业硕士点的省级重点学科，拥有河南省数字农业信息检测与系统模拟工程研究中心，奠定了本学科建设再上新台阶的坚强基石。时至今日，农经团队陆续有了朱丽娟、孙璐、丛胜美、王海燕、卫荣、闫迪、崔叶辰、李之润、褚力其、刘忠宇等老师的加盟，教学科研队伍日益壮大。以上青年才俊生逢其时，个个思维灵活敏捷，理论功力深厚，方法先进适用，研究成果频现。拜得机缘所赐，能够与农经大家庭成员一路携手同行，在科研工作中并肩攻坚克难。

当年，我正为聚焦研究主题发愁，而关付新老师第一次喜中国家社会科学基金项目的捷报，鼓舞了我冲击高水平科研项目的信心与勇气，在多次参与关付新老师"三农"领域的课题设计、实地调研、论证研讨过程中，总是能够在冲击与洗礼中实现蜕变与升华，一路邯郸学步关付新老师的"学范儿"，学术段位也由此跨越菜鸟级，升格入门级。

在科研渐入佳境中，非常幸运得到享有教育部"长江学者"特聘教授、广东省"珠江学者"特聘教授、国家"万人计划"哲学社会科学领军人才称号的华南农业大学罗必良教授及其团队的指导。罗老师作为我校特聘教授，躬身服务于农经专业建设五年有余。在聆听罗老师学术讲座、陪同一线调研、接受圆桌课题指导等系列活动中，我不仅亲历了罗老师博学睿智、幽默风趣、执着坚韧、爱才育才的人格魅力，也学到了如农业分工经济、服务规模经济、小农户现代化融入等专业领域的研究思路与方法，直接助推我成功获批国家级课题和省级相关课题。罗老师来我校指导时，经常邀请胡新艳教授、罗明忠教授、米运生教授、张同龙教授和张露教授等一起交流指导。强强联袂，历练有加，罗老师科研团队往往着眼于大时空格局，高屋建瓴于实践中的难点和痛点问题，严密理论构架推演，前沿方法协力助攻，第一手翔实数据佐证支持，研究成果一向超凡脱俗，对河南财经政法大学农经团队科研"出圈"发挥了不可替代的作用。

在科研能力不断提升中，我于 2020 年再次获批了国家社会科学基金项目"三重资源约束下河南种粮农户服务外包选择机理及效应研究"。依托项目资助，与课题组成员一道，本着探寻"谁来种粮、如何高效种粮、怎样化解种粮瓶颈"的理论阐释与对策良方的使命初衷，开展了课题研究。期间，既有合理分工，又有紧密协作。在翻阅图书馆、资料室、年鉴库资料中，留下了团队成员按图索骥与笔耕不辍的求索足迹；在向河南省农业农村厅、河南省农科院、河南省农村广播电学校等机关单位求证资料信息的历程中，闪现过团队成员密集联系与交互往来的匆匆身影；在驻马店、许昌、平顶山、开封、新乡、周口等地市的实地调研中，见证了老师与同学们聚焦调查与倾情而谈的严谨不苟，在会议厅、教研室、课堂间的论证商讨中，无不涌现团队成员多样化观点与睿智独到的思想火花。

本书是在我的国家社会科学基金"三重资源约束下种粮农户服务外包选择机理及效应研究"结项报告基础上进行了大量修改和丰富完善而成的。在研究报告的撰写中，张建杰老师和张昆杨、顾冬冬、张星月、卢紫冰、谢秀丽、冯俊伟、李佩函、刘烁等同学付出了艰辛的努力。在书稿修改和校对中，陈若冰、张晋睿、张贻茜、赵晓燕、杨新怀、陈玮、祝福康等同学积极参与，经过近一月的通力合作，认真细致勘正了文稿。通过一校再校，不仅达成了查漏补缺与泽文润句之目的，也在校对文稿的协作中升华了团队成员精诚合作的精神。通过谋篇布局、撰稿行文与修正勘误的系列工作，也达成了科研项目人才梯队建设的接力接续。囿于能力与时间，拙作不尽如人意之处比比皆是。倘若有些许可圈可点之处，可总结为以下几点：赶上了发展大好时代，搭乘了政策顺风快车，幸逢了锐意进取同事，结成了精诚合作团队。行文至此，谨引用《墨子·修身》中的"志不强者智不达，言不信者行不果"以自勉并共勉。

张政清

2023 年 6 月于河南郑州